Rieger · Tarifeinheitsgesetz

Patrick Rieger

Tarifeinheitsgesetz
Eine verfassungsrechtliche Bewertung

Mit einer Einführung von
Professorin Dr. Irmgard Küfner-Schmitt

Gans Verlag
Berlin

Berliner wirtschaftsrechtliche Schriften, Bd. 2

Von Professor Dr. Michael Jaensch und Professorin Dr. Irmgard Küfner-Schmitt herausgegeben.

Bibliografische Informationen der Deutschen Nationalbibliothek

Die Deutsche Nationalbibliothek verzeichnet diese Publikation in der Deutschen Nationalbibliografie; detaillierte bibliografische Daten sind im Internet über http://dnb.dnb.de abrufbar.

ISBN 978-3-946392-01-9

Patrick Rieger
Tarifeinheitsgesetz
1. Auflage 2016

www.gansverlag.de
Gans Verlag, Heinrich-Heine-Straße 36, 10179 Berlin

Inhaltsverzeichnis

Einführung: Hintergrund des Tarifeinheitsgesetzes

Von Professorin Irmgard Küfner-Schmitt

Patrick Rieger geht in seiner Untersuchung[1] der verfassungsrechtlichen Zulässigkeit des vom Deutschen Bundestag am 22. Mai 2015 verabschiedeten Tarifeinheitsgesetzes[2] (TEG) nach, das am 10. Juli 2015 in Kraft getreten ist.

Hintergrund des Tarifeinheitsgesetzes ist, dass die zuständigen Senate des Bundesarbeitsgerichts im Jahr 2010 ihre bis damals geltende Rechtsprechung zur Tarifeinheit, wonach in einem Betrieb immer nur ein Tarifvertrag zur Anwendung kommen sollte, aufgegeben haben[3]. In der Folge kam es vermehrt zu Arbeitskämpfen kleinerer Spartengewerkschaften, die Funktionseliten vertreten (z.B. Gewerkschaft der Lokführer GDL, Pilotengewerkschaft Cockpit oder Vertretung der Ärzteschaft Marburger Bund), mit den bekannten Folgen für die Volkswirtschaft. Der Koalitionsvertrag der großen Koalition zwischen Union und SPD sah deshalb bereits vor, den Grundsatz der Tarifeinheit gesetzlich zu regeln.[4] Inwieweit es dem Gesetzgeber mit der Neuregelung durch das Tarifeinheitsgesetz allerdings gelungen ist, verfassungsrechtlichen Belangen Rechnung zu tragen ist nach wie vor umstritten.

---

1 Die Abhandlung von Patrick Rieger lag dem Fachbereich Wirtschafts- und Rechtswissenschaften der Hochschule für Technik und Wirtschaft Berlin im Sommersemester 2015 im Studiengang Wirtschaftsrecht (LL.M.) als Masterarbeit vor.

2 BGBL. I 2015 , 1130 ff.

3 BAG vom 27.01.2010 – 4 AZR 549/08 - NZA 2010, 645-659; BAG vom 23.06.2010 – 10 AS 3/10 - NZA 2010, 778; BAG vom 7.7.2010 – 4 AZR 549/08 – BAGE 135, 80-115.

4 „Um den Koalitions- und Tarifpluralismus in geordnete Bahnen zu lenken, wollen wir den Grundsatz der Tarifeinheit nach dem betriebsbezogenen Mehrheitsprinzip unter Einbindung der Spitzenorganisationen der Arbeitnehmer und Arbeitgeber gesetzlich festschreiben. Durch flankierende Verfahrensregelungen wird verfassungsrechtlich gebotenen Belangen Rechnung getragen." Koalitionsvertrag S. 50.

Bereits kurz nach Inktrafttreten des Gesetzes wurden von Gewerkschaftsseite[5] die ersten Verfassungsbeschwerden beim Bundesverfassungsgericht[6] eingelegt. Die mit diesen Verfahren begehrten einstweiligen Anordnungen zum vorläufigen Stopp des Gesetzes hat das Bundesverfassungsgericht zwar abgelehnt, gleichzeitig aber versprochen das Hauptsacheverfahren bis Ende 2016 entscheiden zu wollen und – bei Bedarf – doch noch eine einstweilige Anordnung gegen das Tarifeinheitsgesetz erlassen zu wollen. Um das Ergebnis der Untersuchung von Rieger vorweg zu nehmen, Rieger kommt zu dem Schluss, dass das neue Tarifeinheitsgesetz nicht verfassungsgemäß ist. Rieger setzt sich in seiner Bearbeitung, dem Thema entsprechend, im Wesentlichen mit den verfassungsrechtlichen Fragen auseinander und geht weniger auf Grundlagen des Tarifrechts und des Umgangs mit der Tarifkollision ein. Diesen verständnisbildenden Grundfragen dienen die folgenden Ausführungen.

1. Normative Geltung von Tarifverträgen

Tarifverträge werden zwischen tariffähigen Parteien abgeschlossen. Dies sind gem. § 2 Abs. 1 TVG einerseits Gewerkschaften, andererseits Arbeitgeberverbände (Verbandstarif) bzw. einzelne Arbeitgeber (Firmentarif). Inhaltlich regeln Tarifverträge gem. § 1 TVG die Rechte und Pflichten der Tarifvertragsparteien (schuldrechtlicher Teil) und enthalten Rechtsnormen, die den Inhalt, den Abschluss und die Beendigung von Arbeitsverhältnissen sowie betriebliche und betriebsverfassungsrechtliche Fragen ordnen können (normativer Teil). Tarifgebunden sind die jeweiligen Mitglieder der tarifschließenden Vereinigung bzw. der Arbeitgeber, der selbst Partei des Tarifvertrages ist (§ 3 Abs. 1 TVG). Hinsichtlich der Wirkungen des Tarifeinheitsgesetzes interessiert vorrangig der normative Teil, der sich wiederum in Inhaltsnormen (Inhalt, Abschluss und Beendigung von Arbeitsverhältnissen) und Betriebsnormen (betriebliche und betriebsverfassungsrechtliche Fragen) aufgliedert. Die Unterscheidung zwischen Inhaltsnormen und Betriebsnormen ist insofern bedeutsam, als Inhaltsnormen gem. § 4 Abs. 1

5 VC Cockpit, Marburger Bund und Deutscher Journalistenverband.

6 BVerfG vom 6.10.2015 - 1 BvR 1671/15; 1 BvR 1582/15; 1 BvR 1588/15, NZA 1015, 1271.

TVG unmittelbar und zwingend zwischen den beiderseits Tarifgebundenen gelten, während Betriebsnormen gem. § 3 Abs. 2 TVG für alle Betriebe Geltung erlangen, deren Arbeitgeber tarifgebunden ist. D.h. ein Arbeitnehmer kann nur dann Ansprüche aus den Inhaltsnormen eines Tarifvertrags ableiten, wenn er Mitglied der tarifschließenden Gewerkschaft ist und sein Arbeitgeber Mitglied des entsprechenden Arbeitgeberverbands oder selbst Partei des Tarifvertrages ist.

Tarifvertrag[7]		
Normativer Teil		Schuldrechtlicher Teil
Abschlussnormen, Inhaltsnormen, Beendigungsnormen	Betriebliche Normen, Betriebsverfassungs-rechtliche Normen	Einwirkungspflicht, Durchführungspflicht, Friedenspflicht
Gelten gem. § 4 Abs. 1 TVG unmittelbar und zwingend zwischen den beiderseits Tarifgebundenen	Gelten gem. § 3 Abs. 2 TVG für alle Betriebe deren Arbeitgeber tarifgebunden ist	Regeln gem. § 1 TVG die Rechte und Pflichten der Tarif vertragsparteien

Fehlt es auf einer oder beiden Seiten des Arbeitsverhältnisses an der Tarifbindung, kann der Tarifvertrag durch vertragliche Bezugnahmeklauseln individualvertragliche – aber nicht normative – Geltung erhalten. Normative Geltung von Tarifverträgen für nicht tarifgebundene Arbeitsverhältnisse kann im Übrigen nur durch eine Allgemeinverbindlicherklärung des Tarifvertrages durch das Bundesministerium für Arbeit und Soziales hergestellt werden. Die Allgemeinverbindlicherklärung wird von § 5 TVG geregelt, der hinsichtlich der Voraussetzungen ebenfalls durch das Tarifautonomiestärkungsgesetz[8] neu gestaltet wurde. Die Allgemeinverbindlicherklärung führt

7 Abbildung entsprechend Küfner-Schmitt, Arbeitsrecht S. 14.

8 BGBl. I 2014,1348.

zu einer Erstreckung der Normen eines Tarifvertrags auch auf die nicht tarifgebundenen Arbeitsverhältnisse in seinem Geltungsbereich.

2. Problem der Tarifkollision bis zur Neuregelung

Von einer Tarifkollision war bislang auszugehen, wenn mehrere Tarifverträge entweder in einem Arbeitsverhältnis oder einem Betrieb kollidieren. Der Begriff der Tarifkollision umfasste die Begriffe der Tarifkonkurrenz und der Tarifpluralität. Eine Definition der Tarifkollision existierte bislang nicht.

a) Tarifkonkurrenz

Von einer Tarifkonkurrenz war auszugehen, wenn mehrere Tarifverträge mit überschneidenden Regelungsbereichen auf ein und dasselbe individuelle Arbeitsverhältnis Anwendung finden. Tarifkonkurrenz i.d.S. entsteht z.B. für Gewerkschaftsmitglieder, wenn ein Arbeitgeber als Mitglied der Arbeitgebervereinigung sowohl an den Flächentarif gebunden ist, als auch an den mit derselben Gewerkschaft abgeschlossenen Firmentarif. Dann gelten sowohl Flächentarif als auch Firmentarif normativ im selben Arbeitsverhältnis. Bei einer Tarifkonkurrenz kann es also zu einer Normenkollision bei Inhalts- und bei Betriebsnormen kommen. Ähnliche Konstellationen können z.B. entstehen, wenn der Arbeitgeber den Arbeitgeberverband wechselt und der alte Tarifvertrag gem. § 3 Abs. 3 TVG nachwirkt oder bei einer Mehrfachmitgliedschaft eines Arbeitnehmers in verschiedenen Gewerkschaften.

b) Tarifpluralität

Von Tarifpluralität sprach man bislang, wenn der Betrieb eines Arbeitgebers vom Geltungsbereich mehrerer Tarifverträge erfasst wird, die von verschiedenen Gewerkschaften abgeschlossen wurden. Die unterschiedlichen Tarifverträge gelten dann für unterschiedliche Arbeitsverhältnisse im Betrieb. Eine Kollision kann aber bei den Betriebsnormen auftreten. Diese Konstellation kann geschehen, wenn der Arbeitgeber an mehrere Tarifverträge gebunden ist. Z.B. ein Krankenhausträger, der an Tarifverträge mit Verdi und mit dem Marburger Bund gebunden ist oder die Bahn, die an Tarifverträge mit der EVG und der GDL gebunden ist.

Tarifkollision	
Tarifkonkurrenz	Tarifpluralität
Ein Arbeitsverhältnis wird von mehreren Tarifverträgen erfasst	Mehrere Tarifverträge gelten für unterschiedliche Arbeitsverhältnisse im Betrieb
Normenkollision bei Inhalts- und bei Betriebsnormen	Keine Normenkollision bei Inhaltsnormen, jedoch mögliche Normenkollision bei Betriebsnormen

c) Auflösung der Tarifkollision bis 2010

Bis 2010 löste die Rechtsprechung des BAG die Tarifkollision nach dem Spezialitätsprinzip. Es sollte jeweils nur der sachnähere, speziellere Tarifvertrag gelten, der nach dem Prinzip der Tarifeinheit für den gesamten Betrieb Geltung erhalten sollte[9]. Der Grundsatz der Tarifeinheit wurde zum einen aus den übergeordneten Prinzipien der Rechtssicherheit und Rechtsklarheit abgeleitet, um rechtliche und tatsächliche Unzuträglichkeiten, die sich aus einem Nebeneinander von Tarifverträgen in einem Betrieb ergeben, zu vermeiden. Nach damaliger Meinung des BAG bereite die Abgrenzung zwischen Inhaltsnormen und Betriebsnormen tatsächliche Schwierigkeiten, sodass der Vorrang des spezielleren Tarifvertrages nicht nur für die Betriebsnormen, sondern für alle Normen gelte. Zum anderen begründete das BAG seine damalige Auffassung mit einer Regelungslücke im TVG, die nach allgemeinen Grundsätzen zu schließen war, wozu auch das Prinzip der Tarifeinheit gehören sollte.

9 BAG vom 14. Juni 1989 – 4 AZR 200/89 – AP Nr 16 zu § 4 TVG Tarifkonkurrenz; BAG vom 20. März 1991 – 4 AZR 455/90 –, BAGE 67, 330-342.

d) Aufgabe des Grundsatzes der Tarifeinheit durch das BAG

Das Prinzip der Tarifeinheit wurde in der arbeitswissenschaftlichen Literatur überwiegend abgelehnt[10]. Durch Entscheidung vom 7. Juli 2010[11] gab der Vierte Senat des BAG (nach Anfragebeschluss beim Zehnten Senat[12]) seine Rechtsprechung zur Tarifeinheit in einem Betrieb zur Auflösung von Tarifkollisionen ausdrücklich auf. Der Umstand, dass Arbeitgeber an mehrere Tarifverträge gebunden sein können, hindere die unmittelbare und zwingende Wirkung der Rechtsnormen, die den Inhalt, den Abschluss und die Beendigung von Arbeitsverhältnissen zwischen beiderseits Tarifgebundenen regeln, nicht. Es bestünde keine Rechtsgrundlage, die diese gesetzlich angeordnete normative Wirkung ausschließt. Insbesondere gebe es keinen gewohnheitsrechtlich anerkannten Grundsatz der Tarifeinheit, der auch nicht durch übergeordnete Rechtsprinzipien wie Rechtssicherheit und Rechtsklarheit gestützt werde. Eine Auflösung der Tarifpluralität durch den Grundsatz der Tarifeinheit sei mangels einer gesetzlichen Lücke nicht im Wege richterlicher Rechtsfortbildung möglich. Auch eine gesetzesübersteigende Rechtsfortbildung sei nicht angezeigt, da die Tarifpluralität keine unüberwindbaren praktischen Probleme mit sich bringe. Zweckmäßigkeitsgründe oder ein Koordinierungsinteresse des Arbeitgebers würden hierfür nicht ausreichen. Unabhängig davon wäre eine entsprechende Rechtsfortbildung mit dem Grundrecht der Koalitionsfreiheit nach Art. 9 Abs. 3 GG nicht vereinbar. Eine Verdrängung eines von einer Gewerkschaft geschlossenen Tarifvertrages nach dem Grundsatz der Tarifeinheit stelle sowohl einen nicht gerechtfertigten Eingriff in die kollektive Koalitionsfreiheit der tarifschließenden Gewerkschaft als auch in die individuelle Koalitionsfreiheit des Gewerkschaftsmitglieds dar.

---

10 Eine Zusammenstellung der ablehnenden Meinung im Schrifttum findet sich in der BAG Entscheidung vom 07. Juli 2010 – 4 AZR 549/08 –, BAGE 135, 80-115 unter Rdnr. 20.

11 BAG vom 07. Juli 2010 – 4 AZR 549/08 –, BAGE 135, 80-115.

12 BAG vom 23. Juni 2010 – 10 AS 3/10.

3. Neuregelung durch das Tarifeinheitsgesetz

Das Tarifeinheitsgesetz fügt in das TVG einen neuen Paragraphen 4a ein, der in seinem Abs. 1 zunächst den Grundsatz aufstellt, dass „*zur Sicherung der Schutzfunktion, Verteilungsfunktion, Befriedungsfunktion sowie Ordnungsfunktion von Rechtsnormen des Tarifvertrags*“ Tarifkollisionen im Betrieb vermieden werden. Die Gesetzesbegründung[13] betont, dass es Aufgabe der Tarifvertragsparteien sei Tarifkollisionen zu vermeiden. Explizit nennt die Gesetzesbegründung hierzu Möglichkeiten wie die Abstimmung der Zuständigkeiten durch die Gewerkschaften, das gemeinsame Verhandeln von Tarifverträgen, den Abschluss inhaltsgleicher Tarifverträge, die Nachzeichnung von Tarifverträgen, verbandsinterne Konfliktlösungen innerhalb von Gewerkschaftszusammenschlüssen und die Gestattung von Ergänzungen durch andere Gewerkschaften. Diese Möglichkeiten standen aber auch bislang offen. Das Problem der Tarifkollision zeigt sich aber gerade immer dann, wenn die Gewerkschaftsabstimmung nicht funktioniert. Hier hält § 4a Abs. 2 Satz 2 TVG eine Kollisionsregel, das Kernstück der Neuregelung, bereit. § 4a Abs. 2 Satz 2 TVG enthält zunächst eine Definition der Tarifkollision. Kollidierende Tarifverträge liegen vor, wenn sich die Geltungsbereiche nicht inhaltsgleicher Tarifverträge verschiedener Gewerkschaften überschneiden. Zur Auflösung sind bei kollidierenden Tarifverträgen nur die Rechtsnormen des Tarifvertrags der Gewerkschaft anwendbar, die zum Zeitpunkt des Abschlusses des zuletzt abgeschlossenen kollidierten Tarifvertrags im Betrieb die meisten Mitglieder hat. In diesem Sinne „unterlegene Gewerkschaften“ bekommen gem. § 4a Abs. 4 TVG ein Nachzeichnungsrecht.

Dieses Mehrheitsprinzip liest sich auf den ersten Blick einfach, wirft aber eine Vielzahl von Folgefragen auf, wobei die Feststellung der Mehrheit noch eine der geringsten ist. Die Hauptfrage ist, inwieweit § 4a TVG in die Koalitionsfreiheit der unterlegenen Minderheitsgewerkschaften eingreift und wenn ja, ob dieser Grundrechtseingriff gerechtfertigt und verhältnismäßig ist. Diesen Fragen geht Rieger in der vorliegenden Schrift nach.

---

[13] BR Drucks. 635/14.

Literaturverzeichnis

Bachmann, Ronald/Schmidt, Christoph M., Tarifpluralität fünf Jahre nach dem BAG-Urteil, Zeitschrift für Wirtschaftspolitik 2015, S. 44 ff.; (zitiert: *Bachmann/Schmidt*, ZfWP 2015, 44).

Bauer, Jobst-Hubertus, Referentenentwurf des Tarifeinheitsgesetzes, Der Betrieb 2014, S. 2715 f.; (zitiert: *Bauer*, DB 2014, 2715).

Bayreuther, Frank, Funktionsfähigkeit eines Tarifeinheitsgesetzes in der arbeitsrechtlichen Praxis, Neue Zeitschrift für Arbeitsrecht 2013, S. 1395 ff.; (zitiert: *Bayreuther*, NZA 2013, 1395).

– Gesetzliche Regelungen kollektiver Arbeitskonflikte in der Daseinsvorsorge, Neue Zeitschrift für Arbeitsrecht 2013, S. 704 ff.; (zitiert: *Bayreuther*, NZA 2013, 704).

– Gesetzlich angeordnete Tarifeinheit: Verfassungsrechtliche Diskussion, Der Betrieb 2010, S. 2223 ff.; (zitiert: *Bayreuther*, DB 2010, 2223).

– Tarif- und Arbeitskampfrecht in der Neuordnung, Neue Zeitschrift für Arbeitsrecht 2008, S. 12 ff.; (zitiert: *Bayreuther*, NZA 2008, 12).

– Tarifpluralität und -konkurrenzen im Betrieb, Zur Zukunft des Grundsatzes der Tarifeinheit, Neue Zeitschrift für Arbeitsrecht 2007, S. 187 ff.; (zitiert: *Bayreuther*, NZA 2007, 187).

Bayreuther, Werner, Tarifeinheit und Gewerkschaftspluralität – Die Lösung der Deutschen Bahn, in: Festschrift für Wolfgang Hromadka zum 70. Geburtstag, herausgegeben von Frank Maschmann, München 2008, S. 1 ff.; (zitiert: *W.Bayreuther,* FS Hromadka 2008, 1).

Bepler, Klaus, Stärkung der Tarifautonomie – welche Maßnahmen empfehlen sich?, Neue Zeitschrift für Arbeitsrecht 2014, S. 891 ff.; (zitiert: *Bepler*, NZA 2014, 891).

– Tarifeinheit im Betrieb – Eine Skizze der bisherigen Rechtsprechung, Neue Zeitschrift für Arbeitsrecht Beilage zu Heft 3/2010, S. 99 ff.; (zitiert: *Bepler,* NZA-Beil. 2010, 99).

Berg, Peter, Gesetzlich verordnete Tarifeinheit relaoded – das Streikrecht in Gefahr, Kritische Justiz 2014, S. 72 ff.; (zitiert: *Berg*, KJ 2014, 72).

Bister, Jeremy, Tarifpluralität – Aufgabe des Grundsatz der Tarifeinheit im Betrieb und die Folgen, Frankfurt am Main 2011; (zitiert: *Bister*, Tarifpluralität und die Folgen).

Brocker, Ulrich, Ende der Tarifeinheit aus betrieblicher Sicht, Neue Zeitschrift für Arbeitsrecht Beilage zu Heft 3/2010, S. 121 ff.; (zitiert: *Brocker*, NZA-Beil. 2010, 121).

Buchner, Herbert, Tarifpluralität und Tarifeinheit – einige Überlegungen zur Rechtsprechung des Bundesarbeitsgerichts, in: Festschrift 50 Jahre Bundesarbeitsgericht, herausgegeben von Hartmut Oetker, Ulrich Preis und Volker Rieble, München 2004, S. 631 ff.; (zitiert: *Buchner*, FS 50 Jahre BAG, 631).

– Der „Funktionseliten"-Streik – Zu den Grenzen der Durchsetzbarkeit von Spartenverträgen, Betriebs-Berater 2003, S. 2121 ff.; (zitiert: *Buchner*, BB 2003, 2121).

– Wirkliche und vermeintliche Gefährdungen der Tarifautonomie, in: Arbeitsrecht in der Bewährung, Festschrift für Otto Rudolf Kissel zum 65. Geburtstag, München 1994, S. 97 ff.; (zitiert: *Buchner*, FS Kissel 1994, 97).

Bundesrechtsanwaltskammer, Stellungnahme Nr. 46 des Ausschusses Arbeitsrecht zum Referentenentwurf eines Gesetzes zur Tarifeinheit, Berlin 2014, abrufbar unter: http://goo.gl/xCWWiH, zuletzt abgerufen am: 02.08.2015; (zitiert: *BRAK*, Stellungnahme Nr. 46 zur Tarifeinheit).

Cornils, Matthias, Die Ausgestaltung der Grundrechte, Tübingen 2005; (zitiert: *Cornils*, Ausgestaltung).

Däubler, Wolfgang, Gutachten zum Gesetzentwurf der Bundesregierung zum Tarifeinheitsgesetz, erstellt im Auftrag der Bundestagsfraktion DIE LINKE, Berlin 2015, abrufbar unter: http://goo.gl/pswUUC, zuletzt abgerufen am: 02.08.2015; (zitiert: *Däubler*, Gutachten TEG).

– NomosKommentar Tarifvertragsgesetz mit Arbeitnehmer-Entsendegesetz, 3. Auflage, Baden-Baden 2012; (zitiert: Däubler/TVG/*Bearbeiter*).

– Die gemeinsame Initiative von DGB und DBA zur Schaffung einer neuen Form der „Tarifeinheit" – Verfassungsrechtliche und völkerrechtliche Probleme – , Rechtsgutachten im Auftrag von Gewerkschaft der Flugsicherung (GdF), Gewerkschaft Deutscher Lokomotivführer (GDL), Marburger Bund – Bundesverband der angestellten und beamteten Ärzte Deutschlands e.V. (MB), Unabhängige Flugbegleiter Organisation e.V. (UFO), Verband angestellter Akademiker und leitender Angestellter in der chemischen Industrie e.V. (VAA) und Vereinigung Cockpit e.V., Bremen 2010, abrufbar unter: http://goo.gl/RXzjDw, zuletzt abgerufen am: 02.08.2015; (zitiert: *Däubler*, Gutachten BDA/DGB).

Deinert, Olaf, Folgen der Tarifpluralität für das Arbeitskampfrecht, Recht der Arbeit 2011, S. 12 ff.; (zitiert: *Deinert*, RdA 2011, 12).

– Arbeitsrechtliche Herausforderungen einer veränderten Tariflandschaft, Neue Zeitschrift für Arbeitsrecht 2009, S. 1176 ff.; (zitiert: *Deinert*, NZA 2009, 1176).

Di Fabio, Udo, Gesetzlich auferlegte Tarifeinheit als Verfassungsproblem, Rechtsgutachten erstellt im Auftrag des Marburger Bundes Verband der angestellten und beamteten Ärztinnen und Ärzte Deutschlands e.V., Bonn 2014, abrufbar unter: http://goo.gl/gktcb3, zuletzt abgerufen am: 02.08.2015; (zitiert: *Di Fabio*, Gutachten Tarifeinheit).

Dieterich, Thomas, Zukunft einer funktionsfähigen Tarifautonomie (mit Berücksichtigung der Besonderheiten in der Bauwirtschaft), Neue Zeitschrift für Arbeitsrecht Beilage zu Heft 2/2011, S. 84 ff.; (zitiert: *Dieterich*, NZA-Beil. 2011, 84).

– Koalitionswettbewerb – Nutzung von Freiheit oder Störung der Ordnung?, in: Individuelle und kollektive Freiheit im Arbeitsrecht, Gedächtnisschrift für Ulrich Zachert, herausgeben von Thomas Dieterich, Martine Le Friant, Luca Nogler, Katsutoshi Kezuka und Heide Pfarr, Baden-Baden 2010, S. 532 ff.; (zitiert: *Dieterich*, GS Zachert 2010, 532).

– Flexibilisiertes Tarifrecht und Grundgesetz, Recht der Arbeit 2002, S. 1 ff.; (zitiert: *Dieterich*, RdA 2002, 1).

Engels, Andreas, Die verfassungsrechtliche Dogmatik des Grundsatzes der Tarifeinheit, Recht der Arbeit 2008, S. 331 ff.; (zitiert: *Engels*, RdA 2008, 331).

Epping, Volker/Hillgruber, Christian, Grundgesetz Kommentar, zitiert als Beck'scher Online-Kommentar Grundgesetz, Edition: 24, Stand: 01.03.2015, München; (zitiert: BeckOK-GG/*Bearbeiter*).

Feudner, Bernd W., Zum Arbeitskampfrecht von Berufsgruppengewerkschaften; Zugleich Besprechung zum Urteil des Sächsischen LAG v. 2.11.2007 – 7 SaGa 19/07 zum Tarifkonflikt bei der Deutschen Bahn, Recht der Arbeit 2008, S. 104 ff.; (zitiert: *Feudner*, RdA 2008, 104).

Fischer, Ulrich, Die DGB-Gewerkschaften und das Tarifeinheitsgesetz, Wer anderen eine Grube gräbt, fällt (manchmal auch) selbst hinein, Neue Zeitschrift für Arbeitsrecht 2015, S. 662 ff.; (zitiert: *Fischer*, NZA 2015, 662).

Fischinger, Philipp S./Monsch, Christine, Tarifeinheitsgesetz und Arbeitskampf, Neue Juristische Wochenschrift 2015, S. 2209 ff.; (zitiert: *Fischinger/Monsch*, NJW 2015, 2209).

Forst, Gerrit, Tarifpluralität und die Frage nach der Gewerkschaftszugehörigkeit, Zeitschrift für Tarif-, Arbeits- und Sozialrecht des öffentlichen Dienstes 2011, S. 587 ff.; (zitiert: *Forst*, ZTR 2011, 587).

Franzen, Martin, Arbeitskampf im tarifpluralen Betrieb – Gefahr für das Tarifvertragssystem?, Zeitschrift für Arbeitsrecht 2011, S. 647 ff.; (zitiert: *Franzen,* ZfA 2011, 647).

– Tarifeinheit – Element der Tarifautonomie oder Grundrechtsverletzung?, Zeitschrift für Arbeitsrecht 2009, S. 297 ff.; (zitiert: *Franzen,* ZfA 2009, 297).

– Das Ende der Tarifeinheit und die Folgen, Recht der Arbeit 2008, S. 193 ff.; (zitiert: *Franzen,* RdA 2008, 193).

Fritz, Michael/Meyer, Cord, Quo Vadis Tarifeinheit?, Neue Zeitschrift für Arbeitsrecht Beilage zu Heft 3/2010, S. 111 ff.; (zitiert: *Fritz/Meyer,* NZA-Beil. 2010, 111).

Gellermann, Martin, Grundrechte in einfachgesetzlichem Gewande, Tübingen 2000; (zitiert: *Gellermann,* Grundrechte und einfaches Recht).

Giesen, Richard, Tarifeinheit und Verfassung, Zeitschrift für Arbeitsrecht 2011, S. 1 ff.; (zitiert: *Giesen,* ZfA 2011, 1).

– Die Auslegung von Bezugnahmeklauseln im Konflikt um Tarifanwendung und Tarifvermeidung, Zeitschrift für Arbeitsrecht 2010, S. 657 ff.; (zitiert: *Giesen,* ZfA 2010, 657).

– Tarifeinheit im Betrieb, Neue Zeitschrift für Arbeitsrecht 2009, S. 11 ff.; (zitiert: *Giesen,* NZA 2009, 11).

Giesen, Richard/Kersten, Jens, Gesetzliche Tarifeinheit – Rechtsgutachten im Auftrag der BDA, Zeitschrift für Arbeitsrecht 2015, S. 201 ff.; (zitiert: *Giesen/Kersten,* ZfA 2015, 201).

Glanz, Peter, Streikrecht zwischen Tarifeinheit und Verhältnismäßigkeit, Neue Juristische Wochenschrift – Spezial 2007, S. 578 ff.; (zitiert: *Glanz,* NJW-Spezial 2007, 578).

Göhner, Reinhard, 60 Jahre TVG – Zeit für Reformen?, in: Festschrift für Jobst-Hubertus Bauer zum 65. Geburtstag, herausgegeben von Ulrich Baeck, Ulrich Preis, Gerhard Röder, Friedrich Hauck, Volker Rieble und Achim Schunder, München 2010, S. 351 ff.; (zitiert: *Göhner,* FS Bauer 2010, 351).

Greiner, Stefan, Das Tarifeinheitsgesetz Dogmatik und Praxis der gesetzlichen Tarifeinheit, Neue Zeitschrift für Arbeitsrecht 2015, S. 769 ff.; (zitiert: *Greiner,* NZA 2015, 769).

– Das Tarifeinheitsgesetz – ein „Brandbeschleuniger“ für Tarifauseinandersetzungen?, Recht der Arbeit 2015, S. 36 ff.; (zitiert: *Greiner,* RdA 2015, 36).

– Die Allgemeinverbindlichkeitserklärung von Tarifverträgen zwischen mitgliedschaftlicher Legitimation und öffentlichem Interesse, in: Festschrift für

Gerrick Frhr. v. Hoyningen-Huene zum 70. Geburtstag, herausgegeben von Burkhard Boemke, Mark Lembke und Rüdiger Linck, München 2014, S. 103 ff.; (zitiert: *Greiner*, FS v. Hoyningen-Huene 2014, 103).

– Die Ausgestaltung eines „Tarifeinheitsgesetzes" und der Streik am Frankfurter Flughafen, Neue Zeitschrift für Arbeitsrecht 2012, S. 529 ff.; (zitiert: *Greiner*, NZA 2012, 529).

– Der Regelungsvorschlag von DGB und BDA zur Tarifeinheit, Neue Zeitschrift für Arbeitsrecht 2010, S. 743 ff.; (zitiert: *Greiner*, NZA 2010, 743).

– Der Arbeitskampf der GDL Überlegungen zur Parität im Sparten- und Spezialistenarbeitskampf, Neue Zeitschrift für Arbeitsrecht 2007, S. 1023 ff.; (zitiert: *Greiner*, NZA 2007, 1023).

Hanau, Peter, Der Kampf um die Verbindung von Tarifgeltung und Verbandsmitgliedschaft, Neue Zeitschrift für Arbeitsrecht 2012, S. 825 ff.; (zitiert: *Hanau*, NZA 2012, 825).

– Ordnung und Vielfalt von Tarifverträgen und Arbeitskämpfen im Betrieb, Zugleich Besprechung zum Urteil des Sächsischen LAG v. 2.11.2007 – 7 SaGa 19/07 zum Tarifkonflikt bei der Deutschen Bahn, Recht der Arbeit 2008, S. 98 ff.; (zitiert: *Hanau*, RdA 2008, 98).

Henssler, Martin, Tarifeinheit per Gesetz – 10 Thesen zu den Plänen der Bundesregierung zur Wiedereinführung der Tarifeinheit, Zeitschrift für Wirtschaftspolitik 2015, S. 55 ff.; (zitiert: *Henssler*, ZfWP 2015, 55).

– Ende der Tarifeinheit – Eckdaten eines neuen Arbeitskampfrechts, Recht der Arbeit 2011, S. 65 ff.; (zitiert: *Henssler*, RdA 2011, 65).

– Arbeitskampf in Deutschland – Wie geht es weiter? Brauchen wir ein Arbeitsgesetzbuch?, Zeitschrift für Arbeitsrecht 2010, S. 397 ff.; (zitiert: *Henssler*, ZfA 2010, 397).

Henssler, Martin/Willemsen, Heinz Josef/Kalb Heinz-Jürgen, Arbeitsrecht Kommentar, 6. Auflage, Köln 2014; (zitiert: H/W/K/ArbR-Kommentar/*Bearbeiter*).

Hirdina, Ralph, Anpassung der Laufzeiten von Spartentarifverträgen – Ein Lösungsansatz für die Tarifpluralität?, Neue Zeitschrift für Arbeitsrecht 2009, S. 997 ff.; (zitiert: *Hirdina*, NZA 2009, 997).

Hofer, Sebastian Friedrich, Tarifeinheitsgesetz – Beweisführung durch notarielle Erklärung, Zeitschrift für Tarif-, Arbeits- und Sozialrecht des öffentlichen Dienstes 2015, S. 185 ff.; (zitiert: *Hofer*, ZTR 2015, 185).

Hölscher, Christoph, Das Tarifeinheitsgesetz: Kritik und Alternativen, Arbeitsrecht Aktuell 2015, S. 7 ff.; (zitiert: *Hölscher*, ArbRAktuell 2015, 7).

Hromadka, Wolfgang, Wiederherstellung der Tarifeinheit – Die Quadratur des Dreiecks Koalitionsfreiheit im Spannungsfeld der Interessen von Unternehmern, Arbeitnehmern und Funktionsgruppen, Neue Zeitschrift für Arbeitsrecht 2014, S. 1105 ff.; (zitiert: *Hromadka*, NZA 2014, 1105).

– Entwurf eines Gesetzes zur Regelung der Tarifkollision, Neue Zeitschrift für Arbeitsrecht 2008, S. 384 ff.; (zitiert: *Hromadka*, NZA 2008, 384).

– Tarifeinheit bei Tarifpluralität, in: Gedächtnisschrift für Meinhard Heinze, herausgegeben von Alfred Söllner, Wolfgang Gitter, Raimund Waltermann, Richard Giesen und Oliver Ricken, München 2005, S. 383; (zitiert: *Hromadka*, GS Heinze 2005, 383).

Hromadka, Wolfgang/Schmitt-Rolfes, Günther, Am Ziel? – Senat will Grundsatz der Tarifeinheit bei Tarifpluralität kippen, Neue Zeitschrift für Arbeitsrecht 2010, S. 687 ff.; (zitiert: *Hromadka/Schmitt-Rolfes*, NZA 2010, 687).

Hufen, Friedhelm, Gesetzliche Tarifeinheit und Streiks im Bereich der öffentlichen Infrastruktur: Der verfassungsrechtliche Rahmen, Neue Zeitschrift für Arbeitsrecht 2014, S. 1237 ff.; (zitiert: *Hufen*, NZA 2014, 1237).

Isensee, Josef/Kirchhof, Paul, Handbuch des Staatsrechts der Bundesrepublik Deutschland; (zitiert: HdB-StaatsR/*Bearbeiter*); Band IX, Allgemeine Grundrechtslehren, 3. Auflage, Heidelberg 2011; Band V, Allgemeine Grundrechtslehren, 2. Auflage, Heidelberg 2000.

Jacobs, Matthias, Tariffrieden bei Gewerkschaftspluralität, in: Festschrift für Herbert Buchner zum 70. Geburtstag, herausgegeben von Jobst-Hubertus Bauer, Michael Kort,Thomas M. J. Möllers und Bernd Sandmann, München 2009, S. 342 ff.; (zitiert: *Jacobs*, FS Buchner 2009, 342).

– Tarifpluralität statt Tarifeinheit Aufgeschoben ist nicht aufgehoben!, Neue Zeitschrift für Arbeitsrecht 2008, S. 325 ff.; (zitiert: *Jacobs*, NZA 2008, 325).

– Tarifeinheit und Tarifkonkurrenz, Berlin 1999; (zitiert: *Jacobs*, Tarifeinheit).

Jarass, Hans D., Bausteine einer Grundrechtsdogmatik, Archiv des öffentlichen Rechts 120 (1995), S. 345 ff.; (zitiert: *Jarass*, AöR 1995, 345).

– Grundrechte als Wertentscheidung bzw. objektivrechtliche Prinzipien in der Rechtsprechung des Bundesverfassungsgerichts, Archiv des öffentlichen Rechts 110 (1985), S. 363 ff.; (zitiert: *Jarass*, AöR 1985, 363).

Jarass, Hans D./Pieroth, Bodo, Grundgesetz für die Bundesrepublik Deutschland Kommentar, 13. Auflage, München 2014; (zitiert: Jarass/Pieroth/GG/*Bearbeiter*).

Junker, Abbo, Grundfragen der Tarifeinheit in den Mitgliedstaaten der Europäischen Union, Zeitschrift für Arbeitsrecht 2011, S. 299 ff.; (zitiert: *Junker*, ZfA 2011, 299).

– Kollektives Arbeitsrecht in Europa – Überblick über das Arbeitskampfrecht und das Tarifsystem der Mitgliedstaaten, Recht der Arbeit Beilage zu Heft 5/2009, S. 4 ff.; (zitiert: *Junker*, RdA-Beil. 2009, 4).

Kamanabrou, Sudabeh, Der Streik der Spartengewerkschaften – Zulässigkeit und Grenzen, Zeitschrift für Arbeitsrecht 2008, S. 241 ff.; (zitiert: *Kamanabrou*, ZfA 2008, 241).

Kempen, Otto Ernst, Die »Tarifeinheit« der Koalitionsfreiheit – ein Zwischenruf, in: Festschrift für Wolfgang Hromadka zum 70. Geburtstag, herausgegeben von Frank Maschmann, München 2008, S. 177 ff.; (zitiert: *Kempen*, FS Hromadka 2008, 177).

– „Form follows function" – Zum Begriff der „Gewerkschaft" in der tarif- und arbeitsrechtlichen Rechtsprechung des Bundesarbeitsgerichts, in: Festschrift 50 Jahre Bundesarbeitsgericht, herausgegeben von Hartmut Oetker, Ulrich Preis und Volker Rieble, München 2004, S. 733 ff.; (zitiert: *Kempen*, FS 50 Jahre BAG, 733).

Koch, Ulrich, Arbeitsrecht von A-Z, begründet von Günter Schaub, 19. Auflage, München 2014; (zitiert: Arbeitsrecht A-Z/*Bearbeiter*).

Konzen, Horst, Die Kodifikation der Tarifeinheit im Betrieb, JuristenZeitung 2010, S. 1036 ff.; (zitiert: *Konzen*, JZ 2010, 1036).

Konzen, Horst/Schliemann, Harald, Der Regierungsentwurf des Tarifeinheitsgesetzes, Recht der Arbeit 2015, S. 1 ff.; (zitiert: *Konzen/Schliemann*, RdA 2015, 1).

Ladeur, Karl-Heinz, Methodische Überlegungen zur gesetzlichen „Ausgestaltung" der Koalitionsfreiheit, Archiv des öffentlichen Rechts 131 (2006), S. 643 ff.; (zitiert: *Ladeur*, AöR 2006, 643).

Lesch, Hagen, Spartengewerkschaften, Statuskonflikte und Gemeinwohl: Gesetzlicher Ordnungsrahmen statt Laissez-faire, Zeitschrift für Wirtschaftspolitik 2015, S. 111 ff.; (zitiert: *Lesch*, ZfWP 2015, 111).

Löwisch, Manfred, Tarifeinheit nur auf Antrag, Neue Zeitschrift für Arbeitsrecht 2015, S. 1369 ff.; (zitiert: *Löwisch*, NZA 2015, 1369).

– Tarifeinheit und die Auswirkungen auf das Streikrecht – Quo vadis deutsches Arbeitskampfrecht, wenn das Tarifeinheitsgesetz kommt? –, Der Betrieb 2015, S. 1102 f.; (zitiert: *Löwisch*, DB 2015, 1102).

– Tarifeinheit – Was kann und soll der Gesetzgeber tun?, Recht der Arbeit 2010, S. 263 ff.; (zitiert: *Löwisch*, RdA 2010, 263).

Löwisch, Manfred/Rieble, Volker, Kommentar zum Tarifvertragsgesetz, 3. Auflage, München 2012; (zitiert: *Löwisch/Rieble*/TVG).

Melot de Beauregard, Paul, Das neue Gesetz zur Tarifeinheit, Der Betrieb 2015, S. 1527 ff.; (zitiert: *Melot de Beauregard,* DB 2015, 1527).

Meyer, Cord, Zum Kooperationsgebot konkurrierender Gewerkschaften – Erste Lehren aus dem Tarifkonflikt im Bahnkonzern, in: Festschrift für Herbert Buchner, herausgegeben von Jobst-Hubertus Bauer, Michael Kort, Thomas M. J. Möllers und Bernd Sandmann, München 2009, S. 628 ff.; (zitiert: *Meyer*, FS Buchner 2009, 628).

– Aktuelle Fragen zum Grundsatz der Tarifeinheit, Der Betrieb 2006, S. 1271 ff.; (zitiert: *Meyer*, DB 2006, 1271).

– Rechtliche wie praktische Unzuträglichkeiten einer Tarifpluralität, Neue Zeitschrift für Arbeitsrecht 2006, S. 1387 ff.; (zitiert: *Meyer*, NZA 2006, 1387).

Moll, Wilhelm, Münchener Anwaltshandbuch Arbeitsrecht, 3. Auflage, München 2012; (zitiert: Mü-AnwHdB-ArbR/*Bearbeiter*).

Mückl, Patrick/Koddenbrock, Johanna, Gesetzliche Regelung der Tarifeinheit oder: Nach dem Streik ist vor dem Streik, Gesellschafts- und Wirtschaftsrecht 2015, S. 6 ff.; (zitiert: *Mückl/Koddenbrock*, GWR 2015, 6).

Müller, Bernd, Tarifkonkurrenz und Tarifpluralität, Neue Zeitschrift für Arbeitsrecht 1989, S. 449 ff.; (zitiert: *Müller*, NZA 1989, 449).

Müller-Glöge, Rudi/Preis, Ulrich/Schmidt, Ingrid, Erfurter Kommentar zum Arbeitsrecht, begründet von Thomas Dieterich, Peter Hanau und Günter Schaub, 15. Auflage, München 2015; (zitiert: ErfK/*Bearbeiter*).

Oetker, Hartmut, Tarifkonkurrenz und Tarifpluralität bei Tarifverträgen über Gemeinsame Einrichtungen (§ 4 II TVG), Neue Zeitschrift für Arbeitsrecht Beilage zu Heft 1/2010, S. 13 ff.; (zitiert: *Oetker*, NZA-Beil. 2010, 13).

Otto, Hansjörg, Tarifzensur und Arbeitskampf, in: Festschrift für Horst Konzen zum siebzigsten Geburtstag, herausgeben von Barbara Dauner-Lieb, Peter Hommelhoff, Matthias Jacobs, Dagmar Kaiser und Christoph Weber, Tübingen 2006, S. 663 ff.; (zitiert: *Otto*, FS Konzen 2006, 663).

Papier, Hans-Jürgen/Krönke, Christoph, Gesetzliche Regelung der Tarifeinheit aus verfassungsrechtlicher Sicht, Zeitschrift für Arbeitsrecht 2011, S. 807 ff.; (zitiert: *Papier/Krönke*, ZfA 2011, 807).

Pecher, Christian Matthias, Verfassungsimmanente Schranken von Grundrechten, Hamburg 2002; (zitiert: *Pecher*, Verfassungsimmanente Schranken).

Pflüger, Norbert, Verhandlungsparität beim Spezialistenstreik, Recht der Arbeit 2008, S. 185 ff.; (zitiert: *Pflüger*, RdA 2008, 185).

Picker, Eduard, Die Tarifautonomie am Scheideweg von Selbstbestimmung und Fremdbestimmung im Arbeitsleben – Zur Legitimation der Regelungsmacht der Koalitionen, in: Festschrift 50 Jahre Bundesarbeitsgericht, herausgegeben von Hartmut Oetker, Ulrich Preis und Volker Rieble, München 2004, S. 795 ff.; (zitiert: *Picker*, FS 50 Jahre BAG, 795).

Pieroth, Bodo, Koalitionsfreiheit, Tarifautonomie und Mitbestimmung, in: Festschrift 50 Jahre Bundesverfassungsgericht, herausgeben von Peter Badura und Horst Dreier, Band 2, Klärung und Fortbildung des Verfassungsrechts, Tübingen 2001, S. 293 ff.; (zitiert: *Pieroth*, FS 50 Jahre BVerfG, 293).

Reichold, Hermann, Entgeltanspruch aufgrund Vergütungsordnung trotz fehlender Nachwirkung – Theorie der Wirksamkeitsvoraussetzung, Besprechung des Urteils BAG v. 22.6.2010 – 1 AZR 853/08, Recht der Arbeit 2011, S. 311 ff.; (zitiert: *Reichold*, RdA 2011, 311).

– Rechtsgutachten zur Verfassungsmäßigkeit eines von BDA und DGB geplanten „Gesetzes zum Erhalt der Tarifeinheit“, erstattet im Auftrag der dbb tarifunion, Berlin 2010, abrufbar unter: http://goo.gl/sXh2QJ, zuletzt abgerufen am: 02.08.2015; (zitiert: *Reichold*, Gutachten BDA/DGB).

– Zustand der Tariflandschaft im Krankenhauswesen, Zeitschrift für das öffentliche Arbeits- und Tarifrecht 2010, S. 29 ff.; (zitiert: *Reichold*, öAT 2010, 29).

– Abschied von der Tarifeinheit im Betrieb und die Folgen, Recht der Arbeit 2007, S. 321 ff.; (zitiert: *Reichold*, RdA 2007, 321).

– Notwendige Mitbestimmung als neue „Anspruchsgrundlage“?, in: Festschrift für Horst Konzen zum siebzigsten Geburtstag, herausgeben von Barbara Dauner-Lieb, Peter Hommelhoff, Matthias Jacobs, Dagmar Kaiser und Christoph Weber, Tübingen 2006, S. 763 ff.; (zitiert: *Reichold*, FS Konzen 2006, 763).

Richardi, Reinhard, Tarifeinheit als Placebo für ein Arbeitskampfverbot, Neue Zeitschrift für Arbeitsrecht 2014, S. 1233 ff.; (zitiert: *Richardi*, NZA 2014, 1233).

– Verbandsmitgliedschaft und Tarifgeltung als Grundprinzip der Tarifautonomie, Neue Zeitschrift für Arbeitsrecht 2013, S. 408 ff.; (zitiert: *Richardi*, NZA 2013, 408).

Richardi, Reinhard/Wißmann, Hellmut/Wlotzke, Otfried/Oetker, Hartmut, Münchener Handbuch zum Arbeitsrecht, 3. Auflage, München 2009; (zitiert: Mü-HdB-ArbR/*Bearbeiter*).

Rieble, Volker, Arbeitsniederlegung zur Standorterhaltung, Recht der Arbeit 2005, S. 200 ff.; (zitiert: *Rieble*, RdA 2005, 200).

– Zulässigkeit des Lokführer-"Funktionseliten"- Streiks, Betriebs-Berater 2003, S. 1227 ff.; (zitiert: *Rieble*, BB 2003, 1227).

Rieble, Volker/von der Ehe, Moritz, Verfassungsmäßigkeit eines Gesetzes zur Regelung der Tarifeinheit, erstattet für Gewerkschaft der Flugsicherung e.V., Gewerkschaft Deutscher Lokomotivführer, Marburger Bund, Unabhängige Flugbegleiter Organisation, Verband angestellter Akademiker und leitender Angestellter der chemischen Industrie e.V. und der Vereinigung Cockpit e.V., München 2010, abrufbar unter: http://goo.gl/YUb8xw, zuletzt abgerufen am: 02.08.2015; (zitiert: *Rieble/v. d. Ehe,* Gutachten BDA/DGB).

Rieble, Volker/Wiebauer, Bernd, Meinungskampf im Betrieb, Zeitschrift für Arbeitsrecht 2010, S. 63 ff.; (zitiert: *Rieble/Wiebauer*, ZfA 2010, 63).

Rolfs, Christian/Giesen, Richard/Kreikebohm, Ralf/Udsching, Peter, Arbeitsrecht Schwerpunktkommentar, zitiert als Beck'scher Online-Kommentar Arbeitsrecht, Edition: 36, Stand: 01.06.2015, München; (zitiert: BeckOK-ArbR/*Bearbeiter*).

Rudkowski, Lena, Eine „scharfe Waffe" wohl gebrauchen: Der Professorenentwurf zur Regelung des Arbeitskampfs in der Daseinsvorsorge, Zeitschrift für Arbeitsrecht 2012, S. 467 ff.; (zitiert: *Rudkowski*, ZfA 2012, 467).

Rüthers, Bernd, Ein Gesetz gegen die Verfassung? Die Tarifeinheit im Streit der Verbandsinteressen, Zeitschrift für Rechtspolitik 2015, S. 2 ff.; (zitiert: *Rüthers*, ZRP 2015, 2).

Sachs, Michael, Grundgesetz Kommentar, 7. Auflage, München 2014; (zitiert: Sachs/GG/*Bearbeiter*).

Säcker, Franz Jürgen/Oetker, Hartmut, Tarifeinheit im Betrieb – ein Akt unzulässiger richterlicher Rechtsfortbildung?, Zeitschrift für Arbeitsrecht 1993, S. 1 ff.; (zitiert: *Säcker/Oetker*, ZfA 1993, 1).

Schaub, Günter, Arbeitsrechts-Handbuch, 15. Auflage, München 2013; (zitiert: Schaub/ArbR-HdB/*Bearbeiter*).

Schliemann, Harald, Fragen zum Tarifeinheitsgesetz, Neue Zeitschrift für Arbeitsrecht 2014, S. 1250 ff.; (zitiert: *Schliemann*, NZA 2014, 1250).

– Streikkaskaden in der Daseinsvorsorge, in: Festschrift für Jobst-Hubertus Bauer zum 65. Geburtstag, herausgegeben von Ulrich Baeck, Ulrich Preis, Gerhard Röder, Friedrich Hauck, Volker Rieble und Achim Schunder, München 2010, S. 923 ff.; (zitiert: *Schliemann*, FS Bauer 2010, 923).

– Betriebliche Tarifeinheit und Gewerkschaftspluralität, in: Festschrift für Wolfgang Hromadka zum 70. Geburtstag, herausgegeben von Frank Maschmann, München 2008, S. 359 ff.; (zitiert: *Schliemann*, FS Hromadka 2008, 359).

– Tarifkollision – Ansätze zur Vermeidung und Auflösung, Neue Zeitschrift für Arbeitsrecht Beilage zu Heft 24/2000, S. 24 ff.; (zitiert: *Schliemann*, NZA-Beil. 2000, 24).

Schmidt, Benedikt, Anmerkung zu BAG v. 07.07.2010 – 4 AZR 549/08, Nachschlagewerk des Bundesarbeitsgerichts – Arbeitsrechtliche Praxis, Nr. 140 zu Art. 9 GG; (zitiert: *Schmidt*, Anmerkung zu BAG v. 07.07.2010 – 4 AZR 549/08, AP Nr. 140 zu Art. 9 GG).

Schnabel, Claus, Tarifeinheit, Tarifpluralität und Spartengewerkschaften: Ein Plädoyer für gesetzgeberische Zurückhaltung, Zeitschrift für Wirtschaftspolitik 2015, S. 33 ff.; (zitiert: *Schnabel*, ZfWP 2015, 33).

Scholz, Rupert, Zur Problematik von Tarifpluralität und Tarifeinheit – Verfassungsfragen zu einer gesetzlichen Reformlösung, Zeitschrift für Arbeitsrecht 2010, S. 681 ff.; (zitiert: *Scholz*, ZfA 2010, 681).

– Bahnstreik und Verfassung, in: Festschrift für Herbert Buchner, herausgegeben von Jobst-Hubertus Bauer, Michael Kort, Thomas M. J. Möllers und Bernd Sandmann, München 2009, S. 827 ff.; (zitiert: *Scholz*, FS Buchner 2009, 827).

Scholz, Rupert/Lingemann, Stefan/Ruttloff, Marc, Tarifeinheit und Verfassung, Rechtsgutachten im Auftrag der Bundesvereinigung Deutscher Arbeitgeberverbände, Neue Zeitschrift für Arbeitsrecht Beilage zu Heft 1/2015, S. 3 ff.; (zitiert: *Scholz/Lingemann/Ruttloff*, NZA-Beil. 2015, 3).

Schüren, Peter, Tarifverträge ohne mitgliedschaftliche Legitimation – eine Skizze, in: Festschrift 50 Jahre Bundesarbeitsgericht, herausgegeben von Hartmut Oetker, Ulrich Preis und Volker Rieble, München 2004, S. 877 ff.; (zitiert: *Schüren*, FS 50 Jahre BAG, 877).

Seel, Henning-Alexander, Ende der Tarifeinheit – Was ist aus Arbeitgebersicht zu tun?, Zeitschrift für das öffentliche Arbeits- und Tarifrecht 2010, S. 82 ff.; (zitiert: *Seel*, öAT 2010, 82).

Seeling, Rolf Otto/Probst, Ulrich, Tarifpluralität – Auswirkungen auf die Gewerkschaftslandschaft und das Arbeitskampfrecht, Betriebs-Berater 2014, S. 2421 ff.; (zitiert: *Seeling/Probst*, BB 2014, 2421).

Sodan, Helge, Beck'sche Kompakt Kommentare Grundgesetz, 2. Auflage, München 2011; (zitiert: Sodan/GG/*Bearbeiter*).

– Verfassungsrechtliche Grenzen der Tarifautonomie. Ein Beitrag zur Auslegung des Art. 9 Abs. 3 GG, JuristenZeitung 1998, S. 421 ff.; (zitiert: *Sodan*, JZ 1998, 421).

Thüsing, Gregor, Tarifautonomie und Gemeinwohl, in: Festschrift 50 Jahre Bundesarbeitsgericht, herausgegeben von Hartmut Oetker, Ulrich Preis und

Volker Rieble, München 2004, S. 889 ff.; (zitiert: *Thüsing*, FS 50 Jahre BAG, 889).

von Steinau-Steinrück, Robert/Glanz, Peter, Dauerarbeitskämpfe durch Spartenstreiks – Die verbleibenden Kampfmittel der Arbeitgeber, Neue Zeitschrift für Arbeitsrecht 2009, S. 113 ff.; (zitiert: *v. Steinau-Steinrück/Glanz*, NZA 2009, 113).

Waas, Bernd, Der Regelungsentwurf von DGB und BDA zur Tarifeinheit – Verfassungs- und internationalrechtliche Aspekte, Gutachten im Auftrag des Hugo Sinzheimer Instituts für Arbeitsrecht, Frankfurt am Main 2010, abrufbar unter: http://goo.gl/AECb1o, zuletzt abgerufen am: 02.08.2015; (zitiert: *Waas*, Gutachten BDA/DGB).

Wank, Rolf, Empfiehlt es sich, die Regelungsbefugnisse der Tarifparteien im Verhältnis zu den Betriebsparteien neu zu ordnen?, Neue Juristische Wochenschrift 1996, S. 2273 ff.; (zitiert: *Wank*, NJW 1996, 2273).

Wiedemann, Anton, Die Bindung der Tarifnormen an Grundrechte, insbesondere an Artikel 12 GG, Frankfurt am Main 1994; (zitiert: *Wiedemann*, Tarifnormen und Grundrechte).

Ziebarth, Wolfgang, Ein Plädoyer für rein „monetäre Arbeitskämpfe" im Bereich der Daseinsvorsorge, Arbeitsrecht Aktuell 2015, S. 122 ff.; (zitiert: *Ziebarth*, ArbRAktuell 2015, 122).

Abkürzungsverzeichnis

a.A.	andere Ansicht
Abs.	Absatz
AEntG	Arbeitnehmer-Entsendegesetz
AG	Aktiengesellschaft
AGB	allgemeine Geschäftsbedingungen
allg.	allgemein
AöR	Archiv des öffentlichen Rechts
AP	Arbeitsrechtliche Praxis
ArbG	Arbeitsgericht
ArbGG	Arbeitsgerichtsgesetz
ArbRAktuell	Arbeitsrecht Aktuell
ArbR-HdB	Arbeitsrecht Handbuch
Art.	Artikel
AVE	Allgemeinverbindlichkeitserklärung
BAG	Bundesarbeitsgericht
BAGE	Sammlung der Entscheidungen des BAG
BB	Betriebsberater
BDA	Bundesverband der Deutschen Arbeitgeberverbände
BeckOK-ArbR	Beck'scher Online-Kommentar Arbeitsrecht
BeckOK-GG	Beck'scher Online-Kommentar Grundgesetz
BeckRS	Beck-Rechtsprechung
BetrVG	Betriebsverfassungsgesetz
BGB	Bürgerliches Gesetzbuch
BRAK	Bundesrechtsanwaltskammer
bspw.	beispielsweise
BT-Ds.	Bundestagsdrucksache
BVerfG	Bundesverfassungsgericht
BVerfGE	Sammlung der Entscheidungen des BVerfG
BVerwGE	Bundesverwaltungsgericht
BVerwGE	Sammlung der Entscheidungen des BVerwG
d.	der/die/das
DB	Der Betrieb
DB AG	Deutsche Bahn AG

dbb	beamtenbund und tarifunion
DDR	Deutsche Demokratische Republik
derselb.	derselbe
DGB	Deutscher Gewerkschaftsbund
dieselb.	dieselbe/dieselben
Einl.	Einleitung
ErfK	Erfurter Kommentar zum Arbeitsrecht
f.	folgende [Seite]
ff.	folgende [Seiten]
Fn.	Fußnote
FS	Festschrift
GdF	Gewerkschaft der Flugsicherung
GDL	Gewerkschaft Deutscher Lokomotivführer
GG	Grundgesetz für die Bundesrepublik Deutschland
ggf.	gegebenenfalls
ggü.	gegenüber
grds.	grundsätzlich
Grundl.	Grundlagen
GS	Gedächtnisschrift
HdB-StaatsR	Handbuch des Staatsrechts der Bundesrepublik Deutschland
h.L.	herrschende Lehre
h.M.	herrschende Meinung
i.d.F.	in der Fassung
i.E.	im Ergebnis
i.e.S.	im engeren Sinn
insb.	insbesondere
i.S.d.	im Sinne des
i.S.e.	im Sinne eines/einer
i.S.v.	im Sinne von
i.V.m.	in Verbindung mit
i.w.S.	im weiteren Sinn
Jh.	Jahrhundert
JZ	JuristenZeitung
KJ	Kritische Justiz
LAG	Landesarbeitsgericht

Ls.	Leitsatz
MB	Marburger Bund – Bundesverband der angestellten und beamteten Ärzte Deutschlands e.V.
m.w.N.	mit weiteren Nachweisen
Mü-AnwHdB-ArbR	Münchener Anwaltshandbuch Arbeitsrecht
Mü-HdB-ArbR	Münchener Handbuch zum Arbeitsrecht
NJOZ	Neue Juristische Online Zeitung
NJW	Neue Juristische Wochenschrift
Nr.	Nummer
NVwZ	Neue Zeitschrift für Verwaltungsrecht
NZA	Neue Zeitschrift für Arbeitsrecht
NZA-Beil.	Neue Zeitschrift für Arbeitsrecht – Beilage
öAT	Zeitschrift für das öffentliche Arbeits- und Tarifrecht
RdA	Recht der Arbeit
RdA-Beil.	Recht der Arbeit – Beilage
Rn.	Randnummer
Rspr.	Rechtsprechung
S.	Satz/Seite
sog.	sogenannte
st.	ständig
TEG	Tarifeinheitsgesetz
TVG	Tarifvertragsgesetz
tw.	teilweise
u.	und
u.a.	unter anderem
UfO	Unabhängige Flugbegleiter Organisation e.V.
v.	vom/von
VAA	Verband angestellter Akademiker und leitender Angestellter in der chemischen Industrie e.V.
vgl.	vergleiche
Vorb.	Vorbemerkung
ZfA	Zeitschrift für Arbeitsrecht
ZfWP	Zeitschrift für Wirtschaftspolitik
ZTR	Zeitschrift für Tarifrecht

A Einleitung

In den Augen des Gesetzgebers scheint es um den Zustand der Tarifautonomie in Deutschland schlecht bestellt zu sein, denn nachdem erst vor kurzem die Notwendigkeit bestand, die Tarifpartner durch eine gesetzliche Regelung des Mindestlohns zu stärken, erscheint es jetzt notwendig, die Funktionsfähigkeit der Tarifautonomie durch die gesetzliche Regelung der Tarifeinheit zu erhalten[14]. Mit dem Tarifeinheitsgesetz (TEG) hat der Bundestag am 22.05.2015 eine entsprechende Regelung verabschiedet, die am 03.07.2015 durch den Bundespräsidenten unterzeichnet wurde und die somit am 10.07.2015 in Kraft getreten ist[15].

Der Gesetzgeber hat damit einen Zug auf ein Gleis gesetzt, dessen Weichenstellung bereits seit längerer Zeit durch die Rechtswissenschaft ausführlich erkundet wird[16]. Neben den langfristigen Folgen der Tarifeinheit steht dabei vor allem die verfassungsrechtliche Zulässigkeit einer solchen gesetzlichen Regelung in Frage und auch wenn der Verlauf der Strecke keinesfalls unstrittig ist, machen die einschlägigen Stellungnahmen deutlich, dass der Ausgang der Reise ungewiss ist. Gewiss ist allerdings, dass die rechtswissenschaftliche Diskussion über die Tarifeinheit durch eine Entscheidung des BVerfG ergänzt werden wird und dass das Gesetz hier einen ersten Engpass passieren muss[17].

Ob das TEG diesen Engpass passieren kann, wird im Rahmen der vorliegenden Arbeit untersucht, so dass die verfassungsrechtliche Bewertung der

---

14 Einen „konzeptionellen Zusammenhang“ sieht *Greiner*, NZA 2015, 769, 778.

15 BGBl. I 2015, 1130 f.

16 *Schliemann*, FS Hromadka 2008, 359, 363, spricht von *„kaum zu überschauenden“* Schrifttum bereits im Jahr 2008; seit dem Jahr 2010 kam eine *„Flut“* weiterer Stellungnahmen hinzu, *Rüthers*, ZRP 2015, 2, 3.

17 Pressemitteilung des Marburger Bunds v. 10.07.2015, „Marburger Bund erhebt Verfassungsbeschwerde gegen TEG“, (abrufbar unter: https://goo.gl/8pN7yF, zuletzt abgerufen am: 24.01.2016). Nach der Fertigstellung der Arbeit wurde in einer ersten Entscheidung bereits die Unzulässigkeit des Antrags auf einstweilige Anordnung gegen die Anwendung des TEG festgestellt, BVerfG v. 06.10.2015 1 BvR 157/15 (u.a.), NJW 2015, 3294.

gesetzlichen Regelung im Zentrum der Untersuchung steht. Dafür werden die Ziele sowie der Inhalt des Gesetzes dargestellt und anschließend in den Kontext der grundrechtlich geschützten Koalitionsfreiheit des Art. 9 Abs. 3 GG gesetzt. Dabei wird untersucht, welche Auswirkungen das TEG auf den Schutzbereich der Koalitionsfreiheit hat, ob sich diese Auswirkungen als Eingriff in die Koalitionsfreiheit darstellen und welche Ziele des Gesetzgebers diese Auswirkungen ggf. legitimieren können. Abschließend wird kursorisch untersucht, ob andere gesetzliche Regelungen die Ziele der Tarifeinheit erreichen könnten und ob diese eine Alternative zum TEG darstellen.

B Die gesetzliche Regelung der Tarifeinheit

Die verfassungsrechtliche Bewertung der gesetzlichen Tarifeinheit kann nicht vorgenommen werden, ohne die Ziele und den Inhalt des TEG genau zu betrachten, so dass auf beides im Folgenden näher eingegangen wird. Dafür ist es aber notwendig, vorab eine Begriffsdefinition vorzunehmen[18] und die rechtliche Ausgangslage zu skizzieren.

I Begriffsbestimmung

Neben dem Begriff der Tarifeinheit ist für die folgenden Ausführungen auch der Begriff der Tarifkollision zu betrachten, der das Gegenteil einer Tarifeinheit bezeichnet und damit als Oberbegriff für die Fälle dient, in denen mehrere Tarifverträge innerhalb eines Bezugsrahmens normative Wirkung beanspruchen[19]. Je nachdem, in welchem Bezugsrahmen die Kollision erfolgt, wird dabei zwischen Tarifkonkurrenz und Tarifpluralität unterschieden[20].

Bei einer Tarifkonkurrenz tritt die Kollision der Tarifverträge innerhalb des einzelnen Arbeitsverhältnisses ein[21]. Entstehen kann eine solche Konkurrenz[22] aus der betriebsweiten Wirkung der betriebsbezogenen und der betriebsverfassungsrechtlichen Normen eines Tarifvertrags i.S.v. § 3 Abs. 2

---

18 Notwendig ist dies auch, weil die Verwendung der Begriffe nicht immer einheitlich erfolgt, siehe zur früheren Rspr. des BAG *Jacobs*, Tarifeinheit, S. 79.

19 *Schliemann*, FS Hromadka 2008, 359, 364. Daher führt die Einbeziehung von Tarifverträgen in den Arbeitsvertrag auch nicht zu einer Tarifkollision, *Jacobs*, Tarifeinheit, S. 104.

20 Siehe nur BAG v. 20.03.1991 – 4 AZR 455/90, BAGE 67, 330 1. Ls.; Arbeitsrecht A-Z/*Koch/Schaub*, Stichwort: Tarifkonkurrenz; Mü-AnwHdB-ArbR/*Hamacher*, § 68 Rn. 174 ff.; *Schliemann*, NZA-Beil. 2000, 24, 25; *Scholz*, ZfA 2010, 681, 683.

21 BAG v. 20.03.1991 – 4 AZR 455/90, BAGE 67, 330, 336 (m.w.N. aus der eigenen Rspr.); Arbeitsrecht A-Z/*Koch/Schaub*, Stichwort: Tarifkonkurrenz; Mü-AnwHdB-ArbR/*Hamacher*, § 68 Rn. 175; Schaub/ArbR-HdB/*Treber*, § 204 Rn. 35; *Jacobs*, Tarifeinheit, S. 99.

22 Siehe auch die Beispiele bei Schaub/ArbR-HdB/*Treber*, § 204 Rn. 40.

TVG[23] (Betriebsnormen), die bereits Geltung im einzelnen Arbeitsverhältnis beanspruchen, wenn lediglich der Arbeitgeber an den Tarifvertrag gebunden ist[24]. Sind mehrere Tarifverträge im Betrieb anwendbar, dann kann es – unabhängig von der Gewerkschaftsmitgliedschaft des Arbeitnehmers – zu einer Konkurrenz der Tarifnormen im einzelnen Arbeitsverhältnis kommen. Ebenso geht die h.L. davon aus, dass durch die Allgemeinverbindlichkeitserklärung eines Tarifvertrags nach § 5 TVG eine Tarifkonkurrenz entstehen kann[25], da der allgemeinverbindliche Tarifvertrag auch für die Arbeitnehmer gelte, die bereits an einen anderen Tarifvertrag gebunden sind[26]. Ferner kann eine Tarifkonkurrenz auch entstehen, wenn ein Arbeitgeber an die Tarifverträge von zwei Gewerkschaften gebunden und der Arbeitnehmer in beiden Koalitionen Mitglied ist, wenn nach dem Verbandswechsel weiterhin eine Nachbindung an den alten Tarifvertrag und eine Bindung an den neuen Vertrag besteht oder wenn der Arbeitgeber sowohl an einen Unternehmens- als auch an einen Verbandstarifvertrag einer Gewerkschaft gebunden ist[27].

Eine Tarifpluralität liegt vor, wenn innerhalb eines Bezugsrahmens die Tarifverträge mehrerer Gewerkschaften für den Arbeitgeber verbindlich sind[28],

23 *Löwisch/Rieble*/TVG, § 4 Rn. 272; *Jacobs*, Tarifeinheit, S. 100.

24 Däubler/TVG/*Lorenz*, § 3 Rn. 60.

25 BAG v. 25.07.2001 – 10 AZR 599/00, BAGE 98, 263; BeckOK-ArbR/*Giesen*, § 4 TVG Rn. 24; ErfK/*Franzen*, § 5 TVG Rn. 5; *Löwisch/Rieble*/TVG, § 4 Rn. 273; Schaub/ArbR-HdB/*Treber*, § 204 Rn. 40.

26 Aufgrund des Wortlautes und des Zwecks der AVE lässt sich diese Ansicht auch bezweifeln, was für diese Arbeit aber unerheblich ist, da das Gesetz auf Kollisionen von Tarifverträgen mit allgemeinverbindlichen Tarifverträgen nicht anwendbar ist, siehe Fn. 102; siehe aber *Greiner*, FS v. Hoyningen-Huene 2014, 103, 115.

27 *Löwisch/Rieble*/TVG, § 4 Rn. 271; *Jacobs*, Tarifeinheit, S. 97. Zu Unterscheiden sind diese Fälle von der scheinbaren Konkurrenz unterschiedlicher Verträge identischer Vertragspartner, Mü-HdB-ArbR/*Rieble*/*Klumpp*, § 186 Rn. 8.

28 Für die Definition wird häufig auf den Betrieb abgestellt, siehe nur Mü-AnwHdB-ArbR/*Hamacher*, § 68 Rn. 181, allerdings ist das eine Frage der Auflösung der Pluralität, die auf allen Ebenen bestehen kann.

von denen auf das einzelne Arbeitsverhältnis aber jeweils nur ein Tarifvertrag[29] Anwendung findet[30]. Zu einer solchen Pluralität der Tarifverträge kommt es, wenn die Arbeitnehmer eines Arbeitgebers durch mehrere Gewerkschaften vertreten werden, die nicht zusammen in einer sog. Tarifgemeinschaft[31] einen gemeinsamen Tarifvertrag aushandeln, sondern einzelne Tarifverträge mit dem Arbeitgeber abschließen[32]. Je nachdem, welche Arbeitnehmergruppen durch die Gewerkschaften vertreten werden, kann es dadurch innerhalb eines Unternehmens, eines Betriebs und innerhalb einer Berufsgruppe dazu kommen, dass unterschiedliche Tarifverträge auf die jeweiligen Arbeitsverhältnisse anwendbar sind[33].

Eine Tarifeinheit besteht im Gegensatz zur Tarifkollision dann, wenn in einem Bezugsrahmen lediglich ein Tarifvertrag zur Anwendung kommt[34]. Sofern Tarifkollisionen eintreten, bestimmt eine Regelung der Tarifeinheit dementsprechend, wie diese aufgelöst werden, wobei neben dem maßgeblichen Bezugsrahmen auch die Kriterien zu bestimmen sind, die zur Auflösung der Kollision heranzuziehen sind[35].

---

29 Angesichts der Komplexität der Regelungssysteme wäre es genauer, von der Anwendung eines Tarifvertragswerks zu sprechen, *Hromadka,* NZA 2008, 384, 385.

30 BAG v. 20.03.1991 – 4 AZR 455/90, BAGE 67, 330 1. Ls.; Arbeitsrecht A-Z/*Koch/Schaub*, Stichwort: Tarifpluralität; BeckOK-ArbR/*Giesen*, § 4 TVG Rn. 16.

31 Zur Rechtsnatur und zu Besonderheiten dieser Form der Kooperation, *Löwisch/Rieble*/TVG, § 2 Rn. 394 ff.

32 Vgl. Schaub/ArbR-HdB/*Treber,* § 204 Rn. 35.

33 ErfK/*Franzen*, § 4 TVG Rn. 70; Mü-HdB-ArbR/*Rieble/Klumpp*, § 186 Rn. 12.

34 BeckOK-ArbR/*Giesen*, § 4 TVG Rn. 15; Schaub/ArbR-HdB/*Treber*, § 204 Rn. 48.

35 *Schliemann,* FS Hromadka, 359, 365.

II Bisheriger Umgang mit Tarifkollisionen

1 Betriebliche Tarifeinheit durch das Spezialitätsprinzip

Eine gesetzliche Regelung der Tarifeinheit war bislang nicht vorhanden[36], so dass die Regeln zur Auflösung der Tarifkollision bisher durch die Rechtsprechung des BAG geprägt wurden[37]. Dabei galt der Grundsatz der betrieblichen Tarifeinheit, so dass in einem Betrieb – und damit auch in einem Arbeitsverhältnis – grds. nur ein Tarifvertrag zur Anwendung kommen konnte[38]. Tarifkonkurrenz und Tarifpluralität auf betrieblicher Ebene wurden grds. nach dem Spezialitätsprinzip aufgelöst[39], so dass nur der Tarifvertrag zur Anwendung kam, der räumlich, betrieblich, fachlich sowie sachlich dem Betrieb am nächsten stand und den Erfordernissen der Arbeitnehmer am ehesten entsprach[40], während andere Tarifverträge im Betrieb nicht angewendet wurden[41]. Diese Verdrängung von Tarifnormen aus dem Arbeitsverhältnis wurde vor allem aus Gründen der Rechtsklarheit und -sicherheit als notwendig erachtet und damit gerechtfertigt[42].

In der Literatur traf die Auflösung der Tarifpluralität durch die betriebliche Tarifeinheit zunehmend aus verfassungsrechtlichen Gesichtspunkten auf

---

36 Zur Tarifeinheit in der Weimarer Republik siehe *Jacobs*, Tarifeinheit, S. 41 ff.

37 Siehe die Darstellung der Rechtsprechung bei *Bepler*, NZA-Beil. 2010, 99, 101; *Franzen*, RdA 2008, 193, 194 f.; *Jacobs*, Tarifeinheit, S. 68 ff.; sowie bei *Konzen/Schliemann,* RdA 2015, 1, 3 f.; *Oetker*, NZA-Beil. 2010, 13, 15 ff.; *Scholz*, ZfA 2010, 681, 685.

38 BAG v. 20.03.1991 – 4 AZR 455/90, BAGE 67, 330 2. Ls.; siehe auch Mü-HdB-ArbR/*Rieble/Klumpp*, § 186 Rn. 14; *Scholz/Lingemann/Ruttloff,* NZA-Beil. 2015, 3, 6.

39 Zu den Ausnahmen siehe *Däubler*, Gutachten BDA/DGB, S. 25 ff., (abrufbar unter: http://goo.gl/RXzjDw, zuletzt abgerufen am 02.08.2015); *Seel*, öAT 2010, 82.

40 Zur Bewertung der Spezialität siehe BAG v. 25.07.2001 – 10 AZR 599/00, BAGE 98, 263, 270 ff.; sowie *Giesen*, NZA 2009, 11.

41 Zur insoweit überholten Rspr. siehe nur BAG v. 15.11.2006 – 10 AZR 665/05, BAGE 120, 182 Rn. 20; BAG v. 05.09.1990 – 4 AZR 59/90, NZA 1991, 202; sowie Mü-HdB-ArbR/*Rieble/Klumpp*, § 186 Rn. 14.

42 BAG v. 20.03.1991 – 4 AZR 455/90, BAGE 67, 330, 337 f.; siehe auch *Jacobs*, NZA 2008, 325, 326.

Kritik[43]. Im Zentrum der Argumentation stand dabei vor allem die Auswirkung der Tarifeinheit auf die Arbeitnehmer, in deren Arbeitsverhältnis der Tarifvertrag trotz beiderseitiger Tarifbindung nicht angewendet wurde, da dies nicht nur dem Wortlaut des § 3 Abs. 1 TVG entgegenstehe, sondern zu einer ungerechtfertigten Grundrechtsbeeinträchtigung führe[44].

2 Zulässigkeit der Tarifpluralität

Im Jahr 2010 gaben die beiden zuständigen Senate des BAG ihre bisherige Rspr. zur Auflösung von Tarifpluralität auf[45] und schlossen sich argumentativ den bisherigen Kritikern dieser Rspr. an[46]. Der Entzug der tariflichen Rechte führe dazu, dass die betroffenen Arbeitnehmer und Gewerkschaften in ihrem Recht auf Koalitionsfreiheit beeinträchtigt werden[47]. Für diese Beeinträchtigung gäbe es keine gesetzliche Grundlage[48] und die bestehenden Regeln des TVG sprächen dafür, dass die unmittelbare Wirkung der tariflichen Normen auch dann eintritt, wenn der Arbeitgeber an mehrere Tarifverträge gebunden ist, von denen auf das individuelle Arbeitsverhältnis aber nur ein Vertrag Anwendung findet[49]. Für eine Rechtsfortbildung seien die Voraussetzungen nicht erfüllt[50] und das bisher vorgebrachte Argument der Rechtsklarheit und -sicherheit könne die Beeinträchtigung der Koalitionsfreiheit nicht rechtfertigen[51]. Dementsprechend sind die tarifvertraglichen Normen über den Inhalt, den Abschluss und die Beendigung von Arbeitsverhältnissen (Inhaltsnormen), an die eine Bindung gem. § 3 Abs. 1 TVG

43 Dazu und zu den Befürwortern der Rspr. siehe die Nachweise bei BAG v. 07.07.2010 – 4 AZR 549/08, BAGE 135, 80 Rn. 20; sowie *Jacobs*, Tarifeinheit, S. 90 ff.

44 Siehe nur ErfK/*Franzen*, § 4 TVG Rn. 71 (m.w.N.).

45 BAG v. 27.01.2010 – 4 AZR 549/08 (A), BeckRS 2010, 69144; BAG v. 23.06.2010 – 10 AS 2/10, BeckRS 2010, 70648; BAG v. 07.07.2010 – 4 AZR 549/08, BAGE 135, 80.

46 BAG v. 07.07.2010 – 4 AZR 549/08, BAGE 135, 80 Rn. 21 ff.

47 BAG v. 07.07.2010 – 4 AZR 549/08, BAGE 135, 80 Rn. 56 ff.

48 Ausführlich dazu *Jacobs*, Tarifeinheit, S. 351 ff.

49 BAG v. 07.07.2010 – 4 AZR 549/08, BAGE 135, 80 Rn. 22 ff.

50 Ausführlich *Jacobs*, Tarifeinheit, S. 373 ff.

51 BAG v. 07.07.2010 – 4 AZR 549/08, BAGE 135, 80 Rn. 28 ff.; siehe dazu *Jacobs*, Tarifeinheit, S. 391.

besteht, auch dann auf das einzelne Arbeitsverhältnis anzuwenden, wenn der Arbeitgeber an mehrere Tarifverträge gebunden ist. Diese Änderung der Rspr. bezog sich aber nur auf die Auflösung der betrieblichen Tarifpluralität, während zur Auflösung von Tarifkonkurrenz weiter das betriebliche Spezialitätsprinzip angewendet wird[52].

Auf eine Bewertung dieser Entscheidung kann hier verzichtet werden, da durch das TEG der einfach-gesetzliche Bezugsrahmen maßgeblich verändert wird. Die verfassungsrechtlichen Argumente des BAG und der Literatur sind für diese Untersuchung zwar weiterhin relevant, werden aber in die verfassungsrechtliche Bewertung des TEG eingebunden. Gleiches gilt für die Kritik an der Entscheidung des BAG[53], deren Begründung daher in die folgende Darstellung der Ziele der gesetzlichen Tarifeinheit mit einfließt.

III Ziele einer gesetzlichen Regelung der Tarifeinheit

Nachdem das BAG seine Rspr. geändert hat, erschien es sowohl Teilen der Rechtswissenschaft[54] als auch beteiligten gesellschaftlichen Akteuren[55] notwendig, vom Gesetzgeber die Einführung einer gesetzlichen Regelung der Tarifeinheit zu fordern. Der Gesetzgeber hat diese Forderungen aufgegriffen und mit § 4a TVG eine neue Regelung in das TVG eingeführt, die die Auflösung von Tarifkollisionen regelt[56]. Die Begründung dieses gesetzgeberischen Eingriffs in Tarifkollisionen wird im Folgenden dargestellt, um daraus die Ziele des Gesetzgebers abzuleiten, wobei ergänzend auf die Argumente der Literatur zurückgegriffen werden muss. Ferner wird auch auf Argumente hinzuweisen sein, die zwar in der Literatur zur Begründung der Tarifeinheit herangezogen werden, die sich der Gesetzgeber des TEG jedoch nicht ausdrücklich zu eigen macht.

---

52 BAG v. 27.01.2010 – 4 AZR 549/08, BeckRS 2010, 69144 Rn. 110 f.

53 Bereits die sich abzeichnende Wende der Rspr. kritisiert *Giesen*, NZA 2009, 11, 18; siehe auch *Hromadka/Schmitt-Rolfes*, NZA 2010, 687, 690 f.

54 Ausdrücklich *Brocker*, NZA-Beil. 2010, 121 f. u. 126; *Hromadka*, NZA 2008, 384, 389 f.; *derselb.*, NZA 2014, 1105; *Scholz*, ZfA 2010, 681, 706.

55 *Göhner*, FS Bauer 2010, 351, 362; sowie das Eckpunktepapier von BDA/DGB, RdA 2010, 315 ff.

56 Der dem BDA/DGB-Entwurf sehr ähnlich ist, *Konzen/Schliemann*, RdA 2015, 1, 4 ff.

1 Begründung des Gesetzgebers

Begründet wird die Einführung der Tarifeinheit durch den Gesetzgeber vorrangig mit der Notwendigkeit zum Erhalt der Funktionsfähigkeit der Tarifautonomie, denn durch Tarifkollisionen bestehe die Gefahr, dass die Koalitionen ihre Aufgabe, der Ordnung und Befriedung des Arbeitslebens, nicht mehr bewältigen können[57].

Im Einzelnen stellt der Gesetzgeber dabei darauf ab[58], dass die widerspruchsfreie Ordnung der Arbeitsbeziehungen im Betrieb durch kollidierende Tarifverträge gestört werde. Dabei komme es durch unterschiedliche Tarifverträge, die sich nicht an der Leistung einer Arbeitnehmergruppe orientieren, sondern an deren besonderen Bedeutung für den Betriebsablauf, zu einer Beeinträchtigung der Lohn- und Verteilungsgerechtigkeit im Betrieb und ferner werde der Betriebsfrieden durch die Verteilungskämpfe der Arbeitnehmer belastet. Aufgrund der erhöhten Anzahl eigenständiger Tarifvertragspartner und der damit verbundenen Zunahme der Tarifkonflikte gefährde die Tarifpluralität auch die befriedende Wirkung des Tarifvertrags, da der Vertrag dem Arbeitgeber keine Stabilität mehr gewährleisten könne. Außerdem werde durch Tarifkollisionen die Ordnung der Arbeitsbedingungen gestört, da eine einheitliche Anwendung der betrieblichen Regelungen der Tarifvertragsparteien notwendig sei und zwar auch dann, wenn diese mit Inhaltsnormen verbunden sind[59]. Besonders weist der Gesetzgeber darauf hin, dass durch Gewerkschaften von Berufsgruppen in Schlüsselpositionen die Interessen der anderen Arbeitnehmer beeinträchtigt würden, da deren Durchsetzungskraft geschwächt werde und so eine effektive kollektive Vertretung nicht möglich sei. Die Tarifeinheit sei daher insgesamt notwendig, um gesamtwirtschaftliche Störungen zu verhindern, und um sicherzustellen, dass in Krisenzeiten weiter der notwendige Gesamtkompromiss gefunden wird.

Die Gesetzesbegründung und auch der Gesetzestext des § 4a Abs. 1 TVG stellen außerdem auf die Sicherung der Schutz-, Ordnungs-, Befriedungs-,

---

57 BT-Ds. 18/4062, 1, 8.

58 Für die folgenden Ausführungen siehe BT-Ds. 18/4062, 8 f.

59 BT-Ds. 18/4062, 12.

und Verteilungsfunktion des Tarifvertrags ab. Der Gesetzgeber scheint dabei davon auszugehen, dass diese einfach-gesetzlichen Funktionen des Tarifvertragssystems für die Tarifautonomie notwendig sind und dass sich daraus Vorgaben für die Akteure ableiten lassen, deren Erfüllung ein Bestandteil der Funktionsfähigkeit der Tarifautonomie ist[60].

2 Ergänzende Ausführungen aus der Literatur

Die Begründung des Gesetzgebers geht nur in Ansätzen auf die Diskussion ein, die in der Literatur bisher um die Tarifeinheit geführt wurde, und erweist sich als sehr allgemein gehalten[61]. Die Argumente des Gesetzgebers müssen daher unter Rückgriff auf die Argumente der Befürworter einer Tarifeinheit ergänzt werden.

Soweit der Gesetzgeber die negative Verbindung zwischen dem gewerkschaftlichen Wettbewerb, der Verteilungsgerechtigkeit und dem Schutz der Arbeitnehmer hervorhebt, finden sich solche Stellungnahmen auch in der Literatur. Es wird befürchtet, dass es durch den Wettbewerb der Gewerkschaften zu einem Wettbewerb um den Arbeitsplatz über die Arbeitsbedingungen kommt, was insgesamt zu einer Verschlechterung der Arbeitsbedingungen führen würde und daher dem Schutz der Arbeitnehmer entgegenstehe[62]. Neben diesem Negativwettbewerb sei es andererseits möglich, dass der gewerkschaftliche Wettbewerb um die Mitglieder über die Tarifbedingungen geführt werde[63]. Die Lohnforderungen fänden ihre Berechtigung dann nicht mehr in der Leistungsfähigkeit des Arbeitgebers, sondern allein in der Differenzierung zum gewerkschaftlichen Wettbewerber und ein angemessener Interessenausgleich wäre nicht mehr sichergestellt, wodurch die Gewerkschaften ihre Aufgaben vernachlässigen könnten und was auch der

---

60 Vgl. BT-Ds. 18/4062, 8 f.

61 *Schliemann*, NZA 2014, 1250, 1251, spricht von „abstrakten tarifordnungspolitischen Erwägungen".

62 *Kempen*, FS Hromadka 2008, 177, 184 ff., auch zur historischen Bedeutung dieses Wettbewerbs bei der Entwicklung der Koalitionsfreiheit.

63 *Berg*, KJ 2014, 72, 75; *Henssler*, ZfA 2010, 397, 414; *Hromadka*, GS Heinze 2005, 383, 388; *Meyer*, DB 2006, 1271; *Scholz/Lingemann/Ruttloff*, NZA-Beil. 2015, 3, 9.

Beschäftigungssicherung im Wege stehe[64]. Dieser Wettbewerb könne dabei zu einem Machtkampf zwischen den Gewerkschaften führen, durch dessen Auswirkungen unbeteiligte Dritte übermäßig belastet würden[65].

Ferner finden auch in der Literatur Berufsgewerkschaften besondere Beachtung[66]. Dabei handelt es sich um Gewerkschaften, die anders als sog. Branchengewerkschaften nicht alle Arbeitnehmer eines bestimmten Dienstleistungsbereichs oder Industriezweigs vertreten, sondern nur eine bestimmte Berufsgruppe[67]. Aufgrund ihrer Organisationsform haben diese Gewerkschaften im Vergleich zu Branchengewerkschaften vergleichsweise wenige Mitglieder, allerdings besetzen diese häufig betriebliche Schlüsselpositionen[68]. Durch ihre Ausbildung und Position im Betrieb sind diese Mitarbeiter meist schwer ersetzbar und haben daher einen besonderen Einfluss auf Arbeitskämpfe[69].

Diesen Einfluss würden die Spezialisten in der Berufsgewerkschaft aber allein für ihre Interessen nutzen und daher wird befürchtet, dass diese Gewerkschaften den Spielraum des Arbeitgebers für Lohnerhöhungen zu Lasten anderer Berufsgruppen für sich selbst ausnutzen[70]. Im Gegensatz dazu führe die heterogene Zusammensetzung der Branchengewerkschaften zu einem Interessenausgleich zwischen den unterschiedlichen Arbeitnehmergruppen und stelle daher die Verteilungsgerechtigkeit der Tarifregelungen sicher[71]. Da die Spezialisten ihre Interessen und Kampfkraft nun aber

---

64 *Giesen*, NZA 2009, 11, 15 f.; *Meyer*, DB 2006, 1271; wohl auch *Scholz/Lingemann/Ruttloff*, NZA-Beil. 2015, 3, 10.

65 *Giesen/Kersten*, ZfA 2015, 201, 203; *Kamanabrou*, ZfA 2008, 241, 260 ff.

66 *Brocker*, NZA-Beil. 2010, 121 f.; *Giesen*, NZA 2009, 11, 13 ff.; *Hromadka*, NZA 2008, 384; *Lesch*, ZfWP 2015, 111, 112 f.; *Papier/Krönke*, ZfA 2011, 807, 808 f.; Schnabel, ZfWP 2015, 33, 34 f.; *Scholz/Lingemann/Ruttloff*, NZA-Beil. 2015, 3, 8 ff.; *W.Bayreuther*, FS Hromadka 2008, 1 ff.

67 Siehe die Beispiele bei *Seeling/Probst*, BB 2014, 2421, 2422. Zur Entwicklung dieser Gewerkschaften, siehe *Bister*, Tarifpluralität und die Folgen, S. 29 ff.

68 *Giesen*, NZA 2009, 11, 13.

69 *Bayreuther*, NZA 2008, 12, 15; *Giesen*, NZA 2009, 11, 14; *Scholz*, ZfA 2010, 681, 701.

70 *Brocker*, NZA-Beil. 2010, 122; *Giesen*, NZA 2009, 11, 15; *Lesch*, ZfWP 2015, 111, 117; *Papier/Krönke*, ZfA 2011, 807, 810; *Rieble*, BB 2003, 1227.

71 *Hromadka*, NZA 2008, 384, 385; *Kempen*, FS 50 Jahre BAG, 733, 740; *Waas*,

vermehrt eigenständige Organisationen bündeln, würden sie so den Branchengewerkschaften Kampfkraft entziehen und damit die Durchsetzungsfähigkeit der verbleibenden Berufsgruppen schwächen[72]. Um nicht an Bedeutung zu verlieren, müssten die Branchengewerkschaften sich daher auf den Wettbewerb um bestimmte kampfkräftige Berufsgruppen einlassen und Tarifabschlüsse würden sich im Ergebnis nicht mehr an der Leistungsfähigkeit der Arbeitnehmer, sondern an ihrer Kampfkraft orientieren, wodurch die Verteilungsgerechtigkeit des Lohngefüges gefährdet sei[73].

Die Tarifeinheit soll ferner verhindern, dass die gesteigerte Anzahl der Tarifkonflikte sich negativ auf die Verhandlungsstärke der Arbeitgeber auswirkt[74], wobei Störungen des Verhandlungsgleichgewichts dabei nicht nur aus den vermehrten Arbeitskämpfen entstehen könnten, sondern auch aus der Veränderung des gewerkschaftlichen Wettbewerbs, die aus der Aktivität der Berufsgewerkschaften erwächst[75]. Dabei beeinträchtigen die vermehrten Tarifkonflikte auch die Planungssicherheit des Arbeitgebers und damit werde der Sinn der Friedenspflicht des Tarifvertrags[76] ausgehöhlt[77]. Nicht zuletzt könnte die Konkurrenz der Gewerkschaften auch zu Störungen des Betriebsablaufs führen[78] und insgesamt stehe die Tarifpluralität im Betrieb daher der befriedenden Wirkung des Tarifvertrags entgegen.

Gutachten BDA/DGB, S. 42, (abrufbar unter: http://goo.gl/AECb1o, zuletzt abgerufen am: 02.08.2015).

72 *Lesch*, ZfWP 2015, 111, 117.

73 *Giesen/Kersten*, ZfA 2015, 201, 202 f.; *Hromadka*, NZA 2014, 1105, 1106 f.; *Lesch*, ZfWP 2015, 111, 116 f.; *Scholz/Lingemann/Ruttloff*, NZA-Beil. 2015, 3, 9; *Seeling/Probst*, BB 2014, 2421, 2423.

74 Vgl. *Göhner*, FS Bauer 2010, 351, 358 f.; *Hromadka*, GS Heinze 2005, 383, 389; *Kamanabrou*, ZfA 2008, 241, 263; *Meyer*, DB 2006, 1271, 1272; *Papier/Krönke*, ZfA 2011, 807, 839 f.

75 *Greiner*, NZA 2007, 1023, 1025 ff.; *Henssler*, ZfA 2010, 397, 413; *Kamanabrou*, ZfA 2008, 241, 260 f. Zu den Besonderheiten des Arbeitskampfs mit diesen Gewerkschaften, *Fritz/Meyer*, NZA-Beil. 2010, 111, 113 f.; *Scholz*, ZfA 2010, 681 f.; *Scholz/Lingemann/Ruttloff*, NZA-Beil. 2015, 3, 9 f.; *v. Steinau-Steinrück/Glanz*, NZA 2009, 113, 114 ff.

76 *Löwisch/Rieble*/TVG, Grundl. Rn. 21.

77 *Seeling/Probst*, BB 2014, 2421, 2422 f.

78 *Brocker*, NZA-Beil. 2010, 121, 123.

Soweit der Gesetzgeber zur Begründung der Tarifeinheit die Störungen der tariflichen Regelwerke durch Konkurrenzen von Betriebsnormen heranzieht, ist es in der Literatur unumstritten, dass für dieses Problem eine Regelung notwendig ist, denn diese Normenkollisionen beeinträchtigen die widerspruchsfreie Ordnung der Regelungen der beteiligten Tarifverträge und eine Tarifkonkurrenz muss daher – nicht nur im Fall der Normen i.S.v. § 3 Abs. 2 TVG – aufgelöst werden[79]. Von den Befürwortern der Tarifeinheit wird aber zusätzlich darauf hingewiesen, dass eine eindeutige Trennung dieser Normen von anderen Normen des Tarifvertrags nicht möglich sei und dass daher die Tarifeinheit alle Normen eines Tarifvertrags erfassen müsse[80].

Die Befürworter der Tarifeinheit gehen ferner davon aus, dass die Möglichkeit der Tarifpluralität es für Gewerkschaften attraktiver erscheinen lasse, eine eigene Tarifpolitik zu verfolgen, was zu einer größeren Anzahl eigenständig agierender Gewerkschaften führen werde[81], wobei es gerade Berufsgewerkschaften leichter falle, von dem neuen Spielraum zu profitieren[82]. Damit sei aber eine Verstärkung der Auswirkungen der Tarifpluralität zu erwarten[83] und insgesamt sei so die Funktionsfähigkeit der Tarifautonomie gefährdet. Da die Tarifautonomie auch ein gesellschaftliches Ordnungsprinzip darstelle, müsse deren Funktionsfähigkeit durch den Staat gewährleistet werden, was die Einführung der Tarifeinheit notwendig mache[84].

---

79 Siehe nur *Löwisch/Rieble*/TVG, § 4 Rn. 263 f.; *Bepler*, NZA-Beil. 2010, 99, 100 f.; *Bister*, Tarifpluralität und die Folgen, S. 45; *Henssler*, RdA 2011, 65, 66; *Jacobs*, Tarifeinheit, S. 89 u. S. 256; *Papier/Krönke*, ZfA 2011, 807, 810 f.; *Schliemann*, FS Hromadka 2008, 359, 365; *derselb.*, NZA-Beil. 2000, 24, 29.

80 *Göhner*, FS Bauer 2010, 351, 360 f.

81 Beispielhaft *Göhner*, FS Bauer 2010, 351, 357 f. unter Verweis auf englische Verhältnisse.

82 *Giesen*, NZA 2009, 11, 13; zu den Gründen siehe *Schnabel*, ZfWP 2015, 33, 36 f.

83 *Bister*, Tarifpluralität und die Folgen, S. 37 f.; *Giesen*, NZA 2009, 11, 13; *Scholz*, ZfA 2010, 681, 682; *Waas*, Gutachten BDA/DGB, S. 54 ff., (abrufbar unter: siehe Fn. 71); zweifelnd aber *Däubler*, Gutachten TEG, S. 10 f., (abrufbar unter: http://goo.gl/pswUUC, zuletzt abgerufen am 02.08.2015).

84 *Papier/Krönke*, ZfA 2011, 807, 824; *Scholz*, ZfA 2010, 681, 682; *Scholz/Lingemann/Ruttloff*, NZA-Beil. 2015, 3, 15.

3 Ergänzende Argumente aus der Literatur

Neben den vom Gesetzgeber benannten Argumenten werden in der Literatur noch weitere Ziele mit einer Tarifeinheit verbunden.

Die Literatur verweist für die Begründung einer Tarifeinheit auf die Schwierigkeiten der Ermittlung der geltenden tariflichen Arbeitsbedingungen, die in der Folge der Tarifpluralität aus der Verbindung von Tarifanwendung und Gewerkschaftsmitgliedschaft einerseits und der bisher fehlenden Regelung der Offenbarung der Gewerkschaftsmitgliedschaft andererseits entstehe[85].

Darüber hinaus wird auf die ordnende Wirkung des Tarifvertrags verwiesen, der als Bezugspunkt für die individuelle Vereinbarung von Arbeitsbedingungen zur Verfügung steht und es dem Arbeitgeber ermöglicht, durch die Einbeziehung der tariflichen Normen in die einzelnen Arbeitsverträge, einheitliche Arbeitsbedingungen für seine gesamte Belegschaft zu vereinbaren. In einem tarifpluralen Betrieb können Arbeitgeber aber mit unterschiedlichen tariflichen Arbeitsbedingungen konfrontiert sein, weshalb auch die Einbeziehung eines Tarifvertrags in die individuellen Arbeitsverhältnisse keine einheitlichen Arbeitsbedingungen mehr herstellen kann[86]. Dies sei mit organisatorischen Schwierigkeiten verbunden und aus ökonomischer Sicht problematisch[87], wobei beispielhaft auf unterschiedliche tarifliche Arbeitszeitmodelle verwiesen wird, deren Koordinierung für den Arbeitgeber zu erhöhtem Aufwand führe[88]. Ferner werde die Einbeziehung von Tarifverträgen in das individuelle Arbeitsverhältnis erschwert und da die bisher vereinbarten Bezugnahmeklauseln im Fall der Tarifpluralität nicht eindeutig ausgelegt werden könnten, sei auch die Ermittlung der geltenden Arbeitsbedingungen mit Unsicherheiten verbunden[89]. Daneben sei Tarifpluralität

---

85 *Bister,* Tarifpluralität und die Folgen, S. 66 f.; *Fritz/Meyer*, NZA-Beil. 2010, 111, 112.

86 *Göhner,* FS Bauer 2010, 351, 359; *Säcker/Oetker,* ZfA 1993, 1, 12 f.; *Waas*, Gutachten BDA/DGB, S. 35 f., (abrufbar unter: siehe Fn. 71).

87 *Scholz/Lingemann/Ruttloff,* NZA-Beil. 2015, 3, 41.

88 *Hufen,* NZA 2014, 1237, 1239; *Seel,* öAT 2010, 82, 84, der diese aber für überwindbar hält; *Waas*, Gutachten BDA/DGB, S. 34 ff., (abrufbar unter: siehe Fn. 71); wohl auch *Hromadka,* NZA 2008, 384, 387.

89 *Brocker*, NZA-Beil. 2010, 121, 125; *Meyer*, DB 2006, 1271; *Reichold*, öAT 2010, 29, 30.

auch im Verhältnis zu den Regelungen des Betriebsverfassungsrechts problematisch, da – bspw. durch die Regelungssperre des § 87 Abs. 1 BetrVG – in einem tarifpluralen Betrieb die betriebliche Mitbestimmung eingeschränkt werde[90].

Einen weiteren Aspekt der Diskussion in der Literatur um die Tarifeinheit[91] bilden die Auswirkungen von Streiks auf die Allgemeinheit, die im Zusammenhang mit Arbeitskämpfen in der sog. Daseinsvorsorge vermehrt thematisiert werden[92]. Die Folgen solcher Streiks seien erheblich[93] und wenn es durch die Störung der befriedenden Wirkung des Tarifvertrags häufiger zu Arbeitskämpfen komme, erhöhe sich auch die Wahrscheinlichkeit, dass unbeteiligte Dritte davon betroffen sind. Neben der bloßen Häufung käme es auch zu einer Steigerung der Auswirkungen von Arbeitskämpfen, da gerade die Berufsgewerkschaften ihre Arbeitskämpfe intensiver führen würden als Branchengewerkschaften[94] und da diese Gewerkschaften meist Berufe im Verkehr oder Gesundheitswesen – also Teilen der sog. Daseinsvorsorge[95] – organisieren[96], deren Streiks besonders intensive Auswirkungen auf die Allgemeinheit haben[97]. Somit käme es durch die Tarifpluralität nicht nur zu einer generellen Häufung von Streiks, sondern gerade in besonders sensiblen Bereichen seien besonders intensive Arbeitskämpfe zu erwarten, was die

90 *Giesen*, ZfA 2011, 1, 22; *Meyer*, DB 2006, 1271; *derselb.*, NZA 2006, 1387, 1391; *Scholz/Lingemann/Ruttloff*, NZA-Beil. 2015, 3, 42.

91 Aufgrund der Gesetzesbegründung könnte die Regelung des Arbeitskampfs auch als Ziel des Gesetzgebers angesehen werden, *Greiner*, NZA 2015, 769, 776 f.; *Henssler*, ZfWP 2015, 55, 67; *Konzen/Schliemann*, RdA 2015, 1, 11 ff.; *Richardi*, NZA 2014, 1233; *Ziebarth*, ArbRAktuell 2015, 122, 123.

92 Siehe nur *Bayreuther*, NZA 2008, 12, 13 ff.; *Fritz/Meyer*, NZA-Beil. 2010, 111, 114; *Schliemann*, FS Bauer 2010, 923 ff.; *Schnabel*, ZfWP 2015, 33, 37 ff.; *Scholz*, FS Buchner 2009, 827 ff.; *Scholz/Lingemann/Ruttloff*, NZA-Beil. 2015, 3, 9 f.; *Ziebarth*, ArbRAktuell 2015, 122 f.

93 Siehe die Darstellung bei *Konzen/Schliemann*, RdA 2015, 1, 14 f.; *Lesch*, ZfWP 2015, 111, 117 f.

94 *Lesch*, ZfWP 2015, 111, 121 ff.

95 Zum Problem der Definition und zur Reichweite des Begriffs siehe nur *Bayreuther*, NZA 2013, 704, 708; *Konzen/Schliemann*, RdA 2015, 1, 15. Eine inhaltliche Bestimmung findet sich bei *Rudkowski*, ZfA 2012, 467, 470.

96 *Fritz/Meyer*, NZA-Beil. 2010, 111 f.

97 *Giesen/Kersten*, ZfA 2015, 201, 203; *Lesch*, ZfWP 2015, 111, 121 ff.

Einführung der Tarifeinheit zum Schutz der Allgemeinheit notwendig mache[98].

Da diese Ziele durch die Literatur als mögliche Legitimation für die Folgen der Tarifeinheit angesehen werden, sind diese im Rahmen der verfassungsrechtlichen Untersuchung ebenfalls zu berücksichtigen.

IV Inhalt des Tarifeinheitsgesetzes

Die Regelung der Tarifeinheit hat der Gesetzgeber in § 4a TVG vorgenommen, den er mit dem TEG neu in das TVG eingefügt hat und der eine Tarifeinheit durch die Auflösung von Tarifkollisionen auf betrieblicher Ebene herstellen soll.

1 Anwendungsbereich

Angewendet wird § 4a TVG auf sog. kollidierende Tarifverträge, wobei es sich nach der gesetzlichen Definition des § 4a Abs. 2 Satz 2 TVG um Tarifverträge unterschiedlicher Gewerkschaften handelt, die nicht inhaltsgleich sind und deren Geltungsbereiche sich überschneiden. Ergänzend dazu stellt § 4a Abs. 2 Satz 1 TVG fest, dass der Arbeitgeber gem. § 3 TVG an mehrere Tarifverträge gebunden sein kann. Damit bringt der Gesetzgeber zum Ausdruck, dass der Zustand der Tarifpluralität durch das Gesetz nicht ausgeschlossen, sondern weiterhin nicht aufgelöst wird, wenn die Gewerkschaften den Geltungsbereich ihrer Tarifverträge so abstimmen, dass es nicht zu einer Überschneidung kommt oder wenn sie inhaltsgleiche Tarifverträge abschließen[99]. Der Gesetzgeber sieht darin eine gewillkürte Tarifpluralität[100], auf die § 4a TVG nicht anzuwenden ist[101]. Gleiches gilt für Konkurrenzen von Haus- und Verbandstarifverträgen, die durch die gleiche Gewerkschaft mit dem einzelnen Arbeitgeber und dem Arbeitgeberverband

---

98 *Hufen*, NZA 2014, 1237 ff.; *Lesch*, ZfWP 2015, 111, 129.

99 BT-Ds. 18/4062, 12.

100 Dies bezeichnete bisher die Anknüpfung an den Willen des Arbeitgebers, *Bayreuther*, NZA 2007, 187, 188 f., der es auch von diesem Willen abhängig machen wollte, ob die Tarifpluralität aufzulösen sei; *Schliemann*, FS Hromadka 2008, 359, 373 f. (m.w.N.); *derselb.*, NZA-Beil. 2000, 24, 25. Zur Problematik der Feststellung des Arbeitgeberwillens, *Reichold*, RdA 2007, 321, 325 f.

101 BT-Ds. 18/4062, 9.

abgeschlossen wurden, denn die Konkurrenz dieser Tarifverträge ist in der gesetzlichen Definition ebenfalls nicht erfasst.

Der Wortlaut des § 4a Abs. 2 Satz 2 TVG lässt vermuten, dass alle weiteren Formen der Tarifkollision geregelt werden, jedoch weist der Gesetzgeber in der Begründung ausdrücklich darauf hin, dass das Verhältnis von Tarifverträgen, an die eine Bindung nach § 3 TVG besteht, zu allgemeinverbindlich wirkenden Tarifverträgen nicht geregelt werden soll[102]. Angesichts dieses Willens des Gesetzgebers ist es notwendig, § 4a Abs. 2 Satz 1 TVG als ergänzende Definition des Anwendungsbereichs der Norm zu verstehen oder dessen Bezug auf § 3 TVG in die folgende gesetzliche Definition mit hineinzulesen. Alternativ erscheint wohl auch die Reduktion des Anwendungsbereichs möglich, da der Wortlaut über den ausdrücklich angestrebten Regelungsbereich hinausgeht[103].

Außerdem erfasst die Regelung des § 4a TVG nur die Rechtsnormen des jeweiligen Tarifvertrags, während der schuldrechtliche Teil nicht berührt wird[104]. Ferner enthält das Gesetz auch einen Bestandsschutz, da gem. § 13 Abs. 3 TVG, der ebenfalls neu eingefügt wurde, § 4a TVG nicht auf Tarifverträge anzuwenden ist, die vor dem 10.07.2015 geschlossen wurden.

2 Tarifeinheit durch das betriebliche Mehrheitsprinzip

Wenn sich die Geltungsbereiche nicht inhaltsgleicher Tarifverträge unterschiedlicher Gewerkschaften überschneiden, greift der zweite Teil von § 4a Abs. 2 Satz 2 TVG. Innerhalb des Überschneidungsbereichs wird im Betrieb nur der Tarifvertrag angewendet, dessen Gewerkschaft im Betrieb die meisten Mitglieder hat, während kollidierende Vereinbarungen verdrängt werden[105]. Der Minderheitsvertrag bleibt aber bestehen und neben

---

102 BT-Ds. 18/4062, 12. Die Literatur sieht hier einen Fall der Konkurrenz, *Jacobs*, Tarifeinheit, S. 288. Trotzdem sollen diese ebenso wir die Fälle des AEntG keine Berücksichtigung finden. Das Gleiche gilt für Normen über gemeinsame Einrichtungen nach § 4 Abs. 2 TVG, siehe dazu *Jacobs*, Tarifeinheit, S. 116 ff. u. S. 286 ff.

103 Zu den methodischen Voraussetzungen *Jacobs*, Tarifeinheit, S. 366. Auf die Frage kommt es hier aber nicht an.

104 Vgl. BT-Ds. 18/4062, 14.

105 BT-Ds. 18/4062, 12.

dem schuldrechtlichen Teil der Vereinbarung können außerhalb des betrieblichen Verdrängungsbereichs auch die Rechtsnormen des Tarifvertrags weiter Wirkung entfalten[106] sowie in Arbeitsverträge einbezogen werden[107]. Damit handelt es sich bei § 4a TVG, auch abseits der gewillkürten Tarifpluralität, nicht um eine betriebliche Tarifeinheit, denn diese wird nur im betrieblichen Überschneidungsbereich der Tarifverträge hergestellt. Auch ohne die Abstimmung der Anwendungsbereiche der Tarifverträge kann es daher weiter zu Tarifpluralität im Betrieb kommen, wenn der Anwendungsbereich des Mehrheitsvertrags den Betrieb nicht vollständig erfasst[108], was gerade für die Tarifverträge der Berufsgewerkschaften angenommen werden kann[109].

Die Feststellung der relevanten Mehrheit erfolgt innerhalb des gesamten Betriebs, wobei der Betrieb zwar tarifrechtlich zu bestimmen ist, jedoch geht der Gesetzgeber davon aus, dass dieser Betriebsbegriff im Grundsatz mit dem betriebsverfassungsrechtlichen Betriebsbegriff übereinstimmt[110]. Indem der Gesetzgeber auch Gemeinschaftsbetriebe mehrerer Unternehmen i.S.v. § 1 Abs. 1 Satz 2 BetrVG[111] und durch Tarifvertrag gebildete Betriebe i.S.v. § 3 Abs. 1 Nr. 1–3 BetrVG hier grds. als maßgeblich ansieht, unterstreicht er diese Verbindung[112]. Lediglich wenn der so gebildete Betrieb den Zielen des § 4a Abs. 1 TVG offensichtlich entgegensteht, soll gem. § 4a Abs. 2 Satz 5 TVG der betriebsverfassungsrechtliche Betrieb nicht der maßgebliche Bezugsrahmen sein.

Die Mehrheitsverhältnisse bestimmen sich gem. § 4a Abs. 2 Satz 2 TVG nach der Anzahl der jeweiligen Gewerkschaftsmitglieder der vertragsschließenden Gewerkschaften mit einem bestehenden Arbeitsverhältnis im Betrieb, wobei davon ausgegangen werden kann, dass Tarifgemeinschaften als

---

106 BT-Ds. 18/4062, 13.

107 *Konzen/Schliemann*, RdA 2015, 1, 8; a.A. *Fischer*, NZA 2015, 662, 665.

108 BT-Ds. 18/4062, 12; siehe auch *Scholz/Lingemann/Ruttloff*, NZA-Beil. 2015, 3, 12.

109 *Jacobs*, Tarifeinheit, S. 231 f.

110 BT-Ds. 18/4062, 13; siehe auch *Scholz/Lingemann/Ruttloff*, NZA-Beil. 2015, 3, 13.

111 Zum bisherigen Umgang mit gemeinsamen Betrieben, *Jacobs*, Tarifeinheit, S. 201 f.

112 BT-Ds. 18/4062, 13 f.

eine Vertragspartei zu bewerten sind, so dass die Mitglieder aller beteiligten Gewerkschaften zusammengefasst werden[113]. Die Mehrheitsverhältnisse sind dann für den Zeitpunkt zu ermitteln, an dem die Kollision der Tarifverträge durch den letzten Abschluss oder die letzte Änderung eines Tarifvertrags oder durch andere Umstände eingetreten ist[114]. Zu diesem Zeitpunkt setzt auch die Verdrängung ein[115]. Damit ist die Anwendung des § 4a TVG auch nicht von einem vorherigen Antrag abhängig[116], denn einerseits deutet der Wortlaut darauf hin, dass die Wirkung bereits kraft Gesetz eintritt[117] und auch der Zweck der Regelung lässt keine andere Betrachtung zu, da Beseitigungen von Störungen der Funktionsfähigkeit der Tarifautonomie nicht vom Verhalten der beteiligten gesellschaftlichen Akteure abhängig gemacht werden kann[118].

Die Inhaltsnormen des Minderheitstarifvertrags i.S.v. § 4 Abs. 1 Satz 1 TVG werden unabhängig von der sachlichen Überschneidung der Regelungen durch den Mehrheitstarifvertrag gem. § 4a Abs. 2 TVG aus den Betrieb verdrängt[119], wodurch der Einheitlichkeit der Tarifvertragswerke Rechnung getragen werden soll[120]. Etwas anderes gilt hingegen bei den Normen über betriebs- und betriebsverfassungsrechtliche Fragen, da die spezielle Regelung des § 4a Abs. 3 TVG eine Verdrängung dieser Normen durch den

[113] *Scholz/Lingemann/Ruttloff*, NZA-Beil. 2015, 3, 12; zweifelnd *Greiner*, NZA 2015, 769, 772 f.

[114] BT-Ds. 18/4062, 13.

[115] Zweifelnd *Konzen/Schliemann*, RdA 2015, 1, 8.

[116] So aber BVerfG v. 06.10.2015 – 1 BvR 157/15 (u.a.), NJW 2015, 3294; Zustimmung erhält dieser Punkt der Entscheidung von *Löwisch*, NZA 2015, 1369 ff. Siehe aber *Greiner*, RdA 2015, 36, 37, der auch davon ausgeht, dass die Kollision automatisch aufgelöst wird.

[117] So auch *Löwisch*, NZA 2015, 1369, 1370, der dies aber nicht als zwingend betrachtet.

[118] A.A. *Löwisch*, NZA 2015, 1369, 1370.

[119] *Konzen/Schliemann*, RdA 2015, 1, 7; *Scholz/Lingemann/Ruttloff*, NZA-Beil. 2015, 3, 12. Siehe die Beispiele bei *Greiner*, NZA 2015, 769, 770; sowie *Däubler*, Gutachten TEG, S. 6, (abrufbar unter: siehe Fn. 83). Dies Entspricht auch der alten Rspr., siehe nur *Jacobs*, Tarifeinheit, S. 98; *Müller*, NZA 1989, 449, 450 ff.

[120] BT-Ds. 18/4062, 13.

Mehrheitstarifvertrag nur vorsieht, wenn die Regelungen sich auch inhaltlich überschneiden. So soll zwar die Kontinuität der betrieblichen Ordnung gewährleistet werden[121], aber ob deshalb auch davon auszugehen ist, dass die vorhandenen Regeln unabhängig vom Wechsel der Mehrheitsverhältnisse weiter bestehen, erscheint zweifelhaft[122], da es dem Sinn der Anknüpfung an das Mehrheitsprinzip entgegensteht. Weitere Regelungen zu anderen speziellen Tarifkonkurrenzen enthält § 4a TVG nicht.

Der Gesetzgeber hat aufgrund der zu erwartenden Streitigkeiten über die Frage der betrieblichen Mehrheit auch ein gerichtliches Verfahren zur Feststellung des anwendbaren Tarifvertrags geregelt. Dazu hat er mit § 2a Nr. 6 ArbGG eine weitere Form des Beschlussverfahrens eingeführt, in dem über den anwendbaren Tarifvertrag entschieden wird. Als zusätzliches Beweismittel ist in diesen Verfahren die notarielle Erklärung zulässig, die notwendig erscheint, um zu verhindern, dass die Gewerkschaften ihre Mitgliederzahlen innerhalb eines solchen Verfahrens offenlegen müssen[123]. Wenn das Gericht die betriebliche Mehrheit bestimmt hat, entscheidet es auf dieser Basis über den anwendbaren Tarifvertrag, wobei diese Entscheidung entsprechend des neuen § 99 Abs. 3 ArbGG Wirkung für und gegen jedermann hat.

3 Minderheitenrechte

Nach § 4a Abs. 4 TVG hat die Gewerkschaft, deren Tarifvertrag mit einem anderen Vertrag kollidiert, den Anspruch, vom Arbeitgeber den Abschluss eines Tarifvertrags zu verlangen, der die Rechtsnormen des kollidierenden Tarifvertrags enthält. Entgegen dem weit gefassten Wortlaut der Regel ist der Begründung zu entnehmen, dass dieses Recht nur der Minderheitsgewerkschaft zustehen soll, deren Tarifvertrag verdrängt wurde. Dass der Gesetzgeber davon spricht, dass es nicht davon abhängig sei „ob und inwieweit der

[121] BT-Ds. 18/4062, 14.

[122] So aber *Konzen/Schliemann*, RdA 2015, 1, 8; siehe hingegen *Greiner*, NZA 2015, 769, 772, der wegen der Möglichkeit wechselnder Mehrheiten und der fehlenden zeitlichen Anbindung an die Betriebsverfassung *„dysfunktionale"* Strukturen befürchtet.

[123] BT-Ds. 18/4062, 16; siehe auch *Fischer*, NZA 2015, 662 f.; sowie *Konzen/Schliemann*, RdA 2015, 1, 8.

Tarifvertrag [...] verdrängt wurde"[124] ist dabei zwar unverständlich, aber weil das Recht Nachteile ausgleichen und verhindern soll, dass die Mitglieder der Minderheitsgewerkschaft durch die Verdrängung ihres Tarifvertrags tariflos gestellt werden[125], steht dieses Nachzeichnungsrecht auch nur der Minderheitsgewerkschaft zu[126]. Soweit ihr eigener Vertrag verdrängt wird, findet der Inhalt dieses nachgezeichneten Tarifvertrags gem. § 4a Abs. 4 Satz 3 TVG dann unmittelbar und zwingend Anwendung auf die Mitglieder der nachzeichnenden Gewerkschaft. Damit bestehen zwischen dem Arbeitgeber und der Minderheitsgewerkschaft zwei normativ wirkende Tarifverträge mit einem eigenen schuldrechtlichen Teil und insb. mit einer Laufzeit, die vom Mehrheitsvertrag abweichen kann. Wie sich diese Verträge zueinander verhalten, wird durch das Gesetz nicht geregelt[127].

Zur Wahrung der Rechte der Gewerkschaften hat der Gesetzgeber ferner in § 4a Abs. 5 TVG ein Anhörungsrecht ggü. dem Arbeitgeber vorgesehen, das solche Gewerkschaften beanspruchen können, die sich den Abschluss von Tarifverträgen mit dem Arbeitgeber im Rahmen ihrer Tarifzuständigkeit zur satzungsmäßigen Aufgabe gemacht haben. Der Arbeitgeber ist dementsprechend verpflichtet, in geeigneter Weise und rechtzeitig die Absicht zur Führung von Tarifverträgen bekannt zu geben. Das Recht der Gewerkschaften beschränkt sich aber auf die bloße Anhörung und sieht weder eine Stellungnahme des Arbeitgebers noch einen Anspruch auf Verhandlungen vor[128].

4 Stellungnahme

Abseits der verfassungsrechtlich relevanten Aspekte fällt auf, dass die Begründung des TEG nicht gänzlich widerspruchsfrei ist und dass die Anwendung des Gesetzes mit Problemen verbunden sein wird[129].

---

124 BT-Ds. 18/4062, 14.

125 BT-Ds. 18/4062, 14.

126 *Greiner*, NZA 2015, 769, 770; *Scholz/Lingemann/Ruttloff*, NZA-Beil. 2015, 3, 14.

127 Die Frage hat zwar Auswirkungen auf das Streikrecht, vgl. *Löwisch*, DB 2015, 1102 f., kann aber hier offen bleiben.

128 BT-Ds. 18/4062, 15.

129 Vgl. *Greiner*, NZA 2015, 769, 770 f.; ausführlich *Konzen/Schliemann*, RdA 2015, 1, 7 ff.

Bereits die Verwendung der Begrifflichkeiten durch den Gesetzgeber ist wenig glücklich, denn zumindest weicht sein Begriffsverständnis von den geprägten Begrifflichkeiten ab. Anders als die Tarifkollision erfasst der Begriff der kollidierenden Tarifverträge[130] nicht alle Formen der Tarifkonkurrenz und -pluralität, obwohl die Begründung des Gesetzgebers im Grundsatz auf alle Fälle anwendbar wäre und § 4a TVG mit *„Tarifkollisionen"* überschrieben ist. Die gewillkürte Tarifpluralität ist als Begriff ebenfalls ungenau, denn zumindest wäre sie als gewerkschaftlich gewillkürte Tarifpluralität zu bezeichnen, da für die Berücksichtigung des Willens des Arbeitgebers zumindest im Wortlaut der Norm kein Raum ist[131].

Zudem ist die Begründung des TEG sehr allgemein gefasst[132] und die wissenschaftliche Auseinandersetzung mit dem Thema in den letzten Jahren bleibt beinahe unbeachtet[133]. Darüber hinaus ist sie auch widersprüchlich, da sie eine Tarifeinheit in der Daseinsvorsorge deshalb als Alternative zur vorliegenden Regelung ausschließt, weil die Ordnungs- und Befriedungsfunktion des Tarifvertrags dann nicht in allen Wirtschaftsbereichen erhalten bliebe[134] und trotzdem werden Tarifpluralitäten weiter zugelassen und nur einige Tarifkonkurrenzen aufgelöst[135]. Gleiches gilt für die Ausführungen zum Mehrheitsprinzip[136], denn der Verweis auf die demokratische Legiti-

---

130 Der durch die alleinige Anknüpfung an die Geltungsbereiche unabhängig von der Tarifbindung auch potentielle Tarifkollisionen erfasst, vgl. *Jacobs*, Tarifeinheit, S. 125.

131 *Henssler*, ZfWP 2015, 55, 57; *Konzen/Schliemann*, RdA 2015, 1, 9; a.A. *Däubler*, Gutachten TEG, S. 5, (abrufbar unter: siehe Fn. 83). der davon ausgeht, dass auch eine Abstimmung mit dem Arbeitgeber innerhalb des Überschneidungsbereichs möglich ist; wohl auch *Greiner*, RdA 2015, 36, 37; ebenso *Scholz/Lingemann/Ruttloff*, NZA-Beil. 2015, 3, 11.

132 *Konzen/Schliemann,* RdA 2015, 1, 6 f.; *Schliemann*, NZA 2014, 1250, 1251.

133 Vgl. *Fischinger/Monsch,* NJW 2015, 2209 zu den Auswirkungen auf den Arbeitskampf.

134 BT-Ds. 18/4062, 10.

135 Zum BDA/DGB-Entwurf *Rieble/v. d. Ehe*, Gutachten BDA/DGB, Rn. 275, (abrufbar unter: http://goo.gl/YUb8xw, zuletzt abgerufen am: 02.08.2015).

136 BT-Ds. 18/4062, 9.

mation kann angesichts der teils geringen Tarifbindung kaum überzeugen[137]. Die Sinnhaftigkeit des Betriebs als Anknüpfungspunkt der Tarifeinheit kann aufgrund der Bedeutung des Unternehmens als wirtschaftliche Einheit ebenso hinterfragt werden[138].

Die Abfassung des Wortlautes ist an einigen Stellen ungenau und die sich daraus ergebenden Fragen werden auch durch die Gesetzesbegründung teilweise beantwortet. In der Literatur wurde auf die Probleme bei der Feststellung des maßgeblichen Arbeitnehmerbegriffs bereits genauso hingewiesen[139], wie auf die Probleme bei der Feststellung der Mehrheitsverhältnisse im gerichtlichen Verfahren[140] und bei der damit verbundenen Beweiserhebung[141]. Noch dazu ist es problematisch, dass der Betrieb und damit der Rahmen für die Feststellung der Mehrheit einer vertraglichen Definition durch die Tarifvertragsparteien zugänglich ist und in der Verfügungsgewalt des Arbeitgebers steht, da beides zur Manipulation der Mehrheitsverhältnisse genutzt werden könnte[142]. Die vielfältigen Stellungnahmen zu diesen Problemen aus der Literatur hätte der Gesetzgeber für Nachbesserungen nutzen können[143].

---

137 *Fischer*, NZA 2015, 662, 664; *Greiner*, RdA 2015, 36, 38; *derselb.*, NZA 2015, 769, 772 f.

138 *Bauer*, DB 2014, 2715, 2716; *BRAK*, Stellungnahme Nr. 46 zur Tarifeinheit, S. 6, (abrufbar unter: http://goo.gl/xCWWiH, zuletzt abgerufen am: 02.08.2015).

139 Die Bundesregierung geht davon aus, dass außertarifliche Arbeitnehmer berücksichtigt werden, BT-Ds. 18/4156, 14; anders *Greiner*, NZA 2015, 769, 773. Bereits zum BDA/DGB-Entwurf, *Bayreuther*, NZA 2013, 1395, 1397.

140 *Däubler*, Gutachten TEG, S. 14 f., (abrufbar unter: siehe Fn. 83); *Greiner*, NZA 2015, 769, 774; *Hofer*, ZTR 2015, 185, 188 ff. Bereits zum BDA/DGB-Entwurf *Rieble/v. d. Ehe*, Gutachten BDA/DGB, Rn. 405 ff., (abrufbar unter: siehe Fn. 135).

141 *Däubler*, Gutachten TEG, S. 15, (abrufbar unter: siehe Fn. 83); *Fischer*, NZA 2015, 662, 663; *Greiner*, NZA 2015, 769, 773 f.; *Schnabel*, ZfWP 2015, 33, 40. Zu früheren Regelungsvorschlägen *Bayreuther*, NZA 2013, 1395, 1396; *Reichold*, Gutachten BDA/DGB, S. 12, (abrufbar unter: http://goo.gl/sXh2QJ, zuletzt abgerufen am: 02.08.2015).

142 *Bauer*, DB 2014, 2715, 2716; *Fischer*, NZA 2015, 662, 664; *Greiner*, NZA 2015, 769, 772; *Konzen/Schliemann*, RdA 2015, 1, 10 f.; *Scholz/Lingemann/Ruttloff*, NZA-Beil. 2015, 3, 29 bezweifeln, dass dies praktische Relevanz erlangen wird.

143 Siehe nur die Hinweise zum BDA/DGB-Entwurf bei *Bayreuther*, DB 2010, 2223, 2226; sowie *Rieble/v. d. Ehe*, Gutachten BDA/DGB, Rn. 290, (abrufbar unter: siehe Fn. 135).

V Zusammenfassung

Die betriebliche Tarifeinheit bezeichnet das Gegenteil einer Tarifkollision und die Rspr. des BAG hat bis in das Jahr 2010 die betriebliche Tarifeinheit durch die Auflösung von Tarifkollisionen durch das betriebliche Spezialitätsprinzip hergestellt. Nach der Aufgabe dieser Rspr. machen es die Auswirkungen der Tarifpluralität und die damit verbundenen Veränderungen des Tarifvertragssystems aus der Sicht des Gesetzgebers notwendig, den Grundsatz der Tarifeinheit gesetzlich zu regeln.

Greift man neben den Zielen des Gesetzgebers auch auf die Argumente der Literatur zurück, so sollen die Auswirkungen des Wettbewerbs zwischen den Gewerkschaften reduziert sowie der Schutz der Arbeitnehmer sichergestellt werden, wobei neben den Arbeitsbedingungen auch der Schutz vor der Offenbarung der Gewerkschaftszugehörigkeit relevant sei. Ferner soll durch die Tarifeinheit eine einheitliche betriebliche Ordnung hergestellt werden und auch die befriedende Wirkung des Tarifvertrags werde so geschützt, was den Arbeitgebern die notwendige Planungssicherheit gewährleiste. Der Betriebsfrieden werde geschützt und ebenso verhindere die Regelung, dass die Arbeitgeber durch die Folgen der Tarifpluralität in ihrer Verhandlungsstärke geschwächt werden. Gleichzeitig diene die Tarifeinheit der Sicherung eines Gesamtkompromisses in Krisenzeiten sowie der Verteilungsgerechtigkeit und durch die Reduzierung der Anzahl der Arbeitskämpfe leiste das Gesetz auch einen Beitrag zum Schutz der Allgemeinheit.

Zur Verfolgung dieser Ziele hat der Gesetzgeber § 4a TVG in das Tarifvertragssystem eingefügt und damit eine Tarifeinheit im betrieblichen Überschneidungsbereich von Tarifverträgen geregelt, wobei der anwendbare Tarifvertrag anhand der Mehrheit der Gewerkschaftsmitglieder mit einem Arbeitsverhältnis im Betrieb bestimmt wird (Tarifeinheit durch das betriebliche Mehrheitsprinzip). Der Minderheitstarifvertrag wird im Überschneidungsbereich verdrängt, aber die Minderheitsgewerkschaft kann als Ausgleich die Nachzeichnung des Mehrheitstarifvertrags verlangen.

Bei einer ersten Betrachtung fällt dabei auf, dass die Regelung eher widersprüchlich erscheint und dass die Anwendung in der Praxis mit Schwierigkeiten verbunden sein könnte.

C Verfassungsrechtliche Würdigung des Tarifeinheitsgesetzes

Neben den praktischen Problemen die mit der Regelung verbunden sind, ist vor allem fraglich, ob eine solche Regelung mit der Koalitionsfreiheit aus Art. 9 Abs. 3 GG vereinbar ist, wobei diese Frage in der Literatur unterschiedlich bewertet wird. Dabei unterscheiden sich aber nicht nur die Ergebnisse, sondern auch die Begründungen fallen auseinander.

Die überwiegende Meinung sieht das Gesetz als verfassungswidrig an, wobei dabei einerseits auf einen unzulässigen Eingriff in die Tarifautonomie der Koalitionen[144] und andererseits auf eine unzulässige Ausgestaltung der Tarifautonomie verwiesen wird[145].

Daneben wird in dem Gesetz auch eine Beeinträchtigung des Arbeitskampfrechts[146] sowie eine Ungleichbehandlung bestimmter Gewerkschaftsformen

---

144 *BRAK,* Stellungnahme Nr. 16 zur Tarifeinheit, S. 3, (abrufbar unter: siehe Fn. 138); *Däubler*, Gutachten TEG, S. 20 f., (abrufbar unter: siehe Fn. 83); *Hölscher*, ArbRAktuell 2015, 7, 8; *Konzen/Schliemann*, RdA 2015, 1, 12 f.; *Mückl/Koddenbrock*, GWR 2015, 6, 7; *Richardi*, NZA 2014, 1233, 1235. Zum BDA/DGB-Entwurf: *Bayreuther*, NZA 2013, 1395, 1398 u. 1400, sieht einen Eingriff dessen Rechtfertigung fraglich ist; ebenso *derselb.*, DB 2010, 2223 f. u. 2227; *Däubler*, Gutachten BDA/DGB, S. 21 f., 37, (abrufbar unter: siehe Fn. 26); *Konzen*, JZ 2010, 1036, 1042 f.; *Reichold*, Gutachten BDA/DGB, S. 11, (abrufbar unter: siehe Fn. 141). Zur Tarifeinheit allgemein: BAG v. 07.07.2010 – 4 AZR 549/08, BAGE 135, 80 Rn. 61; BeckOK-GG/*Cornils*, Art. 9 Rn. 78.1; Däubler/TVG/*derselb.*, Einl. Rn. 131, der an dieser Stelle aber nur die Eingriffsqualität der Tarifeinheit feststellt; Sachs/GG/*Höfling*, Art. 9 Rn. 125; *Bepler*, NZA 2014, 891, 893; *Di Fabio*, Gutachten Tarifeinheit, S. 37, (abrufbar unter: http://goo.gl/gktcb3, zuletzt abgerufen am: 02.08.2015); *Engels*, RdA 2008, 331, 335; *Franzen,* ZfA 2009, 297, 309 u. 317 f.; *Jacobs*, Tarifeinheit, S. 438 ff.

145 *Greiner*, NZA 2015, 769, 771. Zum BDA/DGB-Entwurf, *Rieble/v. d. Ehe*, Gutachten BDA/DGB, Rn. 177 ff., (abrufbar unter: siehe Fn. 135). Zur Tarifeinheit allgemein: ErfK/*Linsenmaier*, Art. 9 Rn. 85.

146 *Däubler,* Gutachten TEG, S. 9, (abrufbar unter: siehe Fn. 83); *Fischer,* NZA 2015, 662, 665; *Henssler*, ZfWP 2015, 55, 68; Zum BDA/DGB-Entwurf: *Rieble/v. d. Ehe,* Gutachten BDA/DGB, Rn. 326, (abrufbar unter: siehe Fn. 135);. Zur früheren Rspr.: *Engels*, RdA 2008, 331, 336; im Grundsatz auch *Rieble*, BB

gesehen[147]. Im Gegensatz zu diesen Meinungen stehen die Vertreter der Literatur, die im Tarifeinheitsgesetz eine verfassungskonforme Ausgestaltung der Koalitionsfreiheit erkennen[148].

Im Folgenden ist daher zu untersuchen, ob die Regelung des § 4a TVG mit der Verfassung in Einklang steht und welche der obenstehenden Annahmen der Literatur zutreffend sind. Von der formellen Zulässigkeit des TEG wird dabei ausgegangen[149] und dementsprechend beschränkt sich die Untersuchung auf die materielle Zulässigkeit dieser gesetzlichen Regelung. Ferner werden nur die Auswirkungen des § 4a TVG auf die Minderheitsgewerkschaften untersucht, während mögliche Beeinträchtigungen der Arbeitgeber[150] und der Mehrheitsgewerkschaften[151] nicht betrachtet werden.

Die Auswirkungen des TEG auf die Minderheitsgewerkschaft würden zu einer Verletzung der Grundrechte dieser Gewerkschaft und ihrer Mitglieder führen, sofern diese Auswirkungen sich als unzulässiger Eingriff in deren

---

2003, 1227, 1228. Auch die Befürworter der Tarifeinheit sehen diese Beeinträchtigung, erachten sie aber als zulässig, siehe *Buchner*, BB 2003, 2121, 2126; *Giesen*, NZA 2009, 11, 12; *Hufen*, NZA 2014, 1237, 1238; *Scholz*, ZfA 2010, 681, 701.

147 *Konzen/Schliemann*, RdA 2015, 1, 7; wohl auch *Greiner*, NZA 2015, 769, 770; Zum BDA/DGB-Entwurf: *Reichold*, Gutachten BDA/DGB, S. 9, (abrufbar unter: siehe Fn. 141); *Rieble/v. d. Ehe*, Gutachten BDA/DGB, Rn. 106 ff., (abrufbar unter: siehe Fn. 135).

148 *Giesen/Kersten*, ZfA 2015, 201, 217 ff., die dabei aber die Unterscheidung zum Eingriff als unerheblich ansehen; *Scholz/Lingemann/Ruttloff*, NZA-Beil. 2015, 3, 21 ff. Zum BDA/DGB-Entwurf: *Giesen*, ZfA 2011, 1, 19, der aber auch einen Eingriff als gerechtfertigt ansieht, siehe *derselb*., ZfA 2011, 1, 44; *Papier/Krönke*, ZfA 2011, 807, 838 ff.; *Scholz*, ZfA 2010, 681, 699; *Waas*, Gutachten BDA/DGB, S. 58 f., (abrufbar unter: siehe Fn. 71). Allgemein zur Tarifeinheit: *Hromadka*, NZA 2008, 384, 387; *Kempen*, FS Hromadka 2008, 177, 185 ff.

149 Siehe zu diesen Anforderungen, HdB-StaatsR/*Hillgruber*, § 201 Rn. 37 ff.; Sodan/GG/*derselb*., Vorb. Art. 1 Rn. 54.

150 *Henssler*, ZfWP 2015, 55, 57; *Jacobs*, Tarifeinheit, S. 447 f.; *Konzen/Schliemann*, RdA 2015, 1, 9; *Mückl/Koddenbrock*, GWR 2015, 6, 7; *Reichold*, Gutachten BDA/DGB, S. 9, (abrufbar unter: siehe Fn. 141); a.A. *Scholz/Lingemann/Ruttloff*, NZA-Beil. 2015, 3, 11.

151 Vgl. *Scholz*, ZfA 2010, 681, 707, der in einem Übernahmeanspruch der Minderheitsgewerschaft eine Beeinträchtigung der Mehrheitsgewerkschaft sieht.

Koalitionsfreiheit aus Art. 9 Abs. 3 GG darstellt. Dafür müsste die Verdrängung des Minderheitsvertrags Auswirkungen auf den Schutzbereich der Koalitionsfreiheit haben, die sich als Beeinträchtigung der grundrechtlichen Freiheit darstellen und die nicht durch eine Schranke dieses Grundrechts legitimiert sind[152].

I Auswirkungen auf die Koalitionsfreiheit des Art. 9 Abs. 3 GG

Maßgeblich für die verfassungsrechtliche Bewertung des TEG ist das Recht der Arbeitnehmer und Arbeitgeber zur Vereinbarung kollektiver Arbeitsbedingungen. Diese sog. Koalitionsfreiheit hat sich seit der Mitte des 19. Jh. und im Zusammenhang mit der industriellen Revolution als Freiheit der Parteien des Arbeitsverhältnisses zur Regelung der eigenen Angelegenheiten auf kollektiver Ebene herausgebildet[153]. Im Zentrum dieser historischen Entwicklung stand der Schutz der Arbeitnehmer[154], die durch kollektives Auftreten ggü. dem Arbeitgeber ihre strukturelle Unterlegenheit ausgleichen konnten[155]. Dieses Recht musste aber erst gegen den Staat erkämpft werden[156] und die Anerkennung dieser Freiheit durch die nationale Rechtsordnung[157] erfolgte schrittweise und mit Rückschritten[158].

---

[152] Es kommt zur Anwendung der Eingriffsdogmatik, siehe dazu Jarass/Pieroth/GG/*Jarass*, Vorb. Art. 1 Rn. 14.

[153] Zur Bedeutung der industriellen Revolution für die Entwicklung der Koalitionsfreiheit siehe Sachs/GG/*Höfling*, Art. 9 Rn. 51. Zur gesamten geschichtlichen Entwicklung, Däubler/TVG/*derselb.*, Einl. Rn. 2 ff.; *Pieroth,* FS 50 Jahre BVerfG, 293 ff.

[154] BVerfG v. 26.06.1991 – 1 BvR 779/85, BVerfGE 84, 212, 224; BeckOK-GG/*Cornils*, Art. 9 Rn. 38.

[155] BVerfG v. 26.06.1991 – 1 BvR 779/85, BVerfGE 84, 212, 229; ErfK/*Linsenmaier*, Art. 9 GG, Rn. 18 f.; *Kempen*, FS Hromadka 2008, 177, 184 f.

[156] BVerfG v. 26.06.1991 – 1 BvR 779/85, BVerfGE 84, 212, 230; ErfK/*Linsenmaier*, Art. 9 GG, Rn. 19; Jarass/Pieroth/GG/*Jarass*, Art. 9 Rn. 30.

[157] Zur historischen Entwicklung siehe die Darstellung in Mü-HdB-ArbR/*Löwisch/Rieble*, § 154 Rn. 1 ff. Zur internationalen Anerkennung siehe Mü-HdB-ArbR/*Löwisch/Rieble*, § 154 Rn. 16 ff.

[158] Zur Zeit des Nationalsozialismus, BVerfG v. 24.05.1977 – 2 BvL 11/74, BVerfGE 44, 322, 324; sowie *Jacobs*, Tarifeinheit, S. 61 ff. Zur Regelung in der DDR, Mü-HdB ArbR/*Löwisch/Rieble*, § 154 Rn. 5 f.

Seit der Verabschiedung des Grundgesetzes ist die Koalitionsfreiheit in Art. 9 Abs. 3 GG als spezielle Form der Vereinigungsfreiheit[159] und als Grundrecht mit unmittelbarer Wirkung – nicht nur für den Staat[160] – anerkannt. Arbeitnehmern und auch Arbeitgebern[161] steht es demnach frei, Vereinigungen zum Schutz und zur Förderung der Wirtschafts- und Arbeitsbedingungen (Koalitionen)[162] zu bilden. Damit beinhaltet Art. 9 Abs. 3 GG ein individuelles Abwehrrecht, das die Berechtigten vor staatlichem Einfluss bei der Förderung und Sicherung der Arbeits- und Wirtschaftsbedingungen schützt[163]. Daneben kommt der Koalitionsfreiheit aber auch eine Leistungsfunktion[164] zu, da sie nicht gänzlich als natürliche Freiheit angesehen werden kann, weshalb ihre Ausübung eine vorherige Ausgestaltung durch den Gesetzgeber bedarf[165].

Die Rechtsprechung[166] sowie die überwiegende Meinung der Literatur[167] sieht in der Koalitionsfreiheit ein sog. Doppelgrundrecht, das sich nicht nur auf Individuen bezieht, sondern das auch die Koalition selbst erfasst und diese mit eigenen Grundrechten ausstattet[168]. Der Schutz richte sich in einigen Bereichen sogar speziell an die Koalitionen, da die Rechte nur im Kollektiv und nicht individuell ausgeübt werden könnten[169]. Ferner habe die

---

159 Jarass/Pieroth/GG/*Jarass*, Art. 9 Rn. 32.

160 Zur unmittelbaren Drittwirkung der Koalitionsfreiheit siehe Sodan/GG/*derselb.*, Art. 9 Rn. 26; einschränkend, Jarass/Pieroth/GG/*Jarass*, Art. 9 Rn. 31 u. Rn. 47a.

161 BeckOK-GG/*Cornils*, Art. 9 Rn. 39; Jarass/Pieroth/GG/*Jarass*, Art. 9 Rn. 30.

162 Zum Begriff BVerfG v. 06.05.1964 – 1 BvR 79/62, BVerfGE 18, 18, 25 f.

163 Jarass/Pieroth/GG/*Jarass*, Art. 9 Rn. 30; Sachs/GG/*Höfling*, Art. 9 Rn. 5.

164 Zum Begriff siehe *Jarass*, AöR 1995, 345, 350.

165 BVerfG v. 01.03.1979, 1 BvR 532/77 (u.a.), BVerfGE 50, 290, 366 f.; siehe auch Jarass/Pieroth/GG/*Jarass*, Art. 9 Rn. 30 spricht von *„Institutsgarantie"*; Sachs/GG/*Höfling*, Art. 9 Rn. 5 f.

166 Bereits früh und mit Bezug auf das Reichsgericht BVerfG v. 18.11.1954 – 1 BvR 629/52, BVerfGE 4, 96, 101; seitdem st. Rspr. BVerfG v. 24.04.1996 – 1 BvR 712/86, BVerfGE 94, 268, 282; BVerfG v. 26.06.1991 – 1 BvR 779/85, BVerfGE 84, 212, 224; BAG v. 19.07.2007 – 1 AZR 396/06, BAGE 123, 134 Rn. 11.

167 Siehe nur, BeckOK-GG/*Cornils*, Art. 9 Rn. 44; Däubler/TVG/*derselb.*, Einl. Rn. 68 ff.; ErfK/*Linsenmaier*, Art. 9 Rn. 39; Jarass/Pieroth/GG/*Jarass*, Art. 9 Rn. 44; Sodan/GG/*derselb.*, Art. 9 Rn. 21; *Jacobs*, Tarifeinheit, S. 415 f. (m.w.N.).

168 BVerfG v. 18.11.1954 – 1 BvR 629/52, BVerfGE 4, 96, 102.

169 BVerfG v. 14.04.1964 – 2 BvR 69/62, BVerfGE 17, 319, 333.

historische Auslegung der Koalitionsfreiheit eine besondere Bedeutung[170] und diese spreche für eine besondere Rolle der Koalitionen selbst[171].

Diese Meinung ist zwar nicht unumstritten, aber diejenigen, die einen Schutz der Koalitionen nur im Zusammenhang mit Art. 19 Abs. 3 GG anerkennen[172], weisen darauf hin, dass beide Auffassungen im Regelfall zu gleichen Ergebnissen führen[173], denn relevant ist die Unterscheidung vor allem bei Sachverhalten, in denen das Grundrecht des Individuums mit dem seiner Koalition kollidiert[174]. Um eine solche Thematik handelt es sich bei der Tarifeinheit jedoch nicht, denn der Minderheitstarifvertrag soll nicht aus Gründen der individuellen Freiheit des Mitglieds zurücktreten, sondern aufgrund der Auswirkungen der Tarifpluralität auf die Funktionen des Tarifvertragssystems. Die Frage nach dem Doppelgrundrecht braucht daher hier nicht geklärt zu werden und aufgrund der gefestigten Rechtsprechung des BVerfG sowie wegen deren praktischer Relevanz wird dessen Ansicht als maßgeblich angesehen.

Im Folgenden ist somit zwischen einem individuellen und einem kollektiven Schutzbereich der Koalitionsfreiheit zu unterscheiden und es gilt zu prüfen, ob die Wirkung des § 4a TVG den jeweiligen Schutzbereich eröffnet.

1 Individuelle Koalitionsfreiheit

Der personelle Schutz der individuellen Koalitionsfreiheit bezieht sich auf die einzelnen Arbeitnehmer und Arbeitgeber[175]. Der Schutz besteht dabei unabhängig von der Staatsangehörigkeit und es handelt sich mithin um ein

---

170 BVerfG v. 01.03.1979 – 1 BvR 532/77 (u.a.), BVerfGE 50, 290, 366 f.; BVerfG v. 30.11.1965 – 2 BvR 54/62, BVerfGE 19, 303, 314 (jeweils m.w.N. aus der eigenen Rspr.).

171 *Jacobs*, Tarifeinheit, S. 415; *Ladeur*, AöR 2006, 643, 649.

172 *Löwisch/Rieble*/TVG, Grundl. Rn. 25; Sachs/GG/*Höfling*, Art. 9 Rn. 70; *Engels*, RdA 2008, 331, 333; *Picker*, FS 50 Jahre BAG, 795, 818 ff. Für die Unternehmen auf der Arbeitgeberseite wird dies umfassend geteilt, siehe nur ErfK/*Linsenmaier*, Art. 9 GG Rn. 29.

173 *Wiedemann*, Tarifnormen und Grundrechte, S. 54.

174 Vgl. *Picker*, FS 50 Jahre BAG, 795, 825.

175 ErfK/*Linsenmaier*, Art. 9 Rn. 27; Sodan/GG/*derselb.*, Art. 9 Rn. 21.

qualifiziertes Jedermann-Recht[176], wobei sich der verfassungsrechtliche Schutz nicht auf den arbeitsrechtlichen Arbeitnehmerbegriff beschränkt, sondern unter anderem auch Beamte erfasst[177].

Dieser personelle Schutzbereich wird durch die Wirkung des § 4a TVG eröffnet, soweit das Gesetz die Verdrängung der Tarifverträge von Mitgliedern der Minderheitsgewerkschaft regelt, die Arbeitnehmer im i.S.v. Art. 9 Abs. 3 GG sind.

a) Schutzbereich

Der sachliche Schutzbereich der individuellen Koalitionsfreiheit beinhaltet das Recht zur Gründung von Koalitionen, das Recht zum Beitritt zu Koalitionen sowie das Recht zum Verbleib in der Koalition[178] und es besteht auch ein Recht auf eine Beteiligung an der Koalitionsarbeit[179]. Neben dieser positiven individuellen Koalitionsfreiheit beinhaltet Art. 9 Abs. 3 GG ferner eine negative individuelle Koalitionsfreiheit und dementsprechend das Recht, den Koalitionen fernzubleiben und von deren Regelungen im Grundsatz nicht erfasst zu werden[180].

---

176 *Scholz/Lingemann/Ruttloff*, NZA-Beil. 2015, 3, 15.

177 BVerwG v. 25.10.1979 – BVerwG 2 N 1.78, BVerwGE 59, 48, 54; Jarass/Pieroth/GG/*Jarass*, Art. 9 Rn. 43; Mü-HdB-ArbR/*Löwisch/Rieble*, § 155 Rn. 31 ff.

178 Siehe nur BVerfGE v. 03.04.2001 – 1 BvL 32/97, BVerfGE 103, 293, 304; BVerfG v. 24.04.1996 – 1 BvR 712/86, BVerfGE 94, 268, 282.

179 BVerfG v. 10.01.1995 – 1 BvF 1/90, BVerfGE 92, 26, 45; BAG v. 07.07.2010 – 4 AZR 549/09, BAGE 135, 80 Rn. 58; BAG v. 29.11.1967 – GS 1/67, BAGE 20, 175, 211 f.; Mü-HdB-ArbR/*Löwisch/Rieble*, § 156 Rn. 14 ff.; *Jacobs*, Tarifeinheit, 412 f.; *Scholz*, ZfA 2010, 681, 695.

180 BVerfG v. 11.07.2006 – 1 BvL 4/00, BVerfGE 116, 202, 218; BVerfG v. 15.07.1980 – 1 BvR 24/74 (u.a.), BVerfGE 55, 7, 21; BAG v. 29.11.1967 – GS 1/67, BAGE 20, 175, 213 f.; Jarass/Pieroth/GG/*Jarass*, Art. 9 Rn. 36; Sachs/GG/*Höfling*, Art. 9 Rn. 68.

b) Eröffnung des Schutzbereichs

Die rechtlichen Rahmenbedingungen der Gründung von Koalitionen sowie für den Beitritt und Verbleib darin werden durch das Gesetz zwar nicht verändert[181], jedoch könnte die Verdrängung des Tarifvertrags gem. § 4a TVG Auswirkungen auf das Recht auf Beteiligung an der Betätigung der Koalition haben[182], da die Mitglieder der Gewerkschaft am erzielten Verhandlungsergebnis nicht mehr beteiligt werden[183]. Zu einer relevanten Auswirkung auf den Schutzbereich könnte es hier aber nur kommen, wenn die jeweilige Betätigung der Koalition auch geschützt ist, denn der Schutz der Beteiligung an der Tätigkeit kann nicht weiter reichen als der Schutz der Tätigkeit selbst[184]. Sollte sich im Folgenden herausstellen, dass sich die Verdrängung des Tarifvertrags auf eine geschützte Tätigkeit der Koalition auswirkt, wäre die Beteiligung an dieser Betätigung als solche für den Einzelnen ebenfalls geschützt und das TEG hätte mithin Auswirkungen auf den Schutzbereich der individuellen Koalitionsfreiheit[185].

Die individuelle negative Koalitionsfreiheit wird durch die Tarifeinheit nicht tangiert, da der Arbeitnehmer weder zum Beitritt in eine bestimmte

---

181 *Jacobs,* Tarifeinheit, S. 446; *Scholz,* ZfA 2010, 681, 695 f.

182 *Franzen,* RdA 2008, 193 f.; *Reichold,* Gutachten BDA/DGB, 11, (abrufbar unter: siehe Fn. 141); *Rieble/v. d. Ehe,* Gutachten BDA/DGB, Rn. 77, (abrufbar unter: siehe Fn. 135).

183 Vgl. BVerfG v. 03.04.2001 – 1 BvL 32/97, BVerfGE 103, 293, 305.

184 *Scholz/Lingemann/Ruttloff,* NZA-Beil. 2015, 3, 16; *Waas,* Gutachten BDA/DGB, S. 16 f., (abrufbar unter: siehe Fn. 71); vgl. auch H/W/K/ArbR-Kommentar/*Hergenröder,* Art. 9 GG Rn. 78; *Löwisch/Rieble*/TVG, Grundl. Rn. 124; a.A. *Jacobs,* Tarifeinheit, S. 442 f., der den Schutz des Tarifvertrags bereits im Rahmen der individuellen Koalitionsfreiheit sieht.

185 So BAG v. 07.07.2010 – 4 AZR 549/09, BAGE 135, 80 Rn. 58; *Däubler,* Gutachten TEG, S. 21, (abrufbar unter: siehe Fn. 83); *Jacobs,* Tarifeinheit, S. 445, der eine Verletzung des Wesensgehalts i.S.v. Art. 19 Abs. 2 GG annimmt; *Rieble/v. d. Ehe,* Gutachten BDA/DGB, Rn. 77, (abrufbar unter: siehe Fn. 135); a.A. *Scholz,* ZfA 2010, 681, 696, der aber auf ein Recht auf Beteiligung an einem bestimmten Tarifvertrag abstellt; ähnlich *Meyer,* DB 2006, 1271, 1273, der auf die Anwendung des Tarifvertrags der anderen Gewerkschaft verweist.

(Mehrheits-)Koalition noch zur Übernahme von deren Tarifergebnissen gezwungen wird[186]. Das Nachzeichnungsrecht ermöglicht zwar die Übernahme dieser Tarifergebnisse, ordnet sie aber nicht gesetzlich an, sondern die Übernahme beruht auf der Entscheidung der Minderheitskoalition[187]. Für den einzelnen Arbeitnehmer könnte es zwar zweckdienlich erscheinen, die Koalition zu wechseln um so den Vertrag der Mehrheit nicht nur übernehmen zu müssen, sondern um als Mitglied dann auch Einfluss auf die Formulierung der Tarifziele zu haben[188], aber solche Auswirkungen auf die Motivation zum Beitritt sieht das BVerfG regelmäßig als unerheblich an[189].

Soweit der Schutz des Individuums nicht den Schutz der Koalition selbst bedingt, lassen sich Auswirkungen auf die individuelle Koalitionsfreiheit nicht feststellen.

2 Kollektive Koalitionsfreiheit

Um als Vereinigung vom personellen Schutzbereich des Art. 9 Abs. 3 GG erfasst zu werden, muss eine Vereinigung frei gebildet sowie von der jeweiligen Gegenseite unabhängig sein[190]. Letzteres bedeutet, dass eine Koalition nur die Interessen der Arbeitnehmer oder der Arbeitgeber vertreten kann und dass keine Abhängigkeiten personeller oder organisatorischer Art zur anderen Seite bestehen dürfen[191]. Der Gesetzgeber geht in diesem Zusam-

---

186 *Giesen,* ZfA 2011, 1, 26; *Jacobs*, Tarifeinheit, S. 446 f.; *Scholz*, ZfA 2010, 681, 696; vgl. auch *Franzen*, ZfA 2009, 297, 313, zu einem individuellen Übernahmeanspruch.

187 *Giesen/Kersten*, ZfA 2015, 201, 204.

188 *Greiner*, NZA 2015, 769, 770; allgemein zur Tarifeinheit, *Jacobs*, Tarifeinheit, S. 446.

189 BVerfG v. 11.07.2006 – 1 BvL 4/00, BVerfGE 116, 202, 218; BVerfG v. 14.06.1983 – 2 BvR 488/80, BVerfGE 64, 208, 213 f.; BVerfG v. 15.07.1980 – 1 BvR 24/74 (u.a.), BVerfGE 55, 7, 22; BVerfG v. 24.05.1977 – 2 BvL 11/74, BVerfGE 44, 322, 352; BVerfG v. 20.07.1971 – 1 BvR 13/69, BVerfGE 31, 297, 302.

190 BVerfG v. 01.03.1979 – 1 BvR 532/77 (u.a.), BVerfGE 50, 290, 368; BVerfG v. 18.11.1954 – 1 BvR 629/52, BVerfGE 4, 96, 106 f.; Jarass/Pieroth/GG/*derselb.*, Art. 9 Rn. 33 ff.

191 BVerfG v. 01.03.1979 – 1 BvR 532/77 (u.a.), BVerfGE 50, 290, 368; siehe auch

menhang davon aus, dass diese Anforderung bei reinen Betriebsgewerkschaften nicht erfüllt ist[192], allerdings kommt dem Kriterium der überbetrieblichen Organisation der Koalition regelmäßig nur eine Indizwirkung zu[193]. Des weiteren muss die Vereinigung in zeitlicher sowie organisatorischer Hinsicht eine gewisse Stabilität aufweisen[194], die Binnenstruktur muss den Mitgliedern die Partizipation an der Willensbildung ermöglichen[195] und das geltende Tarifrecht muss anerkannt werden[196].

Ferner muss die Vereinigung dem speziellen Zweck des Art. 9 Abs. 3 GG und dementsprechend der Förderung der Arbeitsbedingungen verpflichtet sein, wobei es nicht genügt, wenn die Koalition lediglich die Wirtschaftsbedingungen ganz allgemein im Blickpunkt ihrer Interessen hat[197]. Hier zeigt sich die besondere Bedeutung der historischen Auslegung, denn auch wenn der Begriff der Wirtschaftsbedingungen kumulativ zu den Arbeitsbedingungen genannt wird, bezieht sich die besonders gewährte Freiheit des Art. 9 Abs. 3 GG gerade auf die Beziehung von Arbeitgebern und Arbeitnehmern, so dass die Tätigkeit einer Koalition auch einen Bezug zu einer Form der abhängigen Arbeitsleistung aufweisen muss[198].

Das Vorliegen dieser Merkmale kann für die tariffähigen Minderheitsgewerkschaften – und auch für Berufsgewerkschaften im Speziellen[199] – angenommen werden.

Sodan/GG/*derselb.*, Art. 9 Rn. 19.

192 BT-Ds. 18/4062, 12; kritisch zu diesem Teil der Gesetzesbegründung, *Greiner*, RdA 2015, 36, 40.

193 ErfK/*Linsenmaier*, Art. 9 GG Rn. 25; Jarass/Pieroth/GG/*Jarass*, Art. 9 Rn. 35; Sachs/GG/*Höfling*, Art. 9 Rn. 60; das Kriterium gänzlich ablehnend, da große Gewerkschaften nicht privilegiert werden sollten, Sodan/GG/*derselb.*, Art. 9 Rn. 20. Das Kriterium befürwortend: *Kempen*, FS 50 Jahre BAG, 733, 747 f.

194 Als allgemeine Voraussetzung einer Vereinigung i.S.v. Art. 9 GG, Jarass/Pieroth/GG/*Jarass*, Art. 9 Rn. 33; Sodan/GG/*derselb.*, Art. 9 Rn. 2.

195 H/W/K/ArbR-Kommentar/*Hergenröder*, Art. 9 GG Rn. 37.

196 *Pieroth,* FS 50 Jahre BVerfG, 293, 297.

197 H/W/K/ArbR-Kommentar/*Hergenröder*, Art. 9 GG Rn. 38 f.; Jarass/Pieroth/GG/*Jarass*, Art. 9 Rn. 34; Sachs/GG/*Höfling*, Art. 9 Rn. 58.

198 BeckOK-GG/*Cornils*, Art. 9 Rn. 47; ErfK/*Linsenmaier*, Art. 9 Rn. 28; *Löwisch/Rieble*/TVG, Grundl. Rn. 90.

199 *Hufen*, NZA 2014, 1237, 1238.

Für diese Koalitionen sind durch Art. 9 Abs. 3 GG mehrere Teilgarantien geschützt, wobei zwischen der Koalitionsbestandsgarantie und der Koalitionsbetätigungsgarantie unterschieden werden kann[200].

a) Koalitionsbestandsgarantie

Der Bestand der Koalitionen wird einerseits durch den Schutz ihrer freien Gründung und Existenz gewährleistet und andererseits wird auch die freie Entscheidung der Koalitionen über ihre Organisationsform und -ziele geschützt[201]. Die Begrifflichkeiten werden in der Literatur zwar nicht einheitlich verwendet, jedoch lassen sich somit die Garantien der Gründungs- und Existenzfreiheit sowie der Organisationsfreiheit voneinander abgrenzen.

(1) Gründungs- und Existenzfreiheit

(aa) Schutzbereich

Die Gründungs- und Existenzfreiheit der Koalitionen lässt sich im Grundsatz als Gegenstück der individuellen positiven Freiheit auf kollektiver Ebene begreifen[202], denn das Recht des Individuums, seine eigene Koalition auszusuchen oder zu gründen, findet seine Entsprechung im Schutz der Koalition. Der Schutz umfasst dabei die staatsfreie Gründung der Organisation und deren ungestörte Existenz[203].

(bb) Eröffnung des Schutzbereichs

Die Gründungsfreiheit und die bloße Existenz der Gewerkschaften wird durch die betriebliche Tarifeinheit nach dem Mehrheitsprinzip nicht beeinträchtigt[204], wobei die Feststellungen zur individuellen Koalitionsfreiheit übertragen werden können, denn die rechtlichen Voraussetzungen der Gründung und

200 Vgl. BeckOK-ArbR/*Waas*, § 1 TVG Rn. 7; *Jacobs*, Tarifeinheit, S. 416.

201 Jarass/Pieroth/GG/*Jarass*, Art. 9 Rn. 37; *Jacobs*, Tarifeinheit, S. 416 f.

202 *Scholz/Lingemann/Ruttloff*, NZA-Beil. 2015, 3, 17.

203 Mü-HdB-ArbR/*Löwisch/Rieble*, § 157 Rn. 2 ff.; *Rieble/v. d. Ehe*, Gutachten BDA/DGB, Rn. 30 (m.w.N.), (abrufbar unter: siehe Fn. 135); *Jacobs*, Tarifeinheit, S. 417.

204 *Rieble/v. d. Ehe*, Gutachten BDA/DGB, Rn. 31 f., (abrufbar unter: siehe Fn. 135); *Waas*, Gutachten BDA/DGB, S. 10 ff., (abrufbar unter: siehe Fn. 71), der dieses Ergebnis im Folgenden aber wieder in Zweifel zieht, *derselb.*, Gutachten BDA/DGB, S. 16, (abrufbar unter: siehe Fn. 71).

der Existenz werden nicht verändert[205]. Faktisch könnte sich ein etwaiger Mitgliederschwund zwar ggf. auf den Bestand der (Minderheits-) Gewerkschaft auswirken[206] und teilweise wird darin bereits eine Beeinträchtigung des Schutzbereichs gesehen[207]. Diese Auswirkungen wären dann aber die Folge der Beeinträchtigung spezieller Betätigungsrechte der Koalitionen und sollen daher auch in diesem Zusammenhang untersucht werden[208].

(2) Organisationsfreiheit

(aa) Schutzbereich

Über den Schutz der bloßen Existenz hinaus wird durch die Koalitionsfreiheit auch der Schutz der freien und staatsfernen Auswahl der Organisationsform und der Zie lsetzung der Koalitionen gewährleistet[209]. An welche Arbeitnehmer sich die Koalition richtet und wessen Interessen sie vertreten will, wird dementsprechend durch die koalitionsinterne Willensbildung und nicht durch den Staat[210] oder die Interessen Dritter bestimmt[211]. Daher sind neben den verbreiteten Branchengewerkschaften auch religiöse oder politische Tendenzgewerkschaften und Gewerkschaften, die sich nur an eine spezielle Berufsgruppe richten, geschützt[212]. Ebenso wäre eine Einheitsgewerkschaft, die sich die Vertretung aller Arbeitnehmer zum Ziel gesetzt hat, durch diesen Schutz erfasst, solange die Gründung und der Beitritt auf Freiwilligkeit beruhen[213].

---

205 *Scholz/Lingemann/Ruttloff*, NZA-Beil. 2015, 3, 17 f.; zum BDA/DGB-Entwurf, *Scholz*, ZfA 2010, 681, 697.

206 *Waas*, Gutachten BDA/DGB, S. 11, (abrufbar unter: siehe Fn. 71).

207 Ausdrücklich *Jacobs*, Tarifeinheit, S. 452 f.; wohl auch *Bayreuther*, DB 2010, 2223; sowie *Di Fabio*, Gutachten Tarifeinheit, S. 40, (abrufbar unter: siehe Fn. 144).

208 *Scholz/Lingemann/Ruttloff*, NZA-Beil. 2015, 3, 17; zum Vorschlag von BDA/DGB, *Waas*, Gutachten BDA/DGB, S. 11 f., (abrufbar unter: siehe Fn. 71).

209 BVerfG v. 03.04.2001 – 1 BvL 32/97, BVerfGE 103, 293, 304; BVerfG v. 24.04.1996 – 1 BvR 712/86, BVerfGE 94, 268, 282 f.; BVerfG v. 06.05.1964 – 1 BvR 79/62, BVerfGE 18, 18, 32; speziell zur Tarifzuständigkeit Däubler/TVG/*Peter*, § 2 TVG Rn. 165.

210 BVerfG v. 01.03.1979 – 1 BvR 532/77 (u.a.), BVerfGE 50, 290, 367.

211 *Jacobs*, Tarifeinheit, S. 206 ff.

212 Däubler/TVG/*derselb.*, Einl. Rn. 93; *derselb.*, Gutachten BDA/DGB, S. 17, (abrufbar unter: siehe Fn. 26); *Greiner*, NZA 2012, 529, 531 f.; *Jacobs*, Tarifeinheit, S. 389.

213 Zur Bedeutung der freiwilligen Koalitionsbildung BVerfG v. 20.10.1981 – 1 BvR 404/78, BVerfGE 58, 233, 248; BAG v. 29.11.1967 – GS 1/67, BAGE 20, 175, 212 f.

Eine unterschiedliche Wertigkeit dieser Organisationsformen besteht dabei nicht[214]. Lediglich gänzlich überholte und untypische Organisationsformen müssen durch den Staat nicht anerkannt werden[215].

Mithin ist gerade der Bestand der unterschiedlich organisierten Koalitionen geschützt und auch der Existenz von mehreren Koalitionen auf Arbeitnehmerseite steht Art. 9 Abs. 3 GG nicht ablehnend gegenüber[216]. Durch den sog. Koalitionspluralismus findet daher die pluralistische Gesellschaftsordnung, als einer der prägenden Gedanken des Grundgesetzes, auch innerhalb der Koalitionsfreiheit Raum[217], weshalb auch der gleichberechtigte Wettbewerb zwischen den Koalitionen geschützt ist[218]. Der Staat muss daher bei der Gesetzgebung die Organisationsfreiheit der Koalitionen berücksichtigen[219] und die Regelungen dürfen den gleichberechtigten Wettbewerb zwischen den Koalitionen nicht beeinflussen. Damit hat die Organisationsfreiheit der Koalitionen nicht nur eine abwehrrechtliche Funktion, sondern kann auch als spezielles Gleichbehandlungsrecht verstanden werden und bei einer unterschiedlichen Behandlung der Koalitionen muss der spezielle Grundsatz der Organisationsfreiheit beachtet werden[220]. Eine ggf. auftretende Ungleichbehandlung kann daher im Rahmen des Art. 9 Abs. 3 GG betrachtet

---

214 *Däubler*, Gutachten BDA/DGB, S. 34 f., (abrufbar unter: siehe Fn. 26); *Greiner*, NZA 2015, 769, 771; *Konzen*, JZ 2010, 1036, 1041; im Grundsatz auch *Waas*, Gutachten BDA/DGB, S. 12, (abrufbar unter: siehe Fn. 71); a.A. *Giesen*, ZfA 2011, 1, 20, der nach der innerbetrieblichen Repräsentation unterscheidet, dabei aber den überbetrieblichen Charakter der Gewerkschaftstätigkeit vernachlässigt; wohl auch *Kempen*, FS 50 Jahre BAG, 733, 737 ff.

215 BVerfG v. 18.11.1954 – 1 BvR 629/52, BVerfGE 4, 96, 108.

216 *Jacobs,* Tarifeinheit, S. 417 f.; *Konzen,* JZ 2010, 1036, 1041.

217 BVerfG v. 01.03.1979, 1 BvR 532/77 (u.a.), BVerfGE 50, 290, 353; BVerfG v. 18.12.1974 – 1 BvR 430/65, BVerfGE 38, 281, 302 f.; siehe auch Sachs/GG/*Höfling*, Art. 9 Rn. 54.

218 *Jacobs,* Tarifeinheit, S. 418; *Rieble/v. d. Ehe*, Gutachten BDA/DGB, Rn. 95 ff., (abrufbar unter: siehe Fn. 135); *Scholz*, ZfA 2010, 681, 702; *Scholz/Lingemann/Ruttloff,* NZA-Beil. 2015, 3, 17.

219 BVerfG v. 18.11.1954 – 1 BvR 629/52, BVerfGE 4, 96, 108.

220 BVerfG v. 23.03.1982 – 2 BvL 1/81, NVwZ 1982, 673, 674; siehe auch BeckOK-GG/*Cornils*, Art. 9 Rn. 102; Mü-HdB-ArbR/*Löwisch/Rieble*, § 155 Rn. 6; *Rieble/v. d. Ehe,* Gutachten BDA/DGB, Rn. 92, (abrufbar unter: siehe Fn. 135).

werden, denn auch bei einem Rückgriff auf das allgemeine Gleichbehandlungsrecht wäre im Lichte der Organisationsfreiheit der Koalitionen eine Unterscheidung anhand der Organisationsform unzulässig[221].

(bb) Eröffnung des Schutzbereichs

Das TEG könnte sich auf die Organisationsfreiheit der Minderheitskoalitionen auswirken, sofern es die Organisationsform oder die Zielsetzung der betroffenen Koalition beeinflusst.

Unmittelbare Vorgaben für die Organisationsform und Zielsetzung der Gewerkschaften sind dem Gesetz nicht zu entnehmen[222], allerdings ergeben sich aus dem Mehrheitsprinzip mittelbare Auswirkungen auf die Organisationsfreiheit der Berufsgewerkschaften. Anders als für die kleinen Branchengewerkschaften[223], die ggf. wegen der geringen Attraktivität auf bestimmte Arbeitnehmergruppen und mithin aus rein faktischen Gründen die Minderheit im Betrieb bilden[224], stellt das Mehrheitsprinzip für die Berufsgewerkschaften ein strukturelles Hindernis dar[225], weil ihre Organisationsform und Zielsetzung in einer arbeitsteiligen Wirtschaft einer betrieblichen Mehrheit im Wege steht[226]. Vom betrieblichen Mehrheitsprinzip geht daher ein mittelbarer Druck auf die Organisationsform der Berufsgewerkschaften aus, denn nur wenn diese sich um andere Berufsgruppen bemühen oder Bündnisse mit anderen Gewerkschaften schließen, haben sie eine reelle Chance, die Mehrheit im Betrieb zu erlangen[227].

---

221 Allgemein zu Grundrechtskonkurrenz, Jarass/Pieroth/GG/*Jarass*, Vorb. Art. 1 Rn. 17 f.

222 *Scholz/Lingemann/Ruttloff*, NZA-Beil. 2015, 3, 17.

223 Die aber durch das Mehrheitsprinzip auch Nachteile erleiden, die sie bei der Auflösung durch das Spezialitätsprinzip vermeiden konnten, vgl. *Franzen*, ZfA 2011, 647, 666.

224 Siehe *Rieble/v. d. Ehe*, Gutachten BDA/DGB, Rn. 48, (abrufbar unter: siehe Fn. 135), am Beispiel der GDL.

225 Wenn auch Ausnahmen möglich sind, siehe *Däubler*, Gutachten TEG, S. 12, (abrufbar unter: siehe Fn. 83); *Fischer*, NZA 2015, 662, 664; *Greiner*, NZA 2010, 743, 744.

226 Zum Vorschlag von BDA/DGB: *Giesen*, ZfA 2011, 1, 23, der dies aber als gerechtfertigt ansieht; *Greiner*, NZA 2012, 529, 532; *Reichold*, Gutachten BDA/DGB, S. 9, (abrufbar unter: siehe Fn. 141); *Waas*, Gutachten BDA/DGB, S. 12 f.

227 *Rieble/v. d. Ehe*, Gutachten BDA/DGB, Rn. 60, (abrufbar unter: siehe Fn. 135),

Daneben stellt das Gesetz auch eine unterschiedliche Behandlung der Berufsgewerkschaften im Wettbewerb mit anderen Organisationsformen dar[228], denn durch die Folgen des Mehrheitsprinzips wirkt sich das TEG mittelbar zu Lasten der Berufsgewerkschaften auf den gleichberechtigten Wettbewerb der unterschiedlich organisierten Koalitionsformen aus. Zwar ist formal der Wettbewerb unverändert möglich, aber ggü. einer Branchengewerkschaft, die gleichzeitig im Betrieb aktiv ist, besteht jedoch ein Wettbewerbsnachteil, da aufgrund der unterschiedlichen Organisationsformen feststeht, dass der Tarifvertrag der Berufsgewerkschaft nicht zur Anwendung kommen wird[229]. Dass diese Gewerkschaften durch die Möglichkeit der Kooperation mit anderen Gewerkschaften weiter am Tarifgeschehen teilnehmen können, kann diese Bewertung nicht verändern[230], zumal dabei bedacht werden muss, dass die mitgliederstarken Organisationen auf eine solche Kooperation wegen der Anwendung des Mehrheitsprinzips nicht angewiesen sind[231]. Das Drohpotential der Mehrheitsgewerkschaft wird dann besonders deutlich, wenn man die Anwendung der Tarifeinheit vom vorherigen Antrag einer der beteiligten Parteien abhängig macht[232], da die Verfügungsgewalt der Mehrheitsgewerkschaft über den Tarifvertrag der Minderheitsgewerkschaft in diesem Antrag manifestiert wird.

Die Auswirkungen des TEG treffen die verschiedenen Organisationsformen damit sehr unterschiedlich und wegen des Aspekts der Gleichbehandlung der Organisationsformen ist diese unterschiedliche Behandlung im Folgenden weiter zu beachten. Der Charakter dieser Auswirkungen wird daher zu untersuchen sein und sofern sie rechtlich relevant sind, müssen sie sich im Licht des maßgeblichen Bezugsrahmens legitimieren. Da der faktische

---

Waas, Gutachten BDA/DGB, S. 13 f., (abrufbar unter: siehe Fn. 71).

[228] *Konzen/Schliemann*, RdA 2015, 1, 7; siehe auch *Rieble/v. d. Ehe*, Gutachten BDA/DGB, Rn. 59 f., (abrufbar unter: siehe Fn. 135); a.A. *Scholz/Lingemann/Ruttloff*, NZA-Beil. 2015, 3, 17 f.

[229] Statt aller *Rieble/v. d. Ehe*, Gutachten BDA/DGB, Rn. 108, (abrufbar unter: siehe Fn. 135).

[230] So wohl *Giesen/Kersten*, ZfA 2015, 201, 237.

[231] *Bachmann/Schmidt*, ZfWP 2015, 44, 49; *Däubler*, Gutachten TEG, S. 14, (abrufbar unter: siehe Fn. 83); *Greiner*, NZA 2015, 769, 770; *derselb.*, RdA 2015, 36, 37.

[232] So BVerfG v. 06.10.2015 – 1 BvR 157/15 (u.a.), NJW 2015, 3294; sowie *Löwisch*, NZA 2015, 1369, 1371.

Druck auf die Organisationsform der Berufsgewerkschaften aus deren unterschiedlicher Behandlung resultiert, wird diese Beeinträchtigung des Schutzbereiches im Folgenden auch in diesem Zusammenhang betrachtet.

b) Koalitionsbetätigungsgarantie

Der Schutzbereich der Koalitionsfreiheit erfasst neben dem Bestand der unterschiedlich organisierten Koalitionen auch den Schutz spezieller Betätigungsmittel, die es den Koalitionen ermöglichen sollen, ihren Zweck zu verfolgen[233]. Die Förderung der Arbeits- und Wirtschaftsbedingungen stellt sich daher einerseits als Anforderung an die Vereinigung dar, bildet andererseits aber auch den Maßstab für den Schutz der Betätigungsmittel[234]. Die Möglichkeit zur Sicherung der Arbeitsbedingungen ist mithin Teil der Gewährleistung des Art. 9 Abs. 3 GG und gerade in diesem Bereich bedarf die Koalitionsfreiheit der Ausgestaltung sowie der Anerkennung durch die Rechtsordnung[235]. Demzufolge lässt sich die Betätigungsgarantie vor allem als leistungsrechtlicher Aspekt der Koalitionsfreiheit ansehen[236], denn soweit es für den Schutz und die Förderung der Arbeitsbedingungen notwendig ist, ergibt sich eine staatliche Verpflichtung, den Koalitionen die Verfolgung ihres Zwecks durch die Gewährung entsprechender Betätigungsmittel zu ermöglichen[237].

---

233 BVerfG v. 26.06.1991 – 1 BvR 779/85, BVerfGE 84, 212, 1. Ls.; BAG v. 29.11.1967 – GS 1/67, BAGE 20, 175, 211 f.

234 BVerfG v. 03.04.2001 – 1 BvL 32/97, BVerfGE 103, 293, 304, (m.w.N. aus der eigenen Rspr.).

235 BVerfG v. 10.01.1995 – 1 BvF 1/90, BVerfGE 92, 26, 41; BVerfG v. 02.03.1993 – 1 BvR 1213/85, BVerfGE 88, 103, 115; BVerfG v. 17.02.1981 – 2 BvR 384/78, BVerfGE 57, 220, 245; BVerfG v. 01.03.1979 – 1 BvR 532/77, BVerfGE 50, 290, 368 f.

236 BeckOK-GG/*Cornils*, Art. 9 Rn. 62; Jarass/Pieroth/GG/*Jarass*, Art. 9 Rn. 30; Sachs/GG/*Höfling*, Art. 9 Rn. 5; *Engels*, RdA 2008, 331, 334; *Giesen/Kersten*, ZfA 2015, 201, 207.

237 So bereits BVerfG v. 18.11.1954 – 1 BvR 629/52, BVerfGE 4, 96, 106.

Neben den allg. Mitteln der Koalitionsbetätigung ist zur Gewährleistung dieses Zwecks insb. der Schutz der Tarifautonomie und des Arbeitskampfes als besondere Tätigkeitsformen der Koalitionen anerkannt[238].

(1) Allgemeine Mittel der Koalitionsbetätigung

Durch Art. 9 Abs. 3 GG werden die allg. Betätigungsmittel der Koalitionen geschützt[239], wobei generalisierend davon ausgegangen werden kann, dass die Mittel geschützt sind, die zur Sicherung der Arbeitsbedingungen erforderlich sind[240], denn die Betätigungsmittel müssen sich am Zweck der Koalitionsfreiheit messen lassen[241]. Welche Betätigungsformen der Koalitionen im Einzelnen geschützt sind, lässt sich dabei kaum abschließend bestimmen, denn es hängt von der Bewertung des jeweiligen Betätigungsmittels im Einzelfall ab, wobei die Wahl der Mittel den Koalitionen grundsätzlich frei steht und der Schutz nicht auf einen Kernbereich beschränkt ist[242]. Neben den besonderen Teilgarantien der Tarifautonomie und des Arbeitskampfes ist grds. die Werbung der Koalitionen um Mitglieder als Form des Wettbewerbs[243] sowie die Beteiligung an den Mitbestimmungsmöglichkeiten[244] geschützt.

Auf eine genaue Bestimmung des Schutzbereichs kann hier verzichtet werden, da sich die gesetzliche Regelung der Tarifeinheit auf die Wirkung des Tarifvertrags auswirkt, dessen Schutz im Rahmen der Tarifautonomie untersucht wird und mögliche Auswirkungen auf den Arbeitskampf werden

238 Sachs/GG/*Höfling*, Art. 9 Rn. 71.

239 Jarass/Pieroth/GG/*Jarass*, Art. 9 Rn. 38; Sachs/GG/*Höfling*, Art. 9 Rn. 71.

240 Zum Schutz anderer Betätigungen siehe Jarass/Pieroth/GG/*Jarass*, Art. 9 Rn. 42.

241 BVerfG v. 03.04.2001 – 1 BvL 32/97, BVerfGE 103, 293, 304; BVerfG v. 26.06.1991 – 1 BvR 779/85, BVerfGE 84, 212 1. Ls.

242 BVerfG v. 24.04.1996 – 1 BvR 712/86, BVerfGE 94, 268, 283; BVerfG v. 14.11.1995 – 1 BvR 601/92, BVerfGE 93, 352, 358 f.; BVerfG v. 04.07.1995 – 1 BvF 2/86 (u.a.), BVerfGE 92, 365, 393; BVerfG v. 26.06.1991 – 1 BvR 779/85, BVerfGE 84, 212, 224; siehe auch *Engels*, RdA 2008, 331, 333; *Jacobs*, Tarifeinheit, S. 419.

243 BVerfG v. 14.11.1995 – 1 BvR 601/92, BVerfGE 93, 352, 357 f.; BVerfG v. 26.05.1970 – 2 BvR 664/65, BVerfGE 28, 295, 305; BAG v. 22.06.2010 – 1 AZR 179/09, BAGE 135, 1 Rn. 30 f. Zu Zulässigkeit und Grenzen dieser Tätigkeit siehe *Rieble/Wiebauer*, ZfA 2010, 63, 135 ff.

244 BVerfG v. 30.11.1965 – 2 BvR 54/62, BVerfGE 19, 303, 316 f.; Jarass/Pieroth/GG/*Jarass*, Art. 9 Rn. 41; *Pieroth*, FS 50 Jahre BVerfG, 293, 300 f.

ebenfalls in einem speziellen Abschnitt betrachtet. Abseits davon werden Auswirkungen auf die Betätigung der Koalitionen nicht diskutiert und sind auch nicht ersichtlich[245].

(2) Tarifautonomie

(aa) Schutzbereich

Die Tarifautonomie bildet den Kern der geschützten Betätigungsmittel der Koalitionen[246]. Auf diesen Kernbereich der Betätigung ist der Schutz zwar keinesfalls beschränkt[247], allerdings besteht gerade für diesen Bereich eine Gewährleistungsverantwortung des Gesetzgebers[248], der den Koalitionen spezielle Mittel zur Verfügung stellen muss, damit sie ihren Zweck verfolgen können[249]. Die Betätigungsmittel der Tarifautonomie müssen daher die Koalitionen vor allem dazu in die Lage versetzen, im Rahmen des zwingenden Rechts die Arbeitsbedingungen auf kollektiver Ebene in den inhaltlich zentralen Bereichen[250] weitgehend ohne staatlichen Einfluss zu gestalten[251].

Der Abschluss von Tarifverträgen ist daher ein zentraler Bestandteil der Koalitionsfreiheit[252], wobei der Rückgriff auf die Terminologie des TVG nicht

245 Dem stünden auch die Ausführungen des Gesetzgebers zum Wettbewerb der Gewerkschaften um Mitglieder entgegen, BT-Ds. 18/4062, 9.

246 BVerfG v. 03.04.2001 – 1 BvL 32/97, BVerfGE 103, 293, 304; BVerfG 26.06.1991 – 1 BvR 779/85, BVerfGE 84, 212, 224; BAG v. 07.07.2010 – 4 AZR 549/09, BAGE 135, 80 Rn. 55; BAG v. 29.11.1967 – GS 1/64, BAGE 20, 175, 211 ff.; Jarass/Pieroth/GG/*Jarass*, Art. 9 Rn. 39; Sodan/GG/*derselb.*, Art. 9 Rn. 23; *Konzen/Schliemann*, RdA 2015, 1, 13; *Rieble/v. d. Ehe,* Gutachten BDA/DGB, Rn. 62, (abrufbar unter: siehe Fn. 135).

247 BVerfG v. 14.11.1995 – 1 BvR 601/92, BVerfGE 93, 352, 358 f.

248 BVerfG v. 24.05.1977 – 2 BvL 11/74, BVerfGE 44, 322, 346; Sachs/GG/*Höfling*, Art. 9 Rn. 83 ff.; *Scholz*, ZfA 2010, 681, 693.

249 BVerfG v. 06.05.1964 – 1 BvR 79/62, BVerfGE 18, 18, 26; BVerfG v. 18.11.1954 – 1 BvR 629/52, BVerfGE 4, 96, 106; siehe auch *Papier/Krönke*, ZfA 2011, 807, 821 ff.

250 BVerfG v. 03.04.2001 – 1 BvL 32/97, BVerfGE 103, 293, 304.

251 BVerfG v. 26.06.1991 – 1 BvR 779/85, BVerfGE 84, 212, 224; BVerfG v. 24.05.1977 – 2 BvL 11/74, BVerfGE 44, 322, 340 f.; BAG v. 31.07.2002 – 7 AZR 140/01, BAGE 102, 65, 68; siehe auch Sachs/GG/*Höfling*, Art. 9 Rn. 87.

252 BVerfG v. 10.01.1995 – 1 BvF 1/90 (u.a.), BVerfGE 92, 26, 38; BVerfG v. 26.06.1991 – 1 BvR 779/85, BVerfGE 84, 212, 224; BVerfG v. 19.10.1966 – 1 BvL 24/65, BVerfGE 20, 312, 317.

inhaltlich verstanden werden kann, denn es besteht kein Anspruch auf eine bestimmte oder die bestehende Ausgestaltung des Tarifvertragssystems[253]. Vielmehr hat der Gesetzgeber einen erheblichen Spielraum, da er es den Koalitionen nur ermöglichen muss, das Arbeitsleben in einer geeigneten Form zu gestalten[254]. Das BVerfG stellt an dieses System nur die Anforderung, dass es die Regelung typischer Inhalte des Arbeitsvertrags auf kollektiver Ebene zulassen[255] und funktionsfähig sein muss[256], um eine sinnvolle Ordnung des Arbeitslebens zu ermöglichen.

In der Literatur werden diese Grundannahmen geteilt[257], allerdings werden daraus unterschiedliche Schlüsse gezogen. Teilweise wird dabei vertreten, dass eine sinnhafte Ordnung des Arbeitslebens es erfordere, dass nur bestimmte inhaltliche Regelungen vom Schutzbereich der Koalitionsfreiheit erfasst werden, da nur diese eine sinnvolle Ordnung darstellen würden[258]. Auch eine abstrakte sozialstaatliche Ordnungsfunktion wird teilweise aus diesem Grundrecht abgeleitet[259].

---

253 BVerfG v. 01.03.1979 – 1 BvR 532/77, BVerfGE 50, 290, 369, 371; BVerfG v. 10.10.1966 – 1 BvL 24/65, BVerfGE 20, 312, 317; BAG v. 29.11.1967 – GS1/67, BAGE 20, 175, 212; siehe auch BeckOK-ArbR/*Waas*, § 1 TVG Rn. 7; Däubler/TVG/*derselb*., Einl. Fn. 75 f.; *Pieroth,* FS 50 Jahre BVerfG, 293, 299 f.

254 *Scholz*, ZfA 2010, 681, 697.

255 BVerfG v. 24.04.1996 – 1 BvR 712/86, BVerfGE 94, 268, 283 insb. für das Arbeitsentgelt und die Dauer der Arbeitszeit; siehe auch Jarass/Pieroth/GG/*Jarass*, Art. 9 Rn. 39.

256 BVerfG v. 04.07.1995 – 1 BvF 2/86 (u.a.), BVerfGE 92, 365, 394 f.

257 Siehe nur Sachs/GG/*Höfling*, Art. 9 Rn. 87; *Hufen*, NZA 2014, 1237; *Jacobs*, Tarifeinheit, S. 419; *Rieble/v. d. Ehe,* Gutachten BDA/DGB, Rn. 62, (abrufbar unter: siehe Fn. 135).

258 *Hromadka*, NZA 2014, 1105, 1106, für ein sachgerechtes Entgeltsystem; Sodan/GG/*derselb*., Art. 9 Rn. 23, für Lohnerhöhung die nur unterhalb der Produktivitätssteigerung liegen sollte, damit die Kosten der Arbeit ihre Produktivität nicht übersteigen; ebenso *derselb*., JZ 1998, 421, 423 ff.

259 ErfK/*Linsenmaier*, Art. 9 Rn. 53 f.; wohl auch *Buchner,* BB 2003, 2121, 2127 unter Bezugnahme auf das BAG; *Hanau*, RdA 2008, 98, der aber die Vielfalt als gleichberechtigten Grundsatz anerkennt; grds. auch *Konzen/Schliemann*, RdA 2015, 1, 12; *Meyer,* FS Buchner 2009, 628 f.; *Papier/Krönke*, ZfA 2011, 807, 824; *Scholz*, ZfA 2010, 681, 685 u. 697; *Scholz/Lingemann/Ruttloff*, NZA-Beil. 2015, 3, 15, die aber ein Prinzip der Autonomie sehen.

Entsprechend der h.M. ist die Gewährleistung der Tarifautonomie aber nicht mit inhaltlichen Anforderungen[260] an die vereinbarten Arbeitsbedingungen verbunden[261]. Das Ziel der Koalitionsfreiheit ist es, die autonome Vereinbarung des Inhalts von Arbeitsbedingungen für die Koalition möglich zu machen[262] und inhaltliche Anforderungen oder Ansprüche in Bezug auf die Arbeitsbedingungen stehen dazu grds. im Gegensatz[263]. Die genannte Anforderung der Funktionsfähigkeit wird durch das BVerfG auch nicht ggü. den Koalitionsvereinbarungen, sondern ggü. der Tarifautonomie und dem Tarifvertragssystem aufgestellt, das für die Koalitionen selbst funktionsfähig sein muss[264]. Das Kriterium der Sinnhaftigkeit bezieht sich somit nicht auf die resultierende inhaltliche Ordnung, sondern auf den Prozess der Ordnung als solchen[265].

Dieser Prozess muss den Koalitionen eine sinnvolle Ordnung und Befriedung des Arbeitslebens ermöglichen und die Funktionsfähigkeit der Tarifautonomie[266] ist dabei der Maßstab für die Gewährleistung der Tarifautonomie, der sich vor allem nach den Anforderungen der Grundrechtsträger bestimmt[267]. Dabei ist zu beachten, dass sich die Kompetenz der Koalitionen

260 Eine Rechtskontrolle ist aber nicht ausgeschlossen, *Löwisch/Rieble*/TVG, Grundl. Rn. 204 ff.; *Otto,* FS Konzen 2006, 663, 672 ff.

261 So auch BVerfG v. 24.05.1977 – 2 BvL 11/74, BVerfGE 44, 322, 332; Däubler/TVG/*derselb.*, Einl. Rn. 81; *Rieble/v. d. Ehe,* Gutachten BDA/DGB, Rn. 71, (abrufbar unter: siehe Fn. 135).

262 BVerfG v. 01.03.1979 – 1 BvR 532/77 (u.a.), BVerfGE 50, 290, 367; siehe auch Däubler/TVG/*derselb.*, Einl. Rn. 81; *Greiner*, NZA 2015, 769, 771; *Scholz/Lingemann/Ruttloff,* NZA-Beil. 2015, 3, 15, 18.

263 *Löwisch/Rieble*/TVG, Grundl. Rn. 148; *Ladeur,* AöR 2006, 643, 649.

264 BVerfG v. 04.07.1995 – 1 BvF 2/86 (u.a.), BVerfGE 92, 365, 394 f.

265 BVerfG v. 01.03.1979 – 1 BvR 532/77 (u.a.), BVerfGE 50, 290, 367 „Arbeitsbedingungen […] in eigener Verantwortung und ohne staatliche Einflussnahme regeln; insofern dient die Koalitionsfreiheit der Ordnung“ (Hervorhebung durch den Autor); *Dieterich*, GS Zachert 2010, 532, 539; *Ladeur*, AöR 2006, 643, 649; *Rieble/v. d. Ehe*, Gutachten BDA/DGB, Rn. 204, (abrufbar unter: siehe Fn. 135).

266 Kritisch zu der Vorstellung der Funktionsfähigkeit an sich *Cornils*, Ausgestaltung, S. 414 ff.

267 BVerfG v. 01.03.1979 – 1 BvR 532/77 (u.a.), BVerfGE 50, 290, 337; BAG v. 07.07.2010 – 4 AZR 549/08, BAGE 135, 80 Rn. 72; BAG v. 29.11.1967 – GS

zur Regelung der Arbeitsbedingungen nach der zutreffenden und überwiegenden Meinung aus der autonomen Entscheidung ihrer Mitglieder ergibt, diese Kompetenz auf die Koalition zu übertragen[268]. Es sind somit die Interessen der Mitglieder, nach denen sich die Koalitionen richten müssen[269] und folglich muss sich auch die Funktionsfähigkeit der Tarifautonomie danach bestimmen, ob das Tarifvertragssystem den Koalitionen einen geeigneten Prozess zur Befriedung und zur sinnvollen Ordnung des Arbeitslebens ihrer Mitglieder zur Verfügung stellt[270]. Auch wenn die Koalitionsfreiheit als Teil der Werteordnung des Grundgesetz anzusehen ist[271], handelt es sich bei der Funktionsfähigkeit der Tarifautonomie somit nicht um ein abstraktes Ordnungsprinzip[272], dass sich auf das gesamte Arbeitsleben bezieht[273]. Im

---

1/67, BAGE 20, 157, 212; vgl. auch Sachs/GG/*Höfling*, Art. 9 Rn. 79 f.; *Löwisch/Rieble*/TVG, Grundl. Rn. 25 ff.; *Däubler*, Gutachten TEG, S. 22 f., (abrufbar unter: siehe Fn. 83); *Franzen*, ZfA 2009, 297, 309 zur Tariffähigkeit; *Wiedemann*, Tarifnormen und Grundrechte, S. 156.

268 BAG v. 07.07.2010 – 4 AZR 549/06, BAGE 135, 80 Rn. 22; BAG v. 07.06.2006 – 4 AZR 316/05, BAGE 118, 232 Rn. 30; BAG v. 25.02.1998 – 7 AZR 641/96, BAGE 88, 118, 123; im Grundsatz auch *Löwisch/Rieble*/TVG, Grundl. Rn. 23; *Greiner*, NZA 2015, 769, 775, weist aber darauf hin, dass der Gesetzgeber wohl ein anderes Verständnis hat; *Picker*, FS 50 Jahre BAG, 795, 823 ff.; *Wiedemann*, Tarifnormen und Grundrechte, S. 75 ff. Zur früher herrschenden Delegationstheorie siehe nur BAG v. 01.01.1955 – 1 AZR 305/54, BAGE 1, 258, 264; sowie Däubler/TVG/*derselb*., Einl. Rn. 171 ff., zur Entwicklung der Rspr.

269 Siehe dazu auch C) V) 3).

270 BVerfG v. 26.05.1970 – 2 BvR 664/65, BVerfGE 28, 295, 305; siehe auch *Löwisch*, RdA 2010, 263, 264.

271 *Di Fabio*, Gutachten Tarifeinheit, S. 14 f.

272 Ausführlich Mü-HdB-ArbR/*Richardi*, § 152 Rn. 19 ff.; *Löwisch/Rieble*/TVG, Grundl. Rn. 36 ff.; *Di Fabio*, Gutachten Tarifeinheit, S. 21 (abrufbar unter: siehe Fn. 144); *Reichold*, Gutachten BDA/DGB, S. 12, (abrufbar unter: siehe Fn. 141); *Rieble/v. d. Ehe*, Gutachten BDA/DGB, Rn. 242, (abrufbar unter: siehe Fn. 135); *Picker*, FS 50 Jahre BAG, 795, 815 ff.

273 BVerfG v. 11.07.2006 – 1 BvL 4/00, BVerfGE 116, 202, 219; BVerfG v. 15.07.1980 – 1 BvR 24/74 (u.a.), BVerfGE 55, 7, 23; BVerfG v. 24.05.1977 – 2 BvL 11/74, BVerfGE 44, 322, 348; BVerfG v. 06.05.1964 – 1 BvR 79/62, BVerfGE 18, 18, 32; BAG v. 29.11.1967 – GS 1/67, BAGE 20, 175, 187 ff.; siehe auch *Löwisch/Rieble*/TVG, Grundl. Rn. 142.

Übrigen stellt somit auch die einheitliche Vertretung der Interessen der Belegschaft eines Betriebes[274] kein geeignetes Kriterium für die Bewertung der Funktionsfähigkeit der Tarifautonomie dar[275].

Der Prozess des Tarifautonomie wird insb. durch die Gewährleistung der Kernbestandteile eines Vertragssystems ermöglicht[276], wobei es erforderlich ist, dass die Beziehung der Koalitionen der verschiedenen Seiten bei der Ausgestaltung berücksichtigt wird[277]. Vor allem die Koalitionen auf der Arbeitnehmerseite sind dabei darauf angewiesen, dass der Arbeitgeber sie als Vertragspartner akzeptiert[278] und die Ausübung von wirtschaftlichem Druck zur Erzeugung von Verhandlungsbereitschaft muss dazu nicht immer nötig[279], aber doch möglich sein[280]. Die Tarifautonomie ist daher nur funktionsfähig, wenn die Koalitionen auch die Möglichkeit haben, für die eigenen Forderungen ggü. der Gegenseite Arbeitskampfmittel anzuwenden[281]. Durch den Ausgleich struktureller Ungleichheiten[282] soll ein Machtaus-

---

[274] So *Giesen*, NZA 2009, 11, 16 f.

[275] *Deinert*, RdA 2011, 12, 13; *Di Fabio*, Gutachten Tarifeinheit, S. 35, (abrufbar unter: siehe Fn. 144); *Rieble/v. d. Ehe*, Gutachten BDA/DGB, Rn. 41, (abrufbar unter: siehe Fn. 135).

[276] BVerfG v. 18.11.1954 – 1 BvR 629/52, BVerfGE 4, 96, 106 ff.; vgl. auch *Wiedemann*, Tarifnormen und Grundrechte, S. 57.

[277] BVerfG v. 24.04.1996 – 1 BvR 712/86, BVerfGE 94, 268, 284; BVerfG v. 04.07.1995 – 1 BvF 2/86 (u.a.), BVerfGE 92, 365, 2. Ls.; BVerfG v. 02.03.1993 – 1 BvR 1213/85, BVerfGE 88, 103, 115; BVerfG v. 26.06.1991 – 1 BvR 779/85, BVerfGE 84, 212 3. Ls.; siehe auch Sodan/GG/*derselb.*, Art. 9 Rn. 27.

[278] BAG v. 10.06.1980 – 1 AZR 822/79, BAGE 33, 140 2. Ls.

[279] Vgl. BVerfG v. 06.05.1964 – 1 BvR 79/62, BVerfGE 18, 18, 32.

[280] BVerfG v. 26.06.1991 – 1 BvR 779/85, BVerfGE 84, 212 2. Ls.; BAG v. 12.09.1984 – 1 AZR 342/83, BAGE 46, 322, 352.

[281] BVerfG v. 04.07.1995 – 1 BvF 2/86 (u.a.), BVerfGE 92, 365, 395; BVerfG v. 26.06.1991 – 1 BvR 779/85, BVerfGE 84, 212, 224 f.; BAG v. 19.07.2007 – 1 AZR 396/06, BAGE 123, 134 Rn. 11; BAG v. 10.06.1980 – 1 AZR 822/79, BAGE 33, 140 1. Ls.; BAG v. 21.04.1971 – GS 1/68, BAGE 23, 292, 308; ErfK/*Linsenmaier*, Art. 9 GG Rn. 69; H/W/K/ArbR-Kommentar/*Hergenröder*, Art. 9 GG Rn. 150.

[282] BVerfGE 04.07.1995 – 1 BvF 2/86 (u.a.), BVerfGE 92, 365, 396 f.; Jarass/Pieroth/GG/*Jarass*, Art. 9 Rn. 46; kritisch zu dieser Rspr. BeckOK-GG/*Cornils*, Art. 9 Rn. 98 ff.; *derselb.*, Ausgestaltung, S. 412 ff.

gleich zwischen den Tarifpartnern erfolgen, ohne dass dadurch eine der Seiten privilegiert wird oder einzelnen Koalitionen zur Durchsetzung verholfen werden muss[283].

Die Teilnahme an der Tarifautonomie wird aber nicht allen Koalitionen auf Arbeitnehmerseite gewährt, sondern die Koalitionen müssen auch die sog. Tariffähigkeit besitzen, um einen Tarifvertrag wirksam abschließen zu können[284]. Das zentrale Merkmal ist dabei die soziale Mächtigkeit der Koalitionen[285], die sich anhand der Leistungsfähigkeit und der Durchsetzungskraft der Organisation ggü. dem Arbeitgeber bestimmt[286].

(bb) Eröffnung des Schutzbereichs

Die gesetzliche Tarifeinheit könnte sich auf den speziellen Schutzbereich der Tarifautonomie der Minderheitsgewerkschaften auswirken, sofern die Verdrängung des Tarifvertrags ihre Möglichkeiten zur Vereinbarung von Arbeitsbedingungen für ihre Mitglieder berührt. Dafür ist entscheidend, welche Bedeutung der Tarifvertrag als Mittel der Tarifautonomie hat und ob andere Mittel für die Minderheitsgewerkschaft zur Verfügung stehen.

Der Tarifvertrag wird als das wichtigste Betätigungsmittel der Koalitionen im Bereich der Tarifautonomie angesehen, da dessen unmittelbare und zwingende Wirkung zur Vereinbarung von kollektiven Arbeitsbedingungen ein besonders wirksames Mittel darstellt[287]. Dieses Mittel steht der Minderheitskoalition zwar rein formal noch zur Verfügung, aber als Mittel der Tarifautonomie kann dies nicht angesehen werden, denn durch die Verdrängung im Betrieb entfaltet der Minderheitsvertrag hier keine Wirkung und

---

283 BVerfG v. 26.06.1991 – 1 BvR 779/85, BVerfGE 84, 212, 228; BAG v. 24.04.2007 – 1 AZR 252/06, BAGE 122, 134 Rn. 70; Jarass/Pieroth/GG/*Jarass*, Art. 9 Rn. 52.

284 Däubler/TVG/*Peter*, § 2 Rn. 2 ff.

285 Däubler/TVG/*Peter*, § 2 Rn. 10 ff.

286 *Bister*, Tarifpluralität und die Folgen, S. 32 ff.; Jarass/Pieroth/GG/*Jarass*, Art. 9 Rn. 35, zur Trennung von arbeitsrechtlichem und verfassungsrechtlichem Koalitionsbegriff; Sachs/GG/*Höfling*, Art. 9 Rn. 61 ff.; *Jacobs*, Tarifeinheit, S. 121.

287 BVerfG v. 27.04.1999 – 1 BvR 2203/93 (u.a.), BVerfGE 100, 271, 282; BVerfG v. 24.04.1996 – 1 BvR 712/86, BVerfGE 94, 268, 283; BVerfG v. 19.10.1966 – 1 BvL 24/65, BVerfGE 20, 312, 319 f.; BAG v. 26.10.1971 – 1 AZR 113/68, BAGE 23, 484, 500.

der Vertrag kann damit zur Vereinbarung von Arbeitsbedingungen für die entsprechenden Mitglieder der Koalition keinen Beitrag leisten[288]. In diesem Zusammenhang wird aber darauf hingewiesen, dass den Koalitionen nur ein Tarifvertragssystem gewährleistet werden muss, jedoch kein konkret bestimmtes, so dass der Gesetzgeber sie auch auf andere Mittel als den Tarifvertrag zur Erfüllung ihrer Aufgaben verweisen kann[289]. Gleichzeitig ist aber auch die Gewährleistungsverantwortung des Staates für eine funktionsfähige Tarifautonomie zu berücksichtigen, so dass es darauf ankommt, ob der Minderheitsgewerkschaft andere Mittel zur kollektiven und autonomen Vereinbarung von Arbeitsbedingungen für ihre Mitglieder zur Verfügung stehen[290].

Das Nachzeichnungsrecht kommt dabei nicht als alternatives Mittel in Betracht, da es lediglich rein formal die Folgen der Verdrängung des Tarifvertrags behebt. Der normative Inhalt dieses Tarifvertrags ist aber inhaltlich vorbestimmt und ermöglicht keine eigene autonome Gestaltung der Arbeitsbedingungen, so dass es auch kein Mittel der Tarifautonomie darstellt[291]. Gleiches gilt für die betrieblichen Beteiligungsrechte, denn diese beziehen sich nicht auf die Gemeinschaft der Gewerkschaftsmitglieder, sondern auf die betriebliche Gemeinschaft und erlauben der Gewerkschaft daher keine einheitliche Ordnung der Arbeitsbedingungen ihrer Mitglieder[292].

---

288 *Fischer,* NZA 2015, 662; *Konzen/Schliemann*, RdA 2015, 1, 6, 12; *Melot de Beauregard*, DB 2015, 1527, 1528; *Reichold,* Gutachten BDA/DGB, S. 11, (abrufbar unter: siehe Fn. 141); *Schliemann*, NZA 2014, 1250, 1251 f. Das der Abschluss selbst rechtlich anerkannt wird ist daher auch ohne Bedeutung, vgl. aber *Buchner*, BB 2003, 2121, 2127.

289 *Löwisch/Rieble*/TVG, Grundl. Rn. 105 ff., die keinen Mindestgehalt der Koalitionsfreiheit erkennen können; *Rieble/v. d. Ehe,* Gutachten BDA/DGB, Rn. 152 ff., (abrufbar unter: siehe Fn. 135); auch *Waas*, Gutachten BDA/DGB, S. 52 f. (abrufbar unter: siehe Fn. 71), verweist auf den Gestaltungsspielraum des Gesetzgebers.

290 In diesem Sinn auch *Konzen*, JZ 2010, 1036, 1042.

291 *Däubler*, Gutachten TEG, S. 7, (abrufbar unter: siehe Fn. 83), spricht vom *„scheinbaren Ausgleich"*; auch *Hromadka*, NZA 2014, 1105, 1109, sieht grds. die Notwendigkeit der Beteiligung der Minderheitsgewerkschaft an den Tarifvertragsverhandlungen der Mehrheitskoalition.

292 Wohl auch *Rieble/v. d. Ehe,* Gutachten BDA/DGB, Rn. 100, (abrufbar unter:

Es besteht aber ferner die Möglichkeit, kollektive Vereinbarung auf schuldrechtliche Weise zu treffen[293] und soweit Arbeitsbedingungen Bestandteil des normativen Teils des Tarifvertrags sein können, soweit erstreckt sich auch die Möglichkeit der Koalitionen, Arbeitsbedingungen für ihre Mitglieder schuldrechtlich zu vereinbaren[294]. Diese schuldrechtlichen Vereinbarungen werden durch die Tarifeinheit nicht berührt[295] und in Frage kommt für eine solche Regelung, neben der Vereinbarung von bloßen Empfehlungen, vor allem der Vertrag zu Gunsten Dritter[296].

Bedenkt man aber, dass der Schutz der Arbeitnehmer nur sichergestellt ist, wenn die kollektiv vereinbarten Mindestarbeitsbedingungen nicht der strukturellen Ungleichheit der Arbeitsvertragsparteien preisgegeben werden[297], so erweist sich die wohl überwiegende Meinung als zutreffend, die die zwingende Wirkung des Tarifvertrags für die tarifautonome Betätigung als notwendig erachtet[298]. Nur diese zwingende Wirkung auf das Arbeitsverhältnis der Mitglieder stellt sicher, dass die vereinbarten Arbeitsbedingungen auf

---

siehe Fn. 135).

293 *Löwisch/Rieble*/TVG, Grundl. Rn. 56 ff.; *Rieble/v. d. Ehe*, Gutachten BDA/DGB, Rn. 306, (abrufbar unter: siehe Fn. 135).

294 *Löwisch/Rieble*/TVG, § 1 Rn. 1116 ff.

295 Vgl. *Jacobs*, Tarifeinheit, S. 104, zur alten Rspr. des BAG.

296 Eine Pflicht zur Einbeziehung des Tarifvertrags in den Arbeitsvertrag verlässt wegen der resultierenden Regelungssperre des Günstigkeitsprinzips aber die Regelungsmacht der Tarifvertragsparteien, BAG v. 10.12.2002 – 1 AZR 96/02, BAGE 104, 155, 170; a.A. wohl *Greiner*, NZA 2015, 769, 776.

297 Däubler/TVG/*derselb.*, Einl. Rn. 100; *Greiner,* NZA 2015, 769, 776; *Kempen,* FS Hromadka 2008, 177, 182.

298 BVerfG v. 24.05.1977 – 2 BvL 11/74, BVerfGE 44, 322, 340, spricht von *„unabdingbarer Gesamtvereinbarung"*; Däubler/TVG/*derselb.*, Einl. Rn. 98 ff.; Däubler/TVG/*Deinert,* § 4 Rn. 532; ErfK/*Linsenmaier*, Art. 9 GG Rn. 60 ff.; H/W/K/ArbR-Kommentar/*Henssler*, Einl. TVG Rn. 7; Mü-HdB-ArbR/*Richardi,* § 152 Rn. 15; *Cornils*, Ausgestaltung, S. 435 f.; *Dieterich*, RdA 2002, 1, 12; *Kempen,* FS Hromadka 2008, 177, 182; *Konzen*, JZ 2010, 1036, 1042; *Wank*, NJW 1996, 2273, 2278; a.A. BeckOK-ArbR/*Waas*, § 1 TVG Rn. 7; Sachs/GG/*Höfling*, Art. 9 Rn. 98; *Picker*, FS 50 Jahre BAG, 795, 805 f.; *Wiedemann*, Tarifnormen und Grundrechte, S. 65.

alle Mitglieder der Gewerkschaft Anwendung finden[299], während die Arbeitnehmer gem. § 333 BGB auf schuldrechtliche Leistungsansprüche aus dem Vertrag zwischen Gewerkschaft und Arbeitgeber individuell verzichten können. Die Vereinbarung von schuldrechtlichen Arbeitsbedingungen ist daher zwar eine Möglichkeit für die Gewerkschaften, sich zu betätigen, als vollwertiges Mittel im Kernbereich der Tarifautonomie kommt diese Form der Vereinbarung von Arbeitsbedingungen jedoch nicht in Betracht[300]. Die unveränderte Wirkung des schuldrechtlichen Teils des Tarifvertrags kann daher die Tarifautonomie der Minderheitsgewerkschaft nicht gewährleisten und auch andere schuldrechtliche Mittel abseits des Tarifvertrags kommen daher nicht als alternative Mittel der Tarifautonomie in Betracht, wobei offen gelassen werden kann, ob für diese Vereinbarungen gestreikt werden kann[301] oder ob dafür andere Druckmittel zur Verfügung stehen[302].

Das TEG wirkt sich damit auf die Möglichkeiten der Minderheitsgewerkschaft zur Vereinbarung von Arbeitsbedingungen aus, da diesen die normative Wirkung des Tarifvertrags zur Vereinbarung von Arbeitsbedingungen nicht mehr für alle ihre Mitglieder zur Verfügung steht und keine vergleichbaren Betätigungsmittel der Tarifautonomie vorhanden sind. Das teilweise davon ausgegangen wird, dass die Auflösung der Tarifeinheit nur auf Antrag erfolgt ändert an dieser Betrachtung nichts, da damit die Verdrängung des Tarifvertrags lediglich vom Verhalten der anderen Parteien abhängig gemacht wird, ohne das sich die Auswirkungen dadurch qualitativ verändern[303]. Im Folgenden wird daher zu untersuchen sein, ob diese Auswirkung

---

299 *Kempen*, FS Hromadka 2008, 177, 181 f.; *Konzen*, JZ 2010, 1036, 1042; a.A. Sachs/GG/*Höfling*, Art. 9 Rn. 98.

300 So aber Sachs/GG/*Höfling*, Art. 9 Rn. 98; wohl auch *Löwisch/Rieble*/TVG, Grundl. Rn. 57, Rn. 107 (m.w.N.) u. Rn. 153.

301 Dafür: H/W/K/ArbR-Kommentar/*Hergenröder*, Art. 9 GG Rn. 280; Schaub/ArbR-HdB/*Treber*, § 193 Rn. 5; Dagegen: *Greiner*, NZA 2015, 769, 776.

302 Strittig ist vor allem der kollektive Einsatz individueller Rechte, siehe dazu H/W/K/ArbR-Kommentar/*Hergenröder*, Art. 9 GG Rn. 249 f.; sowie *Rieble*, RdA 2005, 200, 207 ff.

303 A.A. *Löwisch*, NZA 2015, 1369, 1371 der darin eine Begrenzung des Eingriffs in die Koalitionsfreiheit der Minderheitsgewerkschaften sieht, was ggf. bei Betrachtung der Minderheitsgewerkschaften als Gesamtheit zutrifft, nicht jedoch mit Bezug auf die einzelne Minderheitsgewerkschaft.

einen Eingriff in die Grundrechte der Minderheitsgewerkschaft darstellt oder ob dieser staatlichen Maßnahme auch ein anderen Charakter zukommen kann.

(3) Arbeitskampfrecht

(aa) Schutzbereich

Den oben stehenden Ausführungen entsprechend sind auch die Betätigungsmittel des Arbeitskampfes für die Koalitionen geschützt, soweit deren Einsatz im Rahmen des Abschluss von Tarifverträgen erforderlich ist[304]. Ein weitergehender Schutz dieser Mittel besteht jedoch nicht, denn auch wenn der Arbeitskampf grds. anerkannt ist[305], gehen das BVerfG und die Literatur[306] davon aus, dass der Schutz des Arbeitskampfes nicht selbstständig gewährt wird, sondern dass er nur zur Unterstützung der Tarifautonomie dient[307].

Das Recht zum Arbeitskampf wird daher lediglich zur Verfolgung tarifpolitischer Ziele gewährt und nur im Zusammenhang mit angestrebten oder geführten Verhandlungen über einen Tarifvertrag i.S.d. §§ 1 ff. TVG als zulässig angesehen[308]. Somit ist auch nur der Arbeitskampf tariffähiger Koalitionen geschützt und auch nur deren Arbeitskämpfe sind zulässig, während einzelnen Arbeitnehmern und nicht tariffähigen Koalitionen die Mittel des Arbeitskampfes nicht zur Verfügung stehen[309]. Ferner besteht zwischen den Parteien eines Tarifvertrags eine vertragsimmanente Friedenspflicht, die

---

304 BVerfG v. 04.07.1995 – 1 BvF 2/86 (u.a.), BVerfGE 92, 365, 393 f.; BAG v. 24.04.2007 – 1 AZR 252/06, BAGE 122, 134 Rn. 79 (m.w.N.).

305 Für den Streik BVerfG v. 02.03.1993 – 1 BvR 1213/85, BVerfGE 88, 103, 114; für die Aussperrung BVerfG v. 26.06.1991 – 1 BvR 779/85, BVerfGE 84, 212 2. Ls.; im Ansatz bereits in BVerfG v. 06.05.1964 – 1 BvR 79/62, BVerfGE 18, 18, 30.

306 Siehe nur Jarass/Pieroth/GG/*Jarass*, Art. 9 Rn. 40; Sachs/GG/*Höfling*, Art. 9 Rn. 112; *Giesen*, ZfA 2011, 1, 42; *Jacobs*, Tarifeinheit, S. 420.

307 BVerfG v. 04.07.1995 – 1 BvF 2/86 (u.a.), BVerfGE 92, 365, 393 f.; BVerfG v. 02.03.1993 – 1 BvR 1213/85, BVerfGE 88, 103, 114; BVerfG v. 26.06.1991 – 1 BvR 779/85, BVerfGE 84, 212, 230; BAG v. 20.11.2012 – 1 AZR 179/11, BAGE 143, 354 Rn. 111.

308 BAG v. 10.12.2002 – 1 AZR 96/02, BAGE 104, 155, 169 (m.w.N.); BAG v. 04.05.1955 – 1 AZR 493/54, BAGE 2, 75.

309 Däubler/TVG/*derselb.*, Einl. Rn. 96.

den Einsatz von Arbeitskampfmitteln zur Durchsetzung von Änderungen am laufenden Tarifvertrag untersagt[310].

Ein Arbeitskampf ist ferner nur zulässig, soweit er zur Verfolgung der tarifpolitischen Ziele als verhältnismäßiges Mittel erscheint[311], wobei angesichts der grds. Zulässigkeit von Warn[312]- und Sympathiestreiks[313] die Formulierung der „ultima ratio"[314] in diesem Zusammenhang nicht mehr ganz zutrifft[315]. Sie deutet aber auf den Ausgangspunkt der Zulässigkeitskontrolle hin, denn der Einsatz der Mittel des Arbeitskampfes kann demnach nur dann als unverhältnismäßig angesehen werden, wenn die Verhandlungsmöglichkeiten aus Sicht einer der Beteiligten Akteure ausgeschöpft sind und daher keine anderen Mittel zur Verfügung stehen[316]. Eine Kontrolle der Angemessenheit der inhaltlichen Forderungen ist damit grds. jedoch nicht verbunden[317].

Ferner ist auch im Rahmen des Arbeitskampfes die Parität der Tarifvertragsparteien zu beachten, denn beiden Vertragsparteien müssen Kampfmittel zur Verfügung stehen, um für beide Seiten gleichmäßige Einflussmöglichkeiten

---

310 BAG v. 21.12.1982 – 1 AZR 411/80, BAGE 41, 209, 219 f.; BAG v. 08.02.1957 – 1 AZR 169/55, AP Nr. 1 zu § 1 TVG Friedenspflicht; Däubler/TVG/*Reim/Ahrendt*, § 1 Rn. 1096.

311 Siehe nur BAG v. 21.04.1971 – GS 1/68, BAGE 23, 292.

312 St. Rspr, siehe nur BAG v. 12.09.1984 – 1 AZR 342/83, BAGE 46, 322; sowie BAG v. 17.12.1976 – 1 AZR 605/75, BAGE 28, 295.

313 BAG v. 19.06.2007 – 1 AZR 396/06, BAGE 123, 134; zu Zulässigkeit und Grenzen, siehe *Greiner*, NZA 2012, 529, 530.

314 BAG v. 21.04.1971 – GS 1/68, BAGE 23, 292, 306 (m.w.N.); BAG v. 19.01.1962 – 1 ABR 14/60, BAGE 12, 184, 190.

315 *Henssler*, RdA 2011, 65, 72.

316 BAG v. 21.06.1988 – 1 AZR 651/86, BAGE 58, 364 2. Ls.; anders noch BAG v. 21.04.1971 – GS 1/68, BAGE 23, 292, 307.

317 BVerfG v. 26.06.1991 – 1 BvR 779/85, BVerfGE 84, 212, 231; BAG v. 24.04.2007 – 1 AZR 252/06, BAGE 122, 134, 2. Ls. u. Rn. 100; BAG v. 10.06.1980 – 1 AZR 822/79, BAGE 33, 140, 176; Jarass/Pieroth/GG/*Jarass*, Art. 9 Rn. 53; *Bister*, Tarifpluralität und die Folgen S. 161; *Deinert*, NZA 2009, 1176, 1182; *Schliemann*, FS Bauer 2010, 923, 934; a.A. *Löwisch/Rieble*/TVG, Grundl. Rn. 212; vgl. *Hufen*, NZA 2014, 1237, 1240; *Rieble/v. d. Ehe,* Gutachten BDA/DGB, Rn. 369 f., (abrufbar unter: siehe Fn. 135); *Feudner*, RdA 2008, 104, 105 f.; *Otto,* FS Konzen 2006, 663, 675 ff., der aber relative enge Ausnahmen von diesem Grundsatz benennt.

auf den Tarifvertrag zu gewährleisten[318]. Der Grundsatz der Kampfparität unterstreicht damit die unterstützende Wirkung des Arbeitskampfes für die Tarifautonomie, da so deren Funktionsfähigkeit für beide Tarifvertragsparteien sichergestellt ist[319].

Welche Arbeitskampfmittel geschützt sind und wie weit der Schutz dabei geht, ist abseits der Verhältnismäßigkeit hier unerheblich[320].

(bb) Eröffnung des Schutzbereichs

Das Arbeitskampfrecht der Minderheitsgewerkschaft wäre berührt, wenn es dieser Gewerkschaft nicht mehr möglich ist, für tarifliche Forderungen das Mittel des Arbeitskampfes zu verwenden. Ob das TEG Auswirkungen auf die Arbeitskampffreiheit der Minderheitsgewerkschaft hat, wird in der Literatur unterschiedlich bewertet.

Unstrittig ist dabei, dass das Gesetz selbst den Arbeitskampf nicht regelt[321], allerdings geht eine Meinung davon aus, dass den Minderheitsgewerkschaften durch das TEG die Möglichkeit zum Streik faktisch genommen wird[322]. Es wird dabei angenommen, dass sich die Verdrängung des Minderheitstarifvertrags auf die Bewertung der Verhältnismäßigkeit der Streiks der Minderheitsgewerkschaft auswirkt, da der Abschluss solcher Tarifverträge lediglich formal weiterhin möglich sei. Der Minderheitsvertrag könne jedoch keine Wirkung mehr erlangen und daher könne ein Streik für diesen Vertrag

---

318 H/W/K/ArbR-Kommentar/*Hergenröder*, Art. 9 GG Rn. 166 ff.

319 *Pieroth,* FS 50 Jahre BVerfG, 293, 310.

320 Dazu sowie zur Entwicklung der Rechtsprechung zum Arbeitskampf, H/W/K/ArbR-Kommentar/*Hergenröder*, Art. 9 GG Rn. 178 ff.; sowie Sachs/GG/*Höfling*, Art. 9 Rn. 105 ff.

321 Siehe nur *Fischinger/Monsch*, NJW 2015, 2209 f.

322 *Däubler,* Gutachten TEG, S. 9, (abrufbar unter: siehe Fn. 83); wohl auch *Fischer,* NZA 2015, 662, 665; *Giesen/Kersten*, ZfA 2015, 201, 205 f.; *Henssler*, ZfWP 2015, 55, 67 f.; *Hromadka*, NZA 2014, 1105, 1108 f.; *Hufen*, NZA 2014, 1237, 1238; *Rüthers*, ZRP 2015, 2, 5. Zum BDA/DGB-Entwurf: *Giesen*, ZfA 2011, 1, 42 f.; *Rieble/v. d. Ehe,* Gutachten BDA/DGB, Rn. 326, (abrufbar unter: siehe Fn. 135); *Scholz*, ZfA 2010, 681, 701 u. 708, der ein ausdrückliches Verbot jedoch ablehnt, da dies unverhältnismäßig sein könnte. Zur früheren Rspr.: *Buchner,* BB 2003, 2121, 2126; wohl auch *Engels*, RdA 2008, 331, 335 f.; *Giesen*, NZA 2009, 11, 12; im Grundsatz auch *Rieble*, BB 2003, 1227, 1228.

keinen Beitrag zur Ordnung der Arbeitsbedingungen leisten[323]. Bedenke man dabei die dienende Funktion des Arbeitskampfrechts für die Tarifautonomie, sei ein Streik für diesen Vertrag als unverhältnismäßig anzusehen, was der Gesetzgeber in der Begründung auch zum Ausdruck bringe[324].

Die zutreffende und im neueren Schrifttum überwiegende Meinung geht hingegen davon aus, dass die Tarifeinheit keine Rückwirkung auf die Bewertung der Verhältnismäßigkeit von Arbeitskampfmaßnahmen hat[325].

Dabei steht bereits die Tatsache, dass die fragliche Gewerkschaft in anderen Betrieben die Mehrheit stellen und damit ihr Tarifvertrag auch Wirkung entfalten kann, einer pauschalen Verkürzung des Streikrechts entgegen[326]. Auch darüber hinaus ist keine Beschränkung des Streikrechts der Minderheitsgewerkschaft mit dem Gesetz verbunden, denn einer veränderten Bewertung der Verhältnismäßigkeit steht sowohl der Mechanismus der Verdrängung als auch das Nachzeichnungsrecht der Minderheitsgewerkschaft entgegen.

Wirkung der Tarifeinheit als Kollisionsnorm

Dafür, dass das Streikrecht der Minderheitsgewerkschaft insgesamt unangetastet bleibt, spricht bereits, dass der Gesetzgeber anscheinend alle Tarifkollisionen als Normenkollisionen versteht, die daher erst aufgelöst werden,

---

323 *Hromadka*, NZA 2014, 1105, 1108; zum BDA/DGB-Entwurf: *Giesen*, ZfA 2011, 1, 43; *Scholz*, ZfA 2010, 681, 701; zur Tarifeinheit allgemein: *Buchner*, FS 50 Jahre BAG, 631, 640 ff.; *derselb*., BB 2003, 2121, 2126; *Engels*, RdA 2008, 331, 336, der aufgrund der grds. Ablehnung der Tarifeinheit diese Folgewirkung aber als verfassungswidrig ansieht; ebenso *Rieble*, BB 2003, 1227, 1228.

324 *Fischer*, NZA 2015, 662 u. 665; *Henssler*, ZfWP 2015, 55, 67; *Giesen*, ZfA 2011, 1, 43 weist darauf hin, dass ohne eine solche Wirkung der Sinn der Tarifeinheit unterlaufen würde.

325 *BRAK*, Stellungnahme Nr. 46 zur Tarifeinheit, S. 7, (abrufbar unter: siehe Fn. 138); *Bauer*, DB 2014, 2715, 2716; *Fischinger/Monsch*, NJW 2015, 2209, 2212; *Greiner*, NZA 2015, 769, 777; *Konzen/Schliemann*, RdA 2015, 1, 13; *Löwisch*, DB 2015, 1102, 1103; *Mückl/Koddenbrock*, GWR 2015, 6, 8 f.; *Schliemann*, NZA 2014, 1250, 1252; wohl auch *Scholz/Lingemann/Ruttloff*, NZA-Beil. 2015, 3, 19.

326 *BRAK*, Stellungnahme Nr. 46 zur Tarifeinheit, S. 7, (abrufbar unter: siehe Fn. 138); *Löwisch*, DB 2015, 1102.

wenn sie eingetreten sind[327]. In der vorgelagerten Phase des Arbeitskampfes kommt die Regelung zum Umgang mit kollidierenden Tarifverträgen somit nicht zur Anwendung[328]. Ob eine streikende Partei die Minderheitsgewerkschaft i.S.d. § 4a Abs. 2 TVG ist, kann in dieser Phase daher nicht festgestellt werden[329], da nicht feststeht, wann sich die kollidierenden Tarifverträge gegenüberstehen und wie viele Mitglieder die beteiligten Gewerkschaften zu diesem Zeitpunkt haben werden. Die Zahlen aus früheren Tarifkollisionen haben dabei keine Bedeutung, da als Folge des Arbeitskampfes eine neue Tarifkollision entsteht und damit eine neue Mehrheitsfeststellung vorgenommen werden müsste[330]. Die Mitgliederzahlen zum Zeitpunkt des Arbeitskampfes haben hier ebenfalls keine Aussagekraft, da sie sich bis zum Abschluss des Tarifvertrags noch verändern können, was auf der maßgeblichen betrieblichen Ebene bereits für Mehrheitsverschiebungen sorgen könnte[331]. Ferner könnten sich im Verlauf der Tarifverhandlung auch Tarifgemeinschaften bilden oder auflösen, was dann zu noch erheblicheren Auswirkungen auf den maßgeblichen Mitgliederbestand der am Tarif beteiligten Gewerkschaften führen würde. Mit vergleichbaren Argumenten ging die bisherige Rechtsprechung zur früheren Tarifeinheit überwiegend davon aus,

---

327 *Bauer*, DB 2014, 2715, 2716; *Greiner*, NZA 2015, 769, 777; *Mückl/Koddenbrock*, GWR 2015, 6, 8.

328 BAG v. 26.10.1971 – 4 AZR 113/68, BAGE 23, 484, 499 f., allerdings bei getrennten Tarifverträgen für Arbeiter und Angestellte; *Bister*, Tarifpluralität und die Folgen, S. 138 f.; *Fischinger/Monsch*, NJW 2015, 2209, 2212; *Konzen/Schliemann*, RdA 2015, 1, 9, 13; zur Tarifeinheit nach dem Spezialitätsprinzip, *Deinert*, RdA 2011, 12, 13 f.; *Jacobs*, FS Buchner 2009, 342, 350 f.; *Reichold*, RdA 2007, 321, 327; a.A. zur Tarifeinheit nach dem Spezialitätsprinzip, *Buchner*, FS 50 Jahre BAG, 631, 640 ff.; *derselb.*, BB 2003, 2121, 2128 f.; *Meyer*, NZA 2006, 1387, 1390; *derselb.*, DB 2006, 1271; *Hanau*, RdA 2008, 98, 100.

329 *Bauer*, DB 2014, 2715, 2716.

330 BT-Ds. 18/4062, 13; siehe auch *Scholz/Lingemann/Ruttloff*, NZA-Beil. 2015, 3, 12.

331 *BRAK*, Stellungnahme Nr. 46 zur Tarifeinheit, S. 7, (abrufbar unter: siehe Fn. 138); *Fischinger/Monsch*, NJW 2015, 2209, 2212; *Greiner*, NZA 2015, 769, 777; *Scholz/Lingemann/Ruttloff*, NZA-Beil. 2015, 3, 12.

dass ein Streik dann zulässig ist, wenn nicht feststeht, ob der fragliche Tarifvertrag später der speziellere Vertrag sein wird[332].

Wie das Gesetz in einem entsprechenden Verfahren Auswirkungen auf die Verhältnismäßigkeit haben sollte, ist daher nicht ersichtlich. In einem vorläufigen Verfahren[333] können die relevanten Mehrheitsverhältnisse nicht berücksichtigt werden, da sie nicht feststehen[334]. Nach dem Arbeitskampf stehen die Mehrheitsverhältnisse zwar fest, allerdings wurden sie für einen Zeitpunkt nach dem Arbeitskampf ermittelt. Würde man anhand dieser Zahlen nachträglich über die Rechtmäßigkeit des Streiks entscheiden, so würde das zu erheblicher Rechtsunsicherheit auf Gewerkschaftsseite führen[335], denn angesichts der benannten Möglichkeiten zur Veränderung der Mitgliederzahl ist es ihnen abseits von Extremfällen kaum möglich, in der Phase des Arbeitskampfes abzuschätzen, ob und in welchen Betrieben sie später die Mehrheitsgewerkschaft sein werden[336].

Wirkung des Nachzeichnungsrechts

Selbst wenn man davon ausgeht, dass die Mehrheitsverhältnisse in allen Betrieben augenscheinlich sind, kann es bei der ersten Tarifauseinandersetzung mit einer tariffähigen Minderheitsgewerkschaft nicht zu einer anderen Bewertung der Verhältnismäßigkeit des Streiks der Minderheitsgewerkschaft

---

332 Wohl auch BAG v. 26.10.1971 – 1 AZR 113/68, AP Nr. 44 zu Art. 9 GG Arbeitskampf; LAG Sachsen v. 02.11.2007 – 7 SaGa 19/07, NZA 2008, 59, 63; LAG Rheinland-Pfalz v. 14.06.2007 – 11 Sa 208/07, BeckRS 2007, 45664; LAG Hessen v. 22.07.2004 – 9 SaGa 593/04, AP Nr. 168 zu Art. 9 GG Arbeitskampf; LAG Hessen v. 02.05.2003 – 9 SaGa 636/03, NZA 2003, 679, 681; siehe auch Schaub/ArbR-HdB/*Treber*, § 193 Rn. 6; *Bayreuther*, NZA 2013, 1395, 1399 f.; *Bister*, Tarifpluralität und die Folgen, S. 138 f.; *Deinert*, NZA 2009, 1176, 1180; *derselb.*, RdA 2011, 12, 13 f.; *Jacobs*, NZA 2008, 325, 331 f.

333 Zur Zulässigkeit der einstweiligen Verfügung zur Untersagung von Streiks im Allgemeinen siehe *Buchner*, BB 2003, 2121, 2129.

334 *Mückl/Koddenbrock*, GWR 2015, 6, 8 f.; Diese könnten auch kaum ermittelt werden, *Däubler*, Gutachten TEG, S. 15 f., (abrufbar unter: siehe Fn. 83).

335 Allgemein zu einer nachträglichen Entscheidung *Konzen/Schliemann*, RdA 2015, 1, 13.

336 Zutreffend *Fischer*, NZA 2015, 662, 665, der aber trotzdem Auswirkungen auf die Verhältnismäßigkeit des Streiks sieht; *Fischinger/Monsch*, NJW 2015, 2209, 2211.

kommen, denn einem solchen Verständnis der Tarifeinheit steht das Nachzeichnungsrecht der Minderheitsgewerkschaft entgegen[337]. Dieses Recht entsteht erst, wenn Tarifverträge im Betrieb kollidieren und dadurch der Minderheitstarifvertrag verdrängt wird, während die rein hypothetische Möglichkeit zum Abschluss eines Vertrags nicht genügt[338]. Verwehrt man der Minderheitsgewerkschaft in diesen Tarifverhandlungen den Einsatz der notwendigen Druckmittel, so entstünde die Gefahr, dass die Mitglieder der Minderheitsgewerkschaft im Ergebnis keinen Tarifschutz erhalten, da der Arbeitgeber sich einem Vertragsabschluss widersetzen könnte[339]. Ohne diesen Abschluss erhält die Gewerkschaft aber auch kein Nachzeichnungsrecht und im Ergebnis würde es zu tariflosen Zuständen kommen, was dem Ziel und dem Mechanismus des Nachzeichnungsrechts widerspricht[340].

Bei folgenden Arbeitskämpfen hängt die Bewertung der Verhältnismäßigkeit ebenso von der Funktionsweise des Nachzeichnungsrechts ab. Dieses führt zu einem vollwertigen Tarifvertrag zwischen dem Arbeitgeber und der Minderheitsgewerkschaft, der zwar die Rechtsnormen des Mehrheitstarifvertrags beinhaltet, aber eigene schuldrechtliche Bindungen zwischen den Parteien erzeugt. Eine Synchronisierung der Vertragslaufzeiten wird durch das Gesetz dabei nicht vorgeschrieben[341]. Der nachgezeichnete Vertrag besteht damit unabhängig von der Laufzeit des Mehrheitsvertrags[342] und sobald der nachgezeichnete Minderheitsvertrag ausläuft, stehen sich im Betrieb keine kollidierenden Tarifverträge i.S.d Gesetzes mehr gegenüber[343].

---

337 Anders *Däubler*, Gutachten TEG, S. 9, (abrufbar unter: siehe Fn. 83); sowie *Henssler*, RdA 2011, 65, 72, der andeutet, dass ein Übernahmeanspruch eine andere Bewertung der Verhältnismäßigkeit denkbar macht; nun anders in *derselb.*, ZfWP 2015, 55, 69 f.

338 BT-Ds. 18/4062, 14.

339 Vgl. *Henssler*, ZfWP 2015, 55, 70.

340 *Fischinger/Monsch*, NJW 2015, 2209, 2211 f.; *Greiner*, NZA 2015, 769, 777.

341 BT-Ds. 14/4062, 14.

342 Ob nach dem Ablauf des Mehrheitstarifvertrags der ursprüngliche Minderheitsvertrag gilt oder der nachgezeichnete Tarifvertrag lässt sich dem Gesetz nicht entnehmen, gilt der ursprüngliche Vertrag kann selbst dies ein Streikrecht begründen, *Löwisch*, DB 2015, 1102 f.

343 Das BAG geht nicht von einer Pluralität im Fall der Nachwirkung aus, BAG v. 28.05.1997 – 4 AZR 546/95, BAGE 86, 43; BAG v. 28.05.1997 – 4 AZR 545/95,

Ist der Tarifvertrag der Minderheit abgelaufen, steht ihr daher auch nicht die Nachzeichnung des später geschlossenen Mehrheitstarifvertrags zu, denn eine Nachzeichnung kann nur nach der Verdrängung eines kollidierenden Tarifvertrags i.S.d. § 4a Abs. 2 TVG verlangt werden[344]. Die Bewertung eines Streiks der Minderheitsgewerkschaft als unverhältnismäßig könnte daher wiederum zu tariflosen Zuständen führen[345] und die Ausführungen zum erstmaligen Arbeitskampf sind daher übertragbar.

Insgesamt führt das Nachzeichnungsrecht somit dazu, dass dem Streik für den Minderheitstarifvertrag weiter eine ordnende Wirkung für das Arbeitsleben zuteil wird, denn auch der Minderheitsvertrag hat – vermittelt durch das Nachzeichnungsrecht – weiter Bedeutung für die Vereinbarung normativer Arbeitsbedingungen[346]. Auch aus diesem Blickwinkel scheidet eine veränderte Bewertung der Verhältnismäßigkeit des Streiks der Minderheitsgewerkschaft daher aus, da das TEG den Abschluss eines Tarifvertrags der Minderheitsgewerkschaft geradezu voraussetzt, wozu ihr auch die Mittel des Arbeitskampfes zur Verfügung stehen müssen[347].

Der Regelungsmechanismus der gesetzlichen Tarifeinheit in der Form der Kollisionsregelung sowie die Wirkung des Nachzeichnungsrechts verhindern, dass sich die Regelung der Tarifeinheit auf das Arbeitskampfrecht auswirkt. Die Wirkung des TEG setzt die Existenz des Minderheitstarifvertrags voraus, so dass das Gesetz keinen Anlass dafür bietet, die Verhältnismäßigkeit des Arbeitskampfes anders als bisher zu bewerten. Wie dann jedoch der Hinweis des Gesetzgebers auf diese Verhältnismäßigkeit zu verstehen ist,

---

AP Nr. 22 zu § 4 TVG Nachwirkung. Vgl. auch *Mückl/Koddenbrock*, GWR 2015, 6, 8.

344 *Greiner*, NZA 2015, 769, 777; *Scholz/Lingemann/Ruttloff*, NZA-Beil. 2015, 3, 14.

345 *Greiner*, RdA 2015, 36, 39.

346 *Greiner*, NZA 2015, 769, 777; *Mückl/Koddenbrock*, GWR 2015, 6, 8 f. Auch eine Beteiligung der Minderheit an dem Streik der Mehrheitsgewerkschaft ist aufgrund des Interesses der Minderheit am vorrangigen Tarifvertrag denkbar, siehe *Löwisch*, DB 2015, 1102, 1103.

347 Vgl. LAG Rheinland-Pfalz v. 14.06.2007 – 11 Sa 208/07, BeckRS 2007, 45664.

kann aufgrund der fehlenden Rechtsverbindlichkeit der Gesetzesbegründung offen bleiben[348].

3 Zusammenfassung

Das TEG hat sowohl Auswirkungen auf den Schutzbereich der kollektiven Koalitionsfreiheit als auch auf die individuelle Koalitionsfreiheit des Art. 9 Abs. 3 GG.

Die kollektive Koalitionsfreiheit der Minderheitsgewerkschaft wird berührt, da dieser Gewerkschaft durch die Verdrängung ihres Tarifvertrags das zentrale Betätigungsmittel der Tarifautonomie entzogen wird. Alternative Betätigungsmittel im Kernbereich der Tarifautonomie sind für diese Gewerkschaft ebenfalls nicht vorhanden. Ferner wirkt sich die Tarifeinheit durch das betriebliche Mehrheitsprinzip auch auf die Organisationsfreiheit der Koalitionen aus, da der Staat die verschiedenen Organisationsformen mittelbar unterschiedlich behandelt. Auswirkungen auf den Bestand der Koalitionen sind nicht ersichtlich und auch der Arbeitskampf bleibt als spezielles Betätigungsmittel der Koalitionen unberührt.

Die Auswirkungen des TEG erfassen des weiteren die individuelle Koalitionsfreiheit der Mitglieder der Minderheitsgewerkschaft, denn da der Tarifvertrag als spezielles Mittel der Koalitionen geschützt ist, ergibt sich auch ein Recht des Mitglieds an dieser Betätigung einen Anteil zu haben. Da der Schutz der Tarifautonomie als Mittel der Koalitionen selbst dafür aber maßgeblich ist, wird dieser Aspekt im Folgenden nicht eigenständig betrachtet.

II Die Art der Berührung des Schutzbereichs

Nachdem festgestellt wurde, dass das TEG den Schutzbereich der Koalitionsfreiheit berührt, ist fraglich, ob es sich bei den Auswirkungen auf den Schutzbereich um einen Grundrechtseingriff handelt. Gerade diese Frage ist

---

[348] Auch zur Bewertung dieses Abschnitts der Begründung siehe *Henssler*, ZfWP 2015, 55, 67; *Konzen/Schliemann*, RdA 2015, 1, 11 f.; a.A. *Giesen/Kersten*, ZfA 2015, 201, 217 f., sehen darin eine ernstzunehmende *„Ermahnung des Gesetzgebers an die Rechtsprechung der Arbeitsgerichte"* und verweisen dabei auf die Gewaltenteilung; *Greiner*, RdA 2015, 36, 41 sieht die Begründung in Übereinstimmung mit der Rechtsprechung des BAG.

in der Literatur umstritten, denn da es sich bei der Koalitionsfreiheit um ein ausgestaltungsbedürftiges Grundrecht handelt[349], könne eine staatliche Maßnahme mit Bezug zum Schutzbereich auch eine Ausgestaltung der Koalitionsfreiheit darstellen. Da sich aus dieser Einordnung unterschiedliche Folgen für die Rechtfertigung ergeben und weil sich die Stellungnahmen der Literatur gerade an dieser Stelle unterscheiden, ist die Einordnung des Charakters der vorliegenden staatlichen Maßnahme notwendig[350]. Ferner ist zu untersuchen, ob die unterschiedliche Behandlung der Berufsgewerkschaften eine rechtfertigungsbedürftige Ungleichbehandlung darstellt.

1 Grundrechtseingriff

Die überwiegende Meinung in der Literatur sieht in der gesetzlichen Tarifeinheit einen Eingriff in die Grundrechte der Minderheitsgewerkschaft[351] und mithin ist fraglich, ob die Auswirkungen der staatlichen Maßnahme zumindest grds. die Kriterien eines Grundrechtseingriffs erfüllen.

a) Charakteristika des Grundrechtseingriffs

Ein Eingriff in den Schutzbereich liegt grds. vor, wenn die Auswirkungen der Maßnahme eines Hoheitsträgers, die an einen Grundrechtsträger adressiert ist, final und unmittelbar durch rechtlichen Anordnung den Schutzbereich beeinträchtigen[352]. Diese Kriterien können als „klassische" Voraussetzungen des Eingriffs[353] verstanden werden, jedoch wird der Eingriffsbegriff

---

349 Siehe nur Sachs/GG/*Höfling*, Art. 9 Rn. 79 ff. u. Rn. 124; sowie die Nachweise in Fn. 222.

350 *Engels*, RdA 2008, 331, 333; *Kempen*, FS Hromadka 2008, 177, 179 f.; *Reichold*, Gutachten, BDA/DGB, S. 10, (abrufbar unter: siehe Fn. 141); *Scholz/Lingemann/Ruttloff*, NZA-Beil. 2015, 3, 20; *Waas*, Gutachten BDA/DGB, S. 18, (abrufbar unter: siehe Fn. 71); a.A. *Henssler*, RdA 2011, 65, 70, der die Frage als überholt ansieht; ebenso *Löwisch*, RdA 2010, 263, 264, der die Unterscheidung in diesem Zusammenhang als unerheblich bezeichnet.

351 Siehe die Nachweise in Fn. 131.

352 HdB-StaatsR/*Hillgruber*, § 200 Rn. 89; Jarass/Pieroth/GG/*Jarass*, Vorb. Art. 1 Rn. 25 ff.

353 HdB-StaatsR/*Hillgruber*, § 200 Rn. 89; Jarass/Pieroth/GG/*Jarass*, Vorb. Art. 1 Rn. 27.

nicht mehr strikt an diese Voraussetzungen gebunden[354]. Neben diesen Kriterien werden bei der Bewertung einer staatlichen Maßnahme auch die Ziele sowie die Intensität der Beeinträchtigung der grundrechtlichen Freiheit berücksichtigt[355].

Ergänzend wird teilweise der Aspekt der Ausgestaltung herangezogen, denn sofern eine staatliche Maßnahme eine Grundrechtsausgestaltung darstelle, könne es sich nicht mehr um einen Grundrechtseingriff handeln, da die Ausgestaltung des Schutzbereichs und der Eingriff in den Schutzbereich im Gegensatz zueinander stünden und da sich daher diese unterschiedlichen Formen der staatlichen Verkürzung des grundrechtlichen Schutzbereiches gegenseitig ausschließen[356].

Folglich gilt es zu überprüfen, ob die Auswirkungen des TEG die Voraussetzungen des Eingriffs grds. erfüllen bevor das Verhältnis zur Ausgestaltung überprüft wird.

b) Die Auswirkungen der Tarifeinheit als Eingriff in die Tarifautonomie

Dass das Tarifeinheitsgesetz einen Eingriff in die Grundrechte darstellt, wird bereits deutlich, wenn man die Auswirkungen des TEG mit den Auswirkungen anderer Maßnahmen vergleicht, die vom BVerfG ebenfalls als Eingriff qualifiziert wurden[357].

So stellt bereits eine Regelung, die es einer Gewerkschaft erschwert, ihren Tarifvertrag für ihre Mitglieder zur Geltung zu bringen, einen rechtfertigungsbedürftigen Eingriff dar[358] und auch wenn einzelne Regelungsbereiche der Verfügungsgewalt der Tarifpartner entzogen werden, begründete

[354] *Jarass*, AöR 1995, 345, 362 ff.; Sachs/GG/*derselb.*, Vorb. Art. 1 Rn. 83 ff.

[355] BVerfG v. 11.07.2006 – 1 BvL 4/00, BVerfGE 116, 202, 222 (m.w.N.); Jarass/Pieroth/GG/*Jarass*, Vorb. Art. 1 Rn. 29.

[356] Siehe nur Jarass/Pieroth/GG/*Jarass*, Vorb. Art. 1 Rn. 34 u. Art. 9 Rn. 45a ff.; Sodan/GG/*derselb.*, Art. 9 Rn. 28; *Reichold*, Gutachten BDA/DGB, S. 10 f., (abrufbar unter: siehe Fn. 141), der i.E. aber einen Eingriff in die Tarifautonomie sieht.

[357] Siehe nur *Däubler*, Gutachten TEG, S. 21, (abrufbar unter: siehe Fn. 83); *Reichold*, Gutachten BDA/DGB, S. 11, (abrufbar unter: siehe Fn. 141).

[358] BVerfG v. 10.01.1995 – 1 BvR 342/90 (u.a.), BVerfGE 92, 26, 45.

dies einen Eingriff in die Koalitionsfreiheit der betroffenen Gewerkschaften[359]. Ebenso wurde es als Eingriff bewertet, wenn die Wirkung des Tarifvertrags abgeschwächt wurde[360].

Die Auswirkungen des TEG sind im Vergleich dazu deutlich gravierender, denn der gesamte Tarifvertrag kann für bestimmte Mitglieder der Gewerkschaft nicht mehr zur Anwendung kommen und es kann daher auch ohne die Prüfung der klassischen Eingriffkriterien davon ausgegangen werden, dass die mit dem TEG verbundene Beeinträchtigung der Koalitionsfreiheit im Grundsatz auch als Eingriff in deren Grundrechte zu bewerten ist[361]. Angesichts der Meinungen der Literatur, die in dieser Beeinträchtigung aber eine Ausgestaltung erblicken, wird zu untersuchen sein, ob das TEG auch eine Ausgestaltung der Tarifautonomie darstellen kann und ob dies etwas an der Bewertung der staatlichen Maßnahme ändert.

c) Schranken die Schranken der Koalitionsfreiheit

Bevor untersucht werden kann, ob das TEG auch eine Ausgestaltung darstellt, ist zu prüfen, welche Schranken der Koalitionsfreiheit einen Eingriff in das Grundrecht rechtfertigen können, denn die Möglichkeit der Beschränkung des Grundrechts ist für das Verhältnis zwischen Eingriff und Ausgestaltung relevant.

Die Koalitionsfreiheit ist keinem ausdrücklichen Vorbehalt unterworfen[362], da die Schranken des Art. 9 Abs. 2 GG auf die Koalitionsfreiheit nicht angewendet werden, wofür einerseits die Systematik und andererseits auch der Sinn dieser Schranken spricht[363]. Daraus kann jedoch nicht geschlossen werden,

---

359 BVerfG v. 24.04.1996 – 1 BvR 712/86, BVerfGE 94, 268, 284.

360 BVerfG v. 03.04.2001 – 1 BvL 32/97, BVerfGE 103, 293, 308.

361 *Däubler*, Gutachten TEG, S. 21, (abrufbar unter: siehe Fn. 83); ebenso *Di Fabio*, Gutachten TEG, S. 41 ff., (abrufbar unter: siehe Fn. 144), sieht den Eingriff nahe an einer Verletzung des Wesensgehalts i.S.v. Art. 19 Abs. 2 GG; *Jacobs*, NZA 2008, 325, 329, sieht nur ein Gewerkschaftsverbot als gravierender an; *Reichold*, Gutachten BDA/DGB, S. 11 (abrufbar unter: siehe Fn. 141).

362 Siehe nur BVerfG v. 24.04.1996 – 1 BvR 712/86, BVerfGE 94, 268, 284.

363 Däubler/TVG/*derselb.*, Einl. Rn. 131a; Jarass/Pieroth/GG/*Jarass*, Art. 9 Rn. 49; Sachs/GG/*Höfling*, Art. 9 Rn. 136; Sodan/GG/*derselb.*, Art. 9 Rn. 29; *Pieroth*,

dass die Koalitionsfreiheit ohne Schranken gewährt wird, da sich jedes Grundrecht in den Kontext der Verfassung einfügen muss[364]. Dies begründet für alle Grundrechte einen verfassungsimmanenten Vorbehalt, da erst der Ausgleich der Verfassungsgüter zu einem freiheitlichen Miteinander führt, das dem Menschenbild des Grundgesetzes entspricht[365]. Die zutreffende h.L. geht daher davon aus, dass auch die Koalitionsfreiheit verfassungsimmanenten Schranken unterliegt, die sich sowohl in anderen Grundrechten als auch in anderen Verfassungsgütern finden lassen[366], wobei insb. das Sozialstaatsprinzip Relevanz in der einschlägigen Rspr. des BVerfG erlangt hat[367].

Ob auch Rechtsgüter ohne Verfassungsrang einen Eingriff in die Koalitionsfreiheit rechtfertigen können, hat das BVerfG mehrmals ausdrücklich offen gelassen[368], so dass in der Literatur teilweise angenommen wird, dass auch solche Rechtsgüter Schranken der Koalitionsfreiheit darstellen können[369]. Solche weitgehenden Beschränkungsmöglichkeiten seien notwendig, damit der Gesetzgeber im Bereich der Koalitionsfreiheit einen gewissen Gestaltungsspielraum habe[370].

FS 50 Jahre BVerfG, 293, 303; a.A. siehe nur H/W/K/ArbR-Kommentar/*Hergenröder*, Art. 9 GG Rn. 9, der aber eine geringe praktische Bedeutung sieht.

364 HdB-StaatsR/*Hillgruber*, § 200 Rn. 2 ff.; *Jacobs*, Tarifeinheit, S. 431 f.

365 BVerfG v. 20.07.1954 – 1 BvR 459/52 (u.a.), BVerfGE 4, 7, 15 f.; BVerfG v. 01.03.1979 – 1 BvR 532/77 (u.a.), BVerfGE 50, 290, 353; *Pecher*, Verfassungsimmanente Schranken, S. 10 ff.

366 BAG v. 07.05.2004 – 6 AZR 129/03, BAGE 111, 8, 15 (m.w.N.); BAG v. 31.07.2002 – 7 AZR 140/01, BAGE 102, 65, 69 (m.w.N.); Däubler/TVG/*derselb.*, Einl. Rn. 132; H/W/K/ArbR-Kommentar/*Hergenröder*, Art. 9 GG Rn. 84; Jarass/Pieroth/GG/*Jarass*, Art. 9 Rn. 49 f.; Sachs/GG/*derselb.*, Vorb. Art. 1 Rn. 120 ff. ganz allgemein für vorbehaltlos gewährte Grundrechte; Sachs/GG/*Höfling*, Art. 9 Rn. 137; *Franzen*, RdA 2008, 193, 203 f.; *Hufen*, NZA 2014, 1237, 1238; *Pieroth*, FS 50 Jahre BVerfG, 293, 307; *Scholz/Lingemann/Ruttloff*, NZA-Beil. 2015, 3, 21 f.

367 BeckOK-GG/*Cornils*, Art. 9 Rn. 89 f.

368 BVerfG v. 24.04.1996 – 1 BvR 712/86, BVerfGE 94, 268, 284; BVerfG v. 26.06.1991 – 1 BvR 779/85, BVerfGE 84, 212, 228.

369 *Cornils*, Ausgestaltung, S. 420 f.; *Henssler*, RdA 2011, 65, 70; *Rieble/v. d. Ehe*, Gutachten BDA/DGB, Rn. 182 ff., (abrufbar unter: siehe Fn. 135). *Waas*, Gutachten BDA/DGB, S. 30 ff., (abrufbar unter: siehe Fn. 71).

370 Zur Verbindung von Ausgestaltung und Spielraum des Gesetzgebers siehe, *Cornils*, Ausgestaltung, S. 544 ff.; *Waas*, Gutachten BDA/DGB, S. 29 f., (abrufbar

Dagegen spricht aber gerade der fehlende ausdrückliche Vorbehalt und damit auch der systematische Unterschied zwischen den Grundrechten, die mit und solchen die ohne ausdrücklichen Vorbehalt kodifiziert wurden[371]. Ferner verbleibt dem Gesetzgeber auch dann ein erheblicher Gestaltungsspielraum, wenn er seine Regelungen auf Verfassungsgüter stützen muss[372], da gerade das abstrakte Sozialstaatsprinzip ihm die Verfolgung einer Vielzahl konkreter Ziele ermöglicht, bei deren Auswahl und Gestaltung er einen erheblichen Prognose- und Gestaltungsspielraum hat[373]. Ein Rückgriff auf einfache Rechtsgüter würde daher der Systematik des Grundgesetzes widersprechen und erscheint nicht notwendig, um einen Gestaltungsspielraum für den Gesetzgeber zu erhalten[374].

Soweit das TEG einen Eingriff in die Koalitionsfreiheit darstellt, könnte sich dieser durch verfassungsimmanente Schranken des Grundrechts und somit durch die Berücksichtigung anderer Verfassungsgüter rechtfertigen. Bevor die konkreten Rechtfertigungen untersucht werden können, ist aber zu prüfen, ob es sich beim TEG um eine Ausgestaltung der Koalitionsfreiheit handelt und ob deshalb andere Anforderungen für die Rechtfertigung des Gesetzes zu beachten sind.

2 Ungleichbehandlung der Berufsgewerkschaften

Fraglich ist auch, ob die unterschiedliche Behandlung der Berufsgewerkschaften eine rechtlich relevante Ungleichbehandlung darstellt, was der Fall wäre, wenn die Berufsgewerkschaften durch das Gesetz benachteiligt würden[375].

---

unter: siehe Fn. 71).

371 Siehe nur Jarass/Pieroth/GG/*Jarass*., Vorb. Art. 1 Rn. 48 ff.

372 Siehe die Beispiele bei *Pieroth*, FS 50 Jahre BVerfG, 293, 307 f.

373 Däubler/TVG/*derselb*., Einl. Rn. 133; *Löwisch/Rieble*/TVG, Grundl. Rn. 119 ff.; vgl. Sodan/GG/*derselb*., Vorb. Art. 1 Rn. 53; *Cornils*, Ausgestaltung, S. 420 f., der deshalb aber annimmt, dass auch einfach-gesetzliche Ziele als Rechtfertigung dienen; ebenso *Henssler*, RdA 2011, 65, 70; sowie *Rieble/v. d. Ehe*, Gutachten BDA/DGB, Rn. 186 f., (abrufbar unter: siehe Fn. 135); kritisch *Ladeur*, AöR 2006, 643, 648, der zu Recht darauf hinweist, dass dieser Spielraum der Einschätzungsprärogative der Koalitionen entgegensteht.

374 Siehe auch *Pecher*, Verfassungsimmanente Schranken, S. 188 f.

375 Zur Benachteiligung als Voraussetzung der Ungleichbehandlung, Sachs/GG/*Osterloh/Nußberger*, Art. 3 Rn. 81.

Bedenkt man dabei, dass gerade die Berufsgewerkschaften von den Auswirkungen des TEG besonders betroffen sind und dass diese Auswirkungen sich grds. als Eingriff in die Koalitionsfreiheit erwiesen haben, so kann hier auch von einer benachteiligenden Ungleichbehandlung dieser Gewerkschaften ausgegangen werden[376].

Dass das TEG nicht unmittelbar an das Merkmal der Organisation anknüpft, ist dabei unerheblich[377], denn der Gesetzgeber problematisiert die Tarifkollision gerade in den Bereichen, in denen Spezialisten in den Arbeitskampf treten oder nur für einzelne Berufsgruppen tarifliche Lösungen gefunden werden[378]. Es ist daher davon auszugehen, dass die unterschiedliche Behandlung der Organisationsformen gezielt erfolgt[379] und daher ist diese auch als rechtfertigungsbedürftige Ungleichbehandlung anzusehen[380].

Die Auswirkungen auf die Organisationsfreiheit der Koalitionen stellt sich daher als relevante Beeinträchtigung der Koalitionsfreiheit der Berufsgewerkschaften in der Form der Ungleichbehandlung dar. Da aber auch die Regelung des Verhältnisses der Koalitionen zueinander als Ausgestaltung angesehen wird, ist zu untersuchen, ob dies etwas an der Natur der Ungleichbehandlung ändern kann.

3 Grundrechtsausgestaltung

Eine verbreitete Meinung in der Literatur geht davon aus, dass es sich bei der Regelung der Tarifeinheit um eine Ausgestaltung der Koalitionsfreiheit handelt[381] und da eine solche im Gegensatz zum Eingriff stehe, würden sich

---

376 Statt aller *Däubler*, Gutachten BDA/DGB, S. 33 f., (abrufbar unter: siehe Fn. 26); *Waas*, Gutachten BDA/DGB, S. 17, (abrufbar unter: siehe Fn. 71), der dies aber als gerechtfertigt ansieht.

377 Das TEG wird teilweise als nicht *„zielgenau"* bezeichnet, *Schnabel*, ZfWP 2015, 33, 40.

378 BT-Ds. 18/4062, S. 8 f.

379 Vgl. auch *Greiner*, RdA 2015, 36; *Schliemann*, NZA 2014, 1250, 1251; *derselb.*, FS Hromadka 2008, 359, 374 f., geht davon aus, dass dies für die Tarifeinheit generell gilt.

380 Zur Relevanz gezielt auftretender faktischer Auswirkungen von staatlichen Maßnahmen siehe nur BVerfG v. 11.07.2006 – 1 BvL 4/00, BVerfGE 116, 202, 222.

381 Siehe die Nachweise in Fn. 135 u. Fn. 698.

daraus abweichende Folgen für die Legitimierung der Maßnahme ergeben. Verwiesen wird dabei auf die anerkannte Notwendigkeit zur Ausgestaltung einiger grundrechtlicher Freiheiten, wobei insb. die Tarifautonomie als ausgestaltungsbedürftig anzusehen sei[382].

Über den Begriff der Ausgestaltung und dessen dogmatische Konstruktion besteht jedoch keine Einigkeit[383] und auch aus den Äußerungen des BVerfG lässt sich in diesem Zusammenhang keine Klarheit gewinnen[384]. Jedenfalls wird aber davon ausgegangen, dass der Gesetzgeber im Bereich der Grundrechtsausgestaltung einen breiteren Spielraum habe als bei einem Grundrechtseingriff und dass er dabei maßgeblich an Zweckmäßigkeitserwägungen gebunden sei[385]. Teilweise wird ergänzend eine umfassende Verhältnismäßigkeitsprüfung vorgenommen[386], während andere Stellungnahmen auf das Kriterium der Erforderlichkeit in diesem Zusammenhang verzichten wollen[387].

Das Konzept der Grundrechtsausgestaltung trifft in der Literatur aber auch auf Kritik[388] und diejenigen, die den Gedanken beinahe vollständig ablehnen, verweisen auch auf die damit verbundenen Unklarheiten und es wird befürchtet, dass die Qualifizierung einer Maßnahme als Ausgestaltung zu einer verringerten Grundrechtsbindung führt und dem Staat daher zu viele

---

382 Statt aller *Rieble/v. d. Ehe,* Gutachten BDA/DGB, Rn. 130 ff., (abrufbar unter: siehe Fn. 135); kritisch zum Konzept der Ausgestaltung, *Cornils*, Ausgestaltung, S. 396 ff.

383 Zur Entwicklung siehe *Ladeur*, AöR 2006, 643, 650 f. Ausführlich zu den vertretenen Meinungen: *Cornils*, Ausgestaltung, S. 17 ff.; *Gellermann*, Grundrechte und einfaches Recht, S. 16 ff.

384 Häufig werden Elemente des Grundrechtseingriffs und der -ausgestaltung kombiniert, Sachs/GG/*Höfling*, Art. 9 Rn. 78 f.; *Cornils*, Ausgestaltung, S. 396 f.; *Gellermann*, Grundrechte und einfaches Recht, S. 63; *Konzen*, JZ 2010, 1036, 1041 f.; *Ladeur*, AöR 2006, 643, 644; *Waas*, Gutachten BDA/DGB, S. 29, (abrufbar unter: siehe Fn. 71).

385 *Dieterich,* NZA-Beil. 2011, 84, 85; *Jacobs*, Tarifeinheit, S. 428 f.

386 *Rieble/v. d. Ehe*, Gutachten BDA/DGB, Rn. 179 ff., (abrufbar unter: siehe Fn. 135); *Scholz/Lingemann/Ruttloff*, NZA-Beil. 2015, 3, 23.

387 *Gellermann*, Grundrechte und einfaches Recht, S. 337 f.

388 Siehe nur HdB-StaatsR/*Hillgruber*, § 200 Rn. 63 ff. (m.w.N.).

Beschränkungsmöglichkeiten im Bereich der grundrechtlich gesicherten Freiheiten gewährt[389].

Da das TEG jedenfalls aus Sicht der Minderheitsgewerkschaft die Koalitionsfreiheit beeinträchtigt, ist fraglich, ob sich die Verkürzung grundrechtlicher Betätigungsmöglichkeiten als Form der Ausgestaltung eines Grundrechts darstellen kann. Soweit dies möglich ist, muss auch das Verhältnis zum Grundrechtseingriff untersucht werden. Dafür ist es notwendig, die Erscheinungsformen der Ausgestaltung darzustellen, wobei aber kein Anspruch auf Vollständigkeit erhoben werden kann, sondern die Betrachtung muss sich auf die Bereiche konzentrieren, die im Zusammenhang mit der Tarifautonomie in der Rspr. des BVerfG relevant sind. Damit kommt im Folgenden die Ausgestaltung eines Grundrechts i.S.d. Gewährung der Freiheit durch Rechtsnormen (Ausgestaltung i.e.S.) sowie die Ausgestaltung in der Form der Regelung des Verhältnisses der unterschiedlichen Grundrechtsträger (Ausgestaltung i.w.S.) in Betracht[390].

a) Die Ausgestaltung i.e.S.

(1) Charakterisierung der Ausgestaltung i.e.S.

Die Ausgestaltung i.e.S. baut auf dem Gedanken auf, dass einige grundrechtliche Freiheiten nicht natürlich ausgeübt werden können, sondern dass deren Ausübung erst durch die konkrete Ausgestaltung der Rechtsordnung ermöglicht werden muss[391]. Die Freiheit müsse daher durch den Gesetzgeber konstituiert werden, denn erst wenn der Staat das notwendige Rechtsinstitut bereitstellt, kann der Zweck der grundrechtlichen Freiheit verwirklicht werden[392]. Daraus ergibt sich eine Verbindung zur Leistungsfunktion der

---

[389] HdB-StaatsR/*Hillgruber*, § 200 Rn. 64.

[390] Zu dieser Zweiteilung siehe *Cornils*, Ausgestaltung, S. 398 f.

[391] BVerfG v. 10.01.1995 – 1 BvF 1/90, BVerfGE 92, 26, 41; BVerfG v. 01.03.1979 – 1 BvR 532/77, BVerfGE 50, 290, 368; Däubler/TVG/*derselb.*, Einl. Rn. 125b; *Engels*, RdA 2008, 331, 334; *Papier/Krönke*, ZfA 2011, 807, 825; *Pieroth*, FS 50 Jahre BVerfG, 293, 306 f.; *Rieble/v. d. Ehe*, Gutachten BDA/DGB, Rn. 131 ff., (abrufbar unter: siehe Fn. 135).

[392] *Däubler*, Gutachten TEG, S. 20, (abrufbar unter: siehe Fn. 83); *Konzen*, JZ 2010, 1036, 1041; *Scholz/Lingemann/Ruttloff*, NZA-Beil. 2015, 3, 19 f.

Grundrechte, da sich aus dem Grundrecht die Pflicht des Staates zur Konstituierung[393] der notwendigen Rechtsinstitute entnehmen lasse[394]. Mit welchen Mitteln die Freiheit im Einzelnen gewährleistet wird, bleibt dabei insb. der Legislative überlassen, die einerseits an Zweckmäßigkeitserwägungen gebunden sei und andererseits einen weiten Gestaltungsspielraum habe[395]. Der grundrechtsausgestaltende Staat könne somit als Gewährleister der Grundrechte verstanden werden und stehe damit im Kontrast zum eingreifenden Staat, der als Gegner der Grundrechte deren abwehrrechtliche Komponente aktiviert[396]. Wegen dieses Unterschieds zwischen Leistungs- und Abwehrfunktionen unterliege die Ausgestaltung auch eigenen Anforderungen und eine gestaltende staatliche Maßnahme müsse sich somit nicht wie ein Eingriff rechtfertigen[397]. Trotzdem sei der Staat gem. Art. 1 Abs. 3 GG auch bei einer Ausgestaltung i.e.S. an die Grundrechte und ihren Zweck gebunden[398]. Diese Bindung zeige sich aber in einer anderen Form, denn das gewählte Mittel der Ausgestaltung müsse sich zwar am Zweck des Grundrechts orientieren[399], jedoch sei der Staat dabei nur zur Auswahl geeigneter

---

393 Begriff nach HdB-StaatsR/*Lerche*, § 121 Rn. 39, 2. Auflage 2000; diesen verwenden auch *Gellermann*, Grundrechte und einfaches Recht, S. 89 ff.; sowie im Zusammenhang mit der Tarifeinheit *Scholz/Lingemann/Ruttloff,* NZA-Beil. 2015, 3, 20.

394 Sachs/GG/*Höfling*, Art. 9 Rn. 80 u. Rn. 123; *Engels*, RdA 2008, 331, 334; *Jarass*, AöR 1985, 363, 395 f.; *Kempen,* FS Hromadka 2008, 177, 179; *Papier/Krönke*, ZfA 2011, 807, 822 ff.; *Wiedemann*, Tarifnormen und Grundrechte, S. 56 u. S. 63 f.

395 BVerfG v. 04.07.1995 – 1 BvF 2/86 (u.a.), BVerfGE 92, 365, 394; BVerfG v. 20.10.1981 – 1 BvR 404/78, BVerfGE 58, 233, 248; BVerfG v. 01.03.1979 – 1 BvR 532/77 (u.a.); BVerfGE 50, 290, 369; siehe auch Jarass/Pieroth/GG/*Jarass*, Art. 9 Rn. 47; Sachs/GG/*Höfling*, Art. 9 Rn. 38.

396 *Gellermann*, Grundrechte und einfaches Recht, S. 47 ff.; *Jarass*, AöR 1985, 363, 395.

397 *Jarass*, AöR 1985, 363, 369 ff.; a.A. HdB-StaatsR/*Hillgruber*, § 200 Rn. 65.

398 *Dieterich,* NZA-Beil. 2011, 84, 85; *Gellermann*, Grundrechte und einfaches Recht, S. 290 f.

399 BVerfG v. 10.01.1995 – BvF 1/90 (u.a.), BVerfGE 90, 26, 41; Däubler/TVG/*derselb.*, Einl. Rn. 129; *Giesen*, ZfA 2011, 1, 19.

und angemessener Mittel verpflichtet, während es auf die Erforderlichkeit des Mittels nicht ankomme[400].

Gerade für die Teilgarantie der Tarifautonomie wird dieses Konzept der Grundrechtsausgestaltung beinahe umfassend geteilt, denn weil eine funktionsfähige Tarifautonomie der Gewährleistung eines Rechtsinstituts bedarf, das geeignete Mittel zur Verwirklichung des Zwecks bereitstellt, ist es zutreffend, dass in diesem Bereich die Notwendigkeit zur Konstituierung der grundrechtlich geschützten Betätigungsmittel besteht[401]. Dass dabei kein Anspruch auf ein bestimmtes Tarifvertragssystem besteht[402], sondern nur auf ein System, das die Erfüllung des Zwecks ermöglicht, entspricht dem Gedanken der Grundrechtskonstituierung. In diesem Kernbereich der Funktionsgewährleistung[403] ist dann der abwehrrechtliche Grundgedanke des Eingriffs unpassend, denn soweit der Staat zur Gewährung von Mittel ggü. den Grundrechtsträgern verpflichtet ist, können diese keinen abwehrrechtlichen Schutz beanspruchen[404]. Dabei ist auch die Rechtsfolge des Eingriffs

---

[400] Däubler/TVG/*derselb.*, Einl. Rn. 128; Jarass/Pieroth/GG/*Jarass*, Art. 9 Rn. 47; *Gellermann*, Grundrechte und einfaches Recht, S. 337; *Papier/Krönke*, ZfA 2011, 807, 826 u. 844 ff.; *Wiedemann*, Tarifnormen und Grundrechte, S. 163 f.

[401] Däubler/TVG/*derselb.*, Einl. Rn. 125a; Jarass/Pieroth/GG/*Jarass*, Art. 9 Rn. 47; *Löwisch/Rieble/*TVG, Grundl. Rn. 93 f.; Sachs/GG/*Höfling*, Art. 9 Rn. 79 ff. u. Rn. 124; in diesem Kern der Funktionsgewährung wohl auch *Di Fabio*, Gutachten Tarifeinheit, S. 30, (abrufbar unter: siehe Fn. 144); *Dieterich*, NZA-Beil. 2011, 84, 85; *Engels*, RdA 2008, 331, 333 f.; *Jacobs*, Tarifeinheit, S. 427; *Konzen*, JZ 2010, 1036, 1040 f.; *Papier/Krönke*, ZfA 2011, 807, 821; *Pieroth*, FS 50 Jahre BVerfG, 293, 306; *Reichold*, Gutachten BDA/DGB S. 11, (abrufbar unter: siehe Fn. 141); *Rieble/v. d. Ehe*, Gutachten BDA/DGB, Rn. 133, (abrufbar unter: siehe Fn. 135); a.A. *Cornils*, Ausgestaltung, S. 441 und zur dogmatischen Kritik S. 557 ff.

[402] BVerfG v. 01.03.1979 – 1 BvR 532/77 (u.a.), BVerfGE 50, 290, 369.

[403] In so fern hat der Begriff des Kernbereichs bei der Ausgestaltung auch weiter Relevanz, siehe nur *Gellermann*, Grundrechte und einfaches Recht, Rn. 156 ff.; *Jacobs*, Tarifeinheit, S. 428; Sachs/GG/Höfling, Art. 9 Rn. 79 ff. u. Rn. 124.

[404] *Engels,* RdA 2008, 331, 333;*Papier/Krönke*, ZfA 2011, 807, 825; a.A. *Cornils*, Ausgestaltung, S. 439 u. S. 441, der auch Kompetenznormen als Beschränkung versteht und dabei an einen potentiellen Freiheitsbegriff anknüpft.

nicht zielführend, denn die Nichtigkeit einer Regelung kann zur Gewährleistung einer grundrechtlichen Betätigungsmöglichkeit nichts beitragen[405]. Ferner erscheint es auch nicht sinnvoll, die Auswahl der staatlichen Mittel durch das Kriterium der Erforderlichkeit zu beschränken, denn solange die Verwirklichung des Zwecks der grundrechtlichen Freiheit sichergestellt ist, bleibt es grds. dem Staat überlassen, welche weiteren Belange wie berücksichtigt werden. Die Prüfung anderer Mittel, die die Ziele des Gesetzgebers vielleicht ebenso effektiv erreichen könnten, stünde dabei im Gegensatz zu den Gestaltungsmöglichkeiten des Gesetzgebers und es fehlt ferner ein geeigneter Bezugspunkt für die Bewertung der Erforderlichkeit einer solchen Maßnahme[406].

Wie weit ein konstituiertes Rechtsinstitut dem Zugriff des Gesetzgebers offensteht, ist jedoch wieder umstritten[407]. Im Bereich der Veränderung des konstituierten Rechtsinstituts i.S.e. Umwandlung wird einerseits vertreten, dass das entsprechende Recht selbst besonders geschützt sei[408], während andererseits davon ausgegangen wird, dass der Gesetzgeber keiner anderen Bindung als bei der erstmaligen Ausgestaltung unterliege[409]. Letzterem ist zuzustimmen, denn soweit eine umwandelnde Konstituierung vorliegt, kann

---

405 Speziell zur staatlichen Schutzpflicht, *Gellermann*, Grundrechte und einfaches Recht, S. 235.

406 *Gellermann*, Grundrechte und einfaches Recht, S. 337 f.; *Pieroth*, FS 50 Jahre BVerfG, 293, 306, der in der Prüfung der Verhältnismäßigkeit den zentralen Unterschied zwischen Ausgestaltung und Eingriff sieht; *Wiedemann*, Tarifnormen und Grundrechte, S. 163.

407 Zum Meinungsstand siehe *Waas*, Gutachten BDA/DGB, S. 19 f., (abrufbar unter: siehe Fn. 71).

408 *Dieterich*, RdA 2002, 1, 12 (m.w.N.), sieht die Notwendigkeit für eine besondere Begründung; wohl auch *Franzen*, ZfA 2009, 297, 304; sowie *Reichold*, Gutachten BDA/DGB, S. 11, (abrufbar unter: siehe Fn. 141) der *„tradierte und anerkannte Gewährleistungsinhalte"* im einfachen Recht sieht.

409 Wohl auch BVerfG v. 01.02.1979 – 1 BvR 532/77 (u.a.); BVerfGE 50, 290, 371; *Löwisch/Rieble*/TVG, Grundl. Rn. 99 ff.; Sachs/GG/*Höfling*, Art. 9 Rn. 88; im Grundsatz auch *Gellermann*, Grundrechte und einfaches Recht, S. 435; *Rieble/v. d. Ehe*, Gutachten BDA/DGB, Rn. 142, (abrufbar unter: siehe Fn. 135); wohl auch *Scholz/Lingemann/Ruttloff*, NZA Beil. 2015, 3, 20.

im Vergleich zur erstmaligen Konstituierung lediglich der Aspekt des Vertrauensschutzes zu einer zusätzlichen Bindung des Gesetzgebers führen[410], während ansonsten eine verstärkte Bindung an das ausgestaltete Recht dem Gestaltungsspielraum des Gesetzgebers entgegenstünde[411].

(2) Ausgestaltung i.e.S. und Grundrechtseingriff

Soweit man die erstmalige Konstituierung einer Freiheit betrachtet, schließen sich Ausgestaltung i.e.S. und Eingriff in ihrer Erscheinung gegenseitig aus, da die Beeinträchtigung des Schutzbereichs erst im Lichte der konkreten Ausgestaltung betrachtet werden kann[412] und weil die Gewährleistung einer Freiheit, deren Ausübung die Anerkennung durch die Rechtsordnung voraussetzt, nicht zu einer Beschränkung führen kann[413]. Das bedeutet allerdings nicht, dass die Eingriffsdogmatik nur subsidiär zur Ausgestaltungdogamtik anzuwenden wäre, sondern die Konstituierung kann vielmehr nur soweit reichen, wie rechtliche Betätigungsmittel für die Ausübung der Freiheit durch gesetzliche Regelungen für die Grundrechtsträger geschaffen werden[414]. Da sich die Gewährleistungspflicht des Staates dabei nach dem Zweck des Grundrechts richtet und ggü. allen gleichartigen Trägern des Grundrechts gleichmäßig besteht, muss die freiheitliche Betätigungsform grds. für alle gleichartigen Grundrechtsträger konstituiert werden und nur diese Aspekte einer Regelung lassen sich als Ausgestaltung i.e.S. begreifen[415].

---

410 *Engels,* RdA 2008, 331, 335, sieht einen Eingriff weil die Rechte der Tarifautonomie bereits ausgeübt wurden; siehe auch *Gellermann*, Grundrechte und einfaches Recht, S. 435; *Waas*, Gutachten BDA/DGB, S. 21, (abrufbar unter: siehe Fn. 71).

411 Vgl. *Rieble/v. d. Ehe*, Gutachten BDA/DGB, Rn. 141, (abrufbar unter: siehe Fn. 135).

412 *Gellermann*, Grundrechte und einfaches Recht, S. 96 f. zu Ausgestaltungen des Art. 14 GG sowie S. 161 speziell zur Tarifautonomie.

413 *Jacobs*, Tarifeinheit, S. 427; *Jarass*, AöR 1985, 363, 391 f.; a.A. BeckOK-GG/*Cornils*, Art. 9 Rn. 79.1; *derselb*, Ausgestaltung, S. 667.

414 Die Bewertung muss aber tatsächlich erfolgen und kann nicht vom Willen des Gesetzgebers abhängen, *Gellermann*, Grundrechte und einfaches Recht, S. 272; so aber *Jacobs*, Tarifeinheit, S. 433; wohl auch *Papier/Krönke*, ZfA 2011, 807, 833; wie hier Däubler/TVG/*derselb*., Einl. Rn. 125b.

415 Damit soll aber keinesfalls gesagt werden, dass solche Maßnahmen dann keine

Anders als die erstmalige Konstituierung kann die Umgestaltung einer konstituierten Freiheit für den einzelnen Grundrechtsträger jedoch bestehende freiheitliche Betätigungsmöglichkeiten reduzieren[416]. Trotzdem schließen sich der Eingriff und die Umgestaltung gegenseitig aus, denn der Umgestaltung liegt die Entscheidung des Staates zu Grunde, seiner Gewährleistungspflicht anders nachzukommen als bisher[417]. Diese grundlegende Entscheidung muss sich dann aber in einer Änderung der Betätigungsmittel für alle Grundrechtsträger zeigen, denn nur wenn eine durch das Recht ermöglichte Betätigungsform durch das Recht insgesamt nicht mehr anerkannt oder durch ein alternatives Mittel ergänzt wird, lässt es sich als Form der Konstituierung begreifen[418]. Beispielsweise ist auf die Schaffung der Normen zur betrieblichen Mitbestimmung zu verweisen, die sich auf alle Grundrechtsträger gleichermaßen ausgewirkt haben und die daher als Ausgestaltung zu verstehen ist. Eine solche Veränderung der freiheitlichen Betätigungsformen kann sich dann zwar als unzureichende Erfüllung der Gewährleistungspflicht des Staates darstellen, allerdings würde dies gerade nicht zu Abwehrrechten der Betroffenen führen, sondern die Gewährleistungspflicht des Staates würde fortbestehen[419]. Werden hingegen einzelne Grundrechtsträger von einer weiterhin gewährleisteten Betätigungsform ausgeschlossen, lässt sich dies nicht als Umwandlung einer konstituierten Freiheit verstehen.

(3) Tarifeinheitsgesetz und Ausgestaltung i.e.S.

Eine erstmalige Ausgestaltung i.e.S. stellt das TEG nicht dar, denn die Konstituierung des Schutzbereichs der Tarifautonomie findet sich in den bereits bestehenden § 1 Abs. 1, § 3 und § 4 TVG, die für alle tariffähigen Koalitio-

---

Eingriffe in die Grundrechte anderer Grundrechtsträger sein können, sondern es genügt in diesem Zusammenhang die negative Abgrenzung.

416 *Gellermann,* Grundrechte und einfaches Recht, S. 370 und S. 428; wohl auch *Scholz/Lingemann/Ruttloff,* NZA-Beil. 2015, 3, 20.

417 *Gellermann,* Grundrechte und einfaches Recht, S. 271 u. S. 428 f.

418 In diesem Sinn auch *Engels*, RdA 2008, 331, 335.

419 *Engels*, RdA 2008, 331, 333; wohl auch *Gellermann,* Grundrechte und einfaches Recht, S. 364 ff., der allerdings nur von der „*Verfassungswidrigkeit*" spricht. Diese unzureichende Funktionserfüllung stellt aber keinen Eingriff dar, so aber *Scholz/Lingemann/Ruttloff,* NZA Beil. 2015, 3, 20.

nen den Tarifvertrag als rechtliches Mittel zur Ausübung der Tarifautonomie und damit zur Verwirklichung des Koalitionszwecks zur Verfügung stellen[420].

Zwar könnte sich das TEG trotzdem als Umwandlung der konstituierten Tarifautonomie erweisen, aber weder wird der Bestand der vorhandenen rechtlichen Möglichkeiten zur Verwirklichung des Zwecks der Tarifautonomie durch das TEG verändert noch werden alternative Mittel konstituiert[421]. Lediglich einzelnen Gewerkschaften wird durch die Verdrängung des Tarifvertrags die Beteiligung an einer weiterhin konstituierten Betätigungsmöglichkeit verwehrt und eine solche Maßnahme erweist sich jedenfalls nicht als Umwandlung der Konstituierung[422]. Indem § 4a TVG bestehende Betätigungsmöglichkeiten voneinander abgrenzt, setzt er deren Konstituierung voraus und wirkt erst, wenn die konstituierten Freiheiten aufeinander treffen, womit er selbst nicht Teil der Konstituierung ist.

Das TEG stellt somit keine Ausgestaltung i.e.S. dar und daher kann sich dieser Aspekt der Grundrechtsausgestaltung auch nicht auf die Bewertung des Charakters dieser staatlichen Maßnahme auswirken.

b) Ausgestaltung i.w.S.

(1) Charakteristika der Ausgestaltung i.w.S.

Eine weitere Form der Ausgestaltung soll dann vorliegen, wenn der Gesetzgeber mit einer Regelung das Verhältnis der unterschiedlichen Grundrechtsträger sowie deren Beziehung zu den sonstigen Verfassungsgütern regelt[423].

---

420 Vgl. BAG v. 07.07.2010 – 4 AZR 549/07, BAGE 135, 80 Rn. 56; Däubler/TVG/*derselb*., Einl. Rn. 130a; vgl. *Buchner*, FS Kissel 1994, 97, 101; *Jacobs*, Tarifeinheit, S. 434; a.A. *Cornils*, Ausgestaltung, S. 439 ff., der in diesen Normen bereits eine Beschränkung sieht.

421 Siehe oben C) I) 2) b) ii) bb) Eröffnung des Schutzbereichs (der Tarifautonomie).

422 Wohl auch *Engels*, RdA 2008, 331, 335; gleiches gilt für die frühere der Rspr. des BAG, die ebenfalls nicht als Ausgestaltung verstanden werden kann, so aber *Hromadka*, NZA 2008, 384, 387; sowie *Waas*, Gutachten BDA/DGB, S. 20, (abrufbar unter: siehe Fn. 71).

423 Vgl. HdB-StaatsR/*Hillgruber*, § 200 Rn. 26; *Gellermann*, Grundrechte und einfaches Recht, S. 177 ff. u. insb. S. 212 – 226; *Hromadka/Schmidt-Rolfes*, NZA 2010, 687, 689 f.; *Kempen*, FS Hromadka 2008, 177, 179, mit dem Hinweis, dass

Weil die Verfassungsgüter gleichrangig und gleichwertig sind, könne die Begrenzung einer Freiheit zu Gunsten einer anderen Freiheit nicht als Eingriff verstanden werden, sondern diese Konflikte zwischen den Verfassungsgütern müssten bereits bei der Ermittlung des Schutzbereichs mit einbezogen werden[424]. Die Abwägung eines Grundrechts mit einem Verfassungsgut könne daher auch nicht anhand von Eingriffskriterien bewertet werden, sondern die Beschränkung des Schutzbereichs sei im Grundrecht selbst angelegt und müsse vom Gesetzgeber lediglich konturiert werden[425]. Bei einer solchen Konturierung[426] sei der Gesetzgeber in der Wahl der Mittel frei, jedoch könne er nur Verfassungsgüter zur Konturierung des Schutzbereichs verwenden und sei weiterhin an die Zweckerfüllung des ausgestalteten Grundrechts gebunden. Soweit befürwortet wird, die Lösung von Konflikten zwischen Verfassungsgütern als Ausgestaltung zu verstehen, wird daher ebenso davon ausgegangen, dass die gesetzliche Maßnahme nur einer vereinfachten Verhältnismäßigkeitsprüfung unterliegt, die sich als Prüfung der Geeignetheit und der Angemessenheit der verwendeten Mittel zeigt[427]. Im Zusammenhang mit der Tarifeinheit wird dabei auch auf die Rspr. des BVerfG verwiesen, die die Beziehung zwischen den Trägern der Koalitionsfreiheit ebenso als Ausgestaltung ansehe[428].

Durch eine andere Meinung wird diese Abgrenzung der grundrechtlichen Freiheitsbereiche zu anderen Verfassungsgütern jedoch nicht als Ausgestaltung, sondern als Eingriff angesehen[429] und die Vertreter dieser Meinung gehen daher davon aus, dass eine entsprechende staatliche Maßnahme auch

---

in diesem Bereich die Grenzen zum Eingriff fließend sind; *Scholz*, ZfA 2010, 681, 703; *Scholz/Lingemann/Ruttloff*, NZA-Beil. 2015, 3, 20 f.

424 Siehe nur HdB-StaatsR/*Hillgruber*, § 200 Rn. 21 u. Rn. 26; sowie *Gellermann*, Grundrechte und einfaches Recht, S. 214 ff. u. S. 226; Zur Beziehung von Innentheorie und Ausgestaltung, *Cornils*, Ausgestaltung, S. 40 ff.

425 *Gellermann*, Grundrechte und einfaches Recht, S. 222 ff.

426 *Gellermann*, Grundrechte und einfaches Recht, S. 177.

427 Insgesamt für die Ausgestaltung *Gellermann*, Grundrechte und einfaches Recht, S. 350 f.

428 *Papier/Krönke*, ZfA 2011, 807, 834 f.

429 Däubler/TVG/*derselb.*, Einl. Rn. 130a; Sachs/GG/*Höfling*, Art. 9 Rn. 140 ff.; *Jacobs*, Tarifeinheit, S. 426; *Pecher*, Verfassungsimmanente Schranken, S. 130; *Pieroth*, FS 50 Jahre BVerfG, 293, 306 f.

dann als Eingriff zu bewerten ist, wenn sie der Abgrenzung grundrechtlicher Freiheitsbereiche dient. Die Wertung einer Maßnahme als Ausgestaltung führe in diesen Fällen sonst zu unverhältnismäßigen Gestaltungsspielräumen des Gesetzgebers, während die Verwendung der Eingriffsdogmatik übermäßige Freiheitsbeschränkungen verhindern könne[430].

Eine eigene Einschätzung dazu wird im folgenden Abschnitt vorgenommen, allerdings ist bereits an dieser Stelle darauf hinzuweisen, dass sich die Befürworter einer solchen Ausgestaltung i.w.S. zumindest nicht auf die Rspr. des BVerfG berufen können[431]. Bereits im Allgemeinen berücksichtigt das BVerfG die verfassungsimmanenten Schranken eines Grundrechts im Rahmen der Legitimierung des Grundrechtseingriffs[432] und auch im Bereich der Koalitionsfreiheit lässt sich aus den Äußerungen des BVerfG nicht entnehmen, dass die Abgrenzung der grundrechtlichen Freiheitsbereiche der Koalitionen allgemein als Ausgestaltung mit besonderen Voraussetzungen angesehen wird. Unabhängig von der Tatsache, dass das BVerfG in jüngster Zeit nicht auf den Ausgestaltungsgedanken zurückgreift[433], sieht das Gericht auch nur die spezielle Beziehung der unterschiedlichen Träger der Koalitionsfreiheit als ausgestaltungsbedürftig an und daher den Bereich in dem die Träger des Grundrechts ihre Freiheit im Gegensatz zueinander ausüben[434]. Das BVerfG stellt somit speziell auf die Beziehung zwischen der Arbeitnehmer- und der Arbeitgeberseite ab[435], denn obwohl die Koalitionen auf beiden Seiten gleichberechtigte Träger derselben Freiheit sind, erfordert der

---

430 Jarass/Pieroth/GG/*Jarass*, Vorb. Art. 1 Rn. 34 f., rät daher auch zur Vorsicht, verdeckte Eingriffe nicht als Ausgestaltung zu rechtfertigen; *Engels*, RdA 2008, 331, 334 f.

431 So aber bspw. *Scholz*, ZfA 2010, 681, 703.

432 Siehe nur BVerfG v. 07.03.1990 – 1 BvR 266/86 (u.a.), BVerfGE 81, 278, 292 f. zur Kunstfreiheit; sowie *Pecher*, Verfassungsimmanente Schranken, S. 130 ff., zur Entwicklung der Rechtsprechung.

433 Siehe die Auswertung bei *Cornils*, Ausgestaltung, S. 398 f.

434 BVerfG v. 24.04.1996 – 1 BvR 712/86, BVerfGE 94, 268, 284; BVerfG v. 04.07.1995 – 1 BvF 2/86 (u.a.), BVerfGE 92, 365 2. Ls.; BVerfG v. 02.03.1993 – 1 BvR 1213/85, BVerfGE 88, 103, 115; BVerfG v. 26.06.1991 – 1 BvR 779/85, BVerfGE 84, 212 3. Ls.; siehe auch BAG v. 19.07.2007 – 1 AZR 396/06, BAGE 123, 134 Rn. 15; Sodan/GG/*derselb.*, Art. 9 Rn. 27.

435 Däubler/TVG/*derselb.*, Einl. Rn. 125b.

Zweck dieser Freiheit die Ausgestaltung spezieller Betätigungsmittel für die jeweilige Seite, die sich von denen der anderen Seite unterscheiden. Einige dieser Betätigungsmittel dienen dabei dem Konflikt zwischen den unterschiedlichen Grundrechtsträgern, so dass die Berücksichtigung der strukturellen Beziehung zwischen den Grundrechtsträgern somit auch dem Betätigungsmittel und seinem Zweck immanent ist[436]. Um die Verwirklichung der Freiheit für beide Grundrechtsträger zu ermöglichen, ist daher die Beziehung der unterschiedlichen Grundrechtsträger bei der Konstituierung der Koalitionsfreiheit zu beachten[437].

Besonders deutlich wird das im Rahmen der Parität der Verhandlungspartner, denn beispielsweise kann bei der Ausgestaltung der jeweiligen Arbeitskampfmittel berücksichtigt werden, inwieweit ein solches Mittel überhaupt notwendig ist, um zwischen den Verhandlungspartnern eine strukturelle Parität herzustellen[438]. Im Ergebnis einer solchen Ausgestaltung der Arbeitskampfmittel wird zwar die Beziehung zur anderen Seite der Grundrechtsträger berücksichtigt, allerdings werden allen gleichartigen Grundrechtsträgern weiterhin gleichartige Möglichkeiten zur freiheitlichen Betätigung durch die Rechtsordnung gewährt und damit wurde der Schutzbereich – ggf. in anderer Form – konstituiert, jedoch nicht konturiert. In dem die Rspr. des BVerfG dieses entgegengesetzte Verhältnis der unterschiedlichen Grundrechtsträger im Rahmen der Ausgestaltung der Koalitionsfreiheit beachtet, unterstreicht das Gericht die Zweckbindung des Gesetzgebers bei der Ausgestaltung grundrechtlicher Freiheiten i.e.S., jedoch lassen sich aus dieser Rspr. keine besonderen Voraussetzungen für die hier zu untersuchende Ausgestaltung des Verhältnisses zweier gleichartiger Grundrechtsträger ableiten[439].

---

436 BVerfG v. 10.01.1995 – 1 BvF 1/90, BVerfGE 92, 26, 41; BVerfG v. 02.03.1993 – 1 BvR 1213/85, BVerfGE 88, 103, 115; H/W/K/ArbR-Kommentar/*Hergenröder*, Art. 9 GG Rn. 167; Jarass/Pieroth/GG/*Jarass*, Art. 9 Rn. 46 f.

437 BVerfG v. 10.01.1995 – 1 BvF 1/90, BVerfGE 92, 26, 41, spricht von Voraussetzungen *„für die Wahrnehmung der Freiheit."*.

438 BVerfG v. 26.06.1991 – 1 BvR 779/85, BVerfGE 84, 212, 229 ff.

439 Wohl auch Däubler/TVG/*derselb*., Einl. Rn. 125b f.; kritisch zur Berücksichtigung einer strukturellen Parität, BeckOK-GG/*Cornils*, Art. 9 Rn. 98 ff.; *derselb.*, Ausgestaltung, S. 417 f.

(2) Ausgestaltung i.w.S. und Grundrechtseingriff

Betrachtet man die Wirkung einer staatlichen Maßnahme zur Ausgestaltung eines Grundrechts i.w.S., so erweist sich diese sowohl als Gewährleistung als auch als Beschränkung der grundrechtlichen Freiheit, so dass die Erscheinung einer solchen Maßnahme nicht mehr trennscharf vom Eingriff abgegrenzt werden kann[440].

Die Ambivalenz dieser staatlichen Maßnahmen wird deutlich, wenn man das Verhältnis zweier gleichartiger Träger des gleichen ausgestaltungsbedürftigen Grundrechts betrachtet, deren Freiheitsbereiche kollidieren. Soweit mit der Gewährleistung des notwendigen Rechtsinstituts die rechtliche Entfaltungsmöglichkeit der Freiheit gesichert ist, hat der Staat seine Gewährleistungspflicht erfüllt und erst wenn es zu Konflikten der gleichartigen grundrechtlich gesicherten Betätigungsmöglichkeiten kommt, ist eine Konfliktlösung innerhalb des konstituierten Rechtsinstitutes erforderlich. Diese Konfliktlösung kann sich aber nur für einen Grundrechtsträger als leistungsrechtliche Grundrechtsfunktion darstellen[441], während auf der anderen Seite der abwehrrechtliche Schutz der Grundrechte angesprochen wird, sofern durch eine solche Konfliktlösung einem Grundrechtsträger eine rechtlich grds. mögliche Form der Freiheitsentfaltung durch das Recht wieder verwehrt wird[442].

Eingriff und Ausgestaltung stehen in diesem Bereich somit zwar auch in einem gegensätzlichen Verhältnis[443], schließen sich aber nicht gegenseitig aus, sondern es muss bei der Bewertung einer staatlichen Maßnahme zwischen den betroffenen Grundrechtsträgern unterschieden werden[444]. Auch

---

440 Däubler/TVG/*derselb.*, Einl. Rn. 130a.

441 Im Grundsatz wohl auch *Papier/Krönke*, ZfA 2011, 807, 830.

442 Däubler/TVG/*derselb.*, Einl. Rn. 125b, der aber an potentielle Verhaltensweisen anknüpft und damit wohl zu weit geht; anders als teilweise behauptet wird, geht es beim TEG aber auch nicht um die Beschneidung bloßer potentieller Möglichkeiten, so aber *Scholz/Lingemann/Ruttloff*, NZA-Beil. 2015, 3, 20.

443 A.A. *Cornils*, Ausgestaltung, S. 441.

444 Däubler/TVG/*derselb.*, Einl. Rn. 130a; HdB-StaatsR/*Hillgruber*, § 200 Rn. 65; Jarass/Pieroth/GG/*Jarass*, Vorb. Art. 1 Rn. 34a; *Gellermann*, Grundrechte und einfaches Recht, S. 84 u. S. 370 f.; *Pecher*, Verfassungsimmanente Schranken, S. 98 f.; vgl. auch *Konzen*, JZ 2010, 1036, 1042, der ebenfalls die Auswirkungen

wenn aus der Sicht der Grundrechtsträger dabei unterschiedliche Grundrechtsfunktionen angesprochen sind, bleibt der Aspekt des Schutzes der freiheitlichen Betätigung vor staatlichem Handeln weiterhin beachtlich, denn trotz ihrer weiteren Funktionen sind die Grundrechte maßgeblich individuelle Abwehrrechte[445]. Eine staatliche Maßnahme, die die notwendigen Voraussetzungen erfüllt, ist daher als Eingriff in das Grundrecht eines Grundrechtsträgers zu betrachten, auch wenn sie sich für einen anderen Grundrechtsträger als leistungsrechtliche Verpflichtung des Staates darstellt[446]. In diesem Zusammenhang ist es dann auch nicht geboten, auf die Prüfung der Erforderlichkeit einer Maßnahme zu verzichten, denn gerade dieses Kriterium soll sicherstellen, dass der Staat die bestehenden Betätigungsmöglichkeiten nicht übermäßig zu Gunsten einer Seite beschneidet[447].

Der Ansatz, die Verfassungsgüter bereits bei der Ermittlung des Schutzbereichs zu berücksichtigen[448], kann im Zusammenhang mit ausgestaltungsbedürftigen Freiheiten daher auch nicht überzeugen[449]. Bei der Abgrenzung gleichartiger Betätigungsmittel würde dieser Ansatz dazu führen, dass für einen Grundrechtsträger eine Tätigkeit nicht grundrechtlich geschützt wäre,

---

auf den einzelnen Grundrechtsträger prüft; a.A. *Papier/Krönke*, ZfA 2011, 807, 832; *Rieble/v. d. Ehe*, Gutachten BDA/DGB, Rn. 175, (abrufbar unter: siehe Fn. 135), die aber eine vollständige Prüfung der Verhältnismäßigkeit vornehmen, so dass sich – im Bereich echter Kollisionsnormen – der dogmatische Unterschied nivelliert.

445 St. Rspr. siehe nur BVerfG v. 15.01.1958 – 1 BvR 400/51, BVerfGE 7, 198. Speziell zu ausgestaltungsbedürftigen Grundrechten: BVerfG v. 04.07.1995 – 1 BvF 2/86 (u.a.), BVerfGE 92, 365, 393 zur Koalitionsfreiheit; BVerfG v. 03.03.1993 – 1 BvR 757 (u.a.), BVerfGE 88, 129, 137, zur Wissenschaftsfreiheit; siehe auch *Engels*, RdA 2008, 331, 334; *Gellermann*, Grundrechte und einfaches Recht, S. 46 u. S. 84: sowie *Jarass*, AöR 1995, 345, 347 f.

446 HdB-StaatsR/*Hillgruber*, § 200 Rn. 66 u. Rn. 105; Jarass/Pieroth/GG/*Jarass*, Vorb. Art. 1 Rn. 34a; *Gellermann*, Grundrechte und einfaches Recht, S. 84 f.; *Pieroth,* FS 50 Jahre BVerfG, 293, 306 f.

447 Däubler/TVG/*derselb*., Einl. Rn. 130a; *Pecher*, Verfassungsimmanente Schranken, S. 128 ff.

448 Siehe nur HdB-StaatsR/*Hillgruber*, § 200 Rn. 21 f. sowie § 201 Rn. 13 ff.; sowie HdB-StaatsR/*Lerche*, § 122 Rn. 23, 2. Auflage 2000.

449 Ausführlich dazu *Pecher*, Verfassungsimmanente Schranken, S. 102 ff. u. S. 128.

die für den anderen Grundrechtsträger zum Schutzbereich gehört. Ergibt sich die Pflicht des Staates zur Ausgestaltung der Betätigungsmittel aber aus dem Zweck des Grundrechts, wäre es widersprüchlich, wenn der Zweck sich nicht gleichartig auf den Schutz der Tätigkeiten auswirkt. Nur wenn der Zweck die Ausgestaltung des Mittels notwendig macht, ergibt sich bei einem Konflikt der Freiheitsausübung daraus eine Rechtfertigung zur Verdrängung der Freiheit eines anderen Grundrechtsträgers. Sofern dieser Grundrechtsträger gleichartig ist, muss für ihn das fragliche Mittel grds. auch geschützt sein[450]. Um Widersprüchlichkeiten zu vermeiden, ist es daher notwendig, den Ausgleich grundrechtlicher Betätigungsmöglichkeiten mit anderen Verfassungsgütern nicht bei der Ermittlung des Schutzbereichs zu berücksichtigen, sondern eine entsprechende staatliche Maßnahme als Eingriff zu verstehen[451].

Trotzdem ist die Abgrenzung einer Maßnahme als Ausgestaltung i.w.S. nicht ohne Bedeutung, da auch die Leistungsfunktion der Grundrechte sich nicht unterordnen muss[452]. Die Gewährleistungspflicht des Staates führt zu eigenständigen Verpflichtungen ggü. den betroffenen Grundrechtsträgern, die ebenfalls grundrechtlich geschützt sind und die ebenfalls durch den Gesetzgeber beachtet werden müssen[453]. Da diese Gewährleistungspflichten Verfassungsrang haben, können diese als verfassungsimmanente Grundrechtsschranken ggf. auch einen Eingriff in den Schutzbereich anderer Grundrechtsträger legitimieren[454].

Der Unterschied der Ansätze zeigt sich somit auch nicht in den zulässigen Zielen, die der Gesetzgeber verfolgen darf, sondern in der Bewertung der

---

450 *Gellermann*, Grundrechte und einfaches Recht, S. 221.

451 Jarass/Pieroth/GG/*Jarass*, Vorb. Art. 1 Rn. 20; Vgl. *Jacobs,* Tarifeinheit, S. 426; vgl. auch *Pecher*, Verfassungsimmanente Schranken, S. 100.

452 Anders *Jarass*, AöR 1985, 363, 384, der einen Vorrang des Abwehrrechts sieht; ebenso *Gellermann*, Grundrechte und einfaches Recht, S. 281, der sich auch gegen eine Doppelprüfung ausspricht.

453 HdB-StaatsR/*Hillgruber*, § 201 Rn. 20; *Dieterich*, RdA 2002, 1, 11.

454 Zur staatlichen Schutzpflicht allgemein, BVerfG v. 25.02.1975 – 1 BvF 1/74 (u.a.); BVerfG 39, 1, 42 ff.; Jarass/Pieroth/GG/*Jarass*, Vorb. Art. 1 Rn. 48; *Jarass*, AöR 1985, 363, 382 f.

zulässigen Mittel[455]. Da die Beschneidung einer grundrechtlichen Freiheit aber auch dann nur in der dafür erforderlichen Weise vorgenommen werden darf, wenn sie sich durch ein gleichrangiges Verfassungsgut rechtfertigt, ist die abwehrrechtliche Betrachtung in solchen Fällen zu bevorzugen[456].

(3) Tarifeinheitsgesetz und Ausgestaltung i.w.S.

Da das TEG eingreifenden Charakter hat, kann es an dieser Stelle offen bleiben, ob es gleichzeitig auch Gewährleistungspflichten des Staates erfüllt. Selbst wenn das TEG sich als notwendig erweist, um für andere Träger der Koalitionsfreiheit eine sinnvolle Freiheitsausübung zu ermöglichen, wird durch § 4a Abs. 2 TVG jedenfalls den Minderheitsgewerkschaften die tatsächliche Verwendung eines rechtlich konstituierten Betätigungsmittels verwehrt[457]. Da bei der Bewertung einer staatlichen Maßnahme anhand der Auswirkungen auf den einzelnen Grundrechtsträger zu differenzieren ist, muss das TEG somit als Eingriff in die Rechte der Minderheitsgewerkschaften bewertet werden. Bestehende Gewährleistungspflichten des Staates sind dabei ggf. als verfassungsimmanente Schranken der Koalitionsfreiheit zu berücksichtigen, auch wenn sie sich aus Art. 9 Abs. 3 GG ergeben[458].

Da somit beide relevanten Formen der Ausgestaltung nichts an der Bewertung der staatlichen Maßnahme als Eingriff in die Grundrechte der Minderheitsgewerkschaft ändern, erweisen sich die Meinungen als zutreffend, die in der gesetzlichen Tarifeinheit einen Eingriff in die Grundrechte sehen. Hingegen sind die Meinungen abzulehnen, die das TEG als Ausgestaltung der Koalitionsfreiheit betrachten.

4 Zusammenfassung

Die Auswirkungen des TEG auf die Minderheitsgewerkschaften und ihre Mitglieder stellen sich somit als Eingriff in deren Koalitionsfreiheit dar und

455 Anders *Löwisch/Rieble*/TVG, Grundl. Rn. 114 ff., die von einer vollen Verhältnismäßigkeitsprüfung ausgehen, aber auch einfach-gesetzliche Ziele berücksichtigen.

456 Allgemein zur Ausgestaltung BeckOK-GG/*Cornils*, Art. 9 Rn. 85.1.

457 Siehe C) I) 3) Zusammenfassung (der Auswirkungen auf den Schutzbereich der Koalitionsfreiheit).

458 Vgl. *Jacobs*, Tarifeinheit, S. 432 f., *Pieroth*, FS 50 Jahre BVerfG, 293, 308.

erweisen sich auch als Ungleichbehandlung der Berufsgewerkschaften. Ob das TEG gleichzeitig die Koalitionsfreiheit für andere Grundrechtsträger ausgestaltet, kann dabei offen bleiben, da sich daraus keine Auswirkungen auf die Bewertung als Eingriff ergeben.

Im Bereich der Ausgestaltung i.e.S. schließen sich die Ausgestaltung und der Eingriff bereits in ihrer Erscheinung aus. Die Gewährleistung einer freiheitlichen Betätigungsmöglichkeit kann sich nicht gleichzeitig als Beschränkung erweisen und somit kann diese Form der Ausgestaltung nicht in einer staatlichen Maßnahme mit dem Grundrechtseingriff zusammentreffen. Das TEG erweist sich dementsprechend nicht als eine solche Ausgestaltung.

Im Bereich der Ausgestaltung i.w.S können Ausgestaltung und Eingriff jedoch in einer staatlichen Maßnahme zusammenfallen, weil bei einer Abgrenzung freiheitlicher Betätigungsmöglichkeiten die Auswirkungen auf die betroffenen Grundrechtsträger differenziert zu betrachten sind. Ausgestaltung und Eingriff stellen dabei unterschiedliche Anforderungen an die staatliche Maßnahme, die ggü. den jeweiligen Grundrechtsträgern zu beachten sind. Da das TEG aber jedenfalls zu einem Eingriff in die Grundrechte der Minderheitsgewerkschaft führt, ist die Maßnahme auch als Eingriff zu bewerten. Es kann daher offen bleiben, ob das TEG eine Ausgestaltung i.w.S. darstellt. Allerdings sind die staatlichen Gewährleistungspflichten im Verfassungsrang im Rahmen der Rechtfertigung des Grundrechtseingriffs zu beachten.

III Rechtfertigung des Grundrechtseingriffs

Die Auswirkungen des TEG auf die Minderheitsgewerkschaften stellen somit einen Eingriff in deren Tarifautonomie dar. Es ist daher zu untersuchen, ob sich dieser Grundrechtseingriff durch eine verfassungsimmanente Grundrechtsschranke der Koalitionsfreiheit legitimieren kann.

Der Verweis auf eine abstrakte Form der Funktionsfähigkeit der Tarifautonomie genügt dafür aber nicht[459], da sich deren Funktionsfähigkeit nicht

---

459 Vgl. BVerfG v. 07.03.1990 – 1 BvR 266/86, BVerfGE 81, 278, 293. So aber die Rechtfertigung bei *Papier/Krönke*, ZfA 2011, 807, 844; sowie bei *Scholz/Linge-*

nach ordnungspolitischen Vorstellungen bestimmt, sondern die Funktionsbedingungen der Tarifautonomie richten sich vor allem nach den konkreten Anforderungen der Grundrechtsträger[460]. Nur soweit die Tarifautonomie für einzelne Grundrechtsträger nicht mehr funktionsfähig ist, kann die entsprechende staatliche Gewährleitungspflicht eine Rechtfertigung für die Beeinträchtigung der Minderheitsgewerkschaft bilden[461].

Der Grundrechtseingriff könnte sich dabei als legitim erweisen, wenn die Auflösung der Tarifkollisionen notwendig ist, um Verfassungsgüter zu schützen oder zu gewährleisten und daher ist zu untersuchen, ob die befürchteten Auswirkungen der Tarifkollisionen Beeinträchtigungen von Verfassungsgütern darstellen[462]. Zu unterscheiden ist dabei einerseits zwischen den Auswirkungen der Tarifkonkurrenz und der Tarifpluralität und andererseits zwischen den Auswirkungen auf die Mehrheitsgewerkschaft, den einzelnen Arbeitnehmer, den Arbeitgeber und auf die Allgemeinheit.

1 Schutz von Verfassungsgütern durch die Auflösung von Tarifkonkurrenz

Die Auswirkungen der Tarifkonkurrenz könnten insb. die Grundrechte der beteiligten Gewerkschaften beeinträchtigen, sofern sie durch diese Konkurrenzen in ihrer Tarifautonomie aus Art. 9 Abs. 3 GG beeinträchtigt werden. Die widerspruchsfreie Wirkung der Normen des Tarifvertrags ist jedenfalls als Bestandteil einer funktionsfähigen Tarifautonomie anzusehen, denn der Schutz der Arbeitnehmer ergibt sich nicht nur aus der bloßen Möglichkeit zum kollektiven Handeln[463], sondern die Wirkung der Tarifnormen im Arbeitsverhältnis ist für einen effektiven Schutz unerlässlich[464]. Daher ist die

mann/Ruttloff, NZA-Beil. 2015, 3, 24 f., die aber beide auf einem weiteren Funktionsfähigkeitsbegriff aufbauen.

460 Siehe C) I) 2) b) ii) aa) Schutzbereich (der Tarifautonomie).

461 *Bayreuther*, DB 2010, 2223, 2225 f., der jedoch die Notwendigkeit für eine weitere dogmatische Absicherung dieses Ansatzes sieht.

462 Zu den Zielen siehe B) III) Ziele einer gesetzlichen Regelung der Tarifeinheit.

463 BVerfG v. 26.06.1991 – 1 BvR 779/85, BVerfGE 84, 212, 229; Jarass/Pieroth/GG/*Jarass*, Art. 9 Rn. 39.

464 *Konzen*, JZ 2010, 1036, 1042.

Schutzfunktion[465] – und soweit wie dafür nötig auch die Ordnungsfunktion – des Tarifvertrags verfassungsrechtlich gewährleistet[466] denn gerade die normative Wirkung der Tarifnormen führt zur Bildung des Kartells der Mitglieder der Gewerkschaften[467].

Durch die Konkurrenz verschiedener Tarifnormen ist eine widerspruchsfreie Wirkung der vereinbarten Arbeitsbedingungen aber nicht mehr sichergestellt[468] und eine entsprechende Kollisionsnorm gewährleistet daher die Funktionsfähigkeit der Tarifautonomie für die betroffenen Gewerkschaften. Dieser Gedanke gilt sowohl für die Inhaltsnormen als auch für die Betriebsnormen eines Tarifvertrags[469], wobei aber offen bleiben kann, ob die Gewährleistung der Tarifautonomie die Regelung betrieblicher Normen überhaupt beinhaltet[470]. Sofern eine solche Gewährleistungspflicht des Staates nicht besteht, bedarf die Verdrängung der entsprechenden Normen des Minderheitstarifvertrags keiner verfassungsrechtlichen Rechtfertigung, während ansonsten die Gewährleistungspflicht grds. ggü. allen Gewerkschaften besteht. Geht man dabei von einer Regelungskompetenz der Koalitionen für die betrieblichen Angelegenheiten ihrer Mitglieder aus, so kann der damit verbundene Schutz der Arbeitnehmer nur effektiv sichergestellt werden, wenn die Regelungen der betrieblichen Ordnung – bspw. in der Form eines Rauchverbotes – den gesamten Betrieb erfassen, so dass sich die Auflösung eines Normenkonfliktes auf die staatliche Pflicht zu Gewährleistung der Tarifautonomie berufen kann[471].

---

465 Dazu Mü-HdB-ArbR/*Rieble/Klumpp*, § 162 Rn. 25.

466 *Kempen*, FS Hromadka 2008, 177, 183.

467 BAG v. 07.07.2010 – 4 AZR 549/08, BAGE 135, 80 Rn. 62 ff.; *Kempen*, FS Hromadka 2008, 177, 185.

468 *Bister*, Tarifpluralität und die Folgen, S. 45; *Jacobs*, Tarifeinheit, S. 247.

469 Vgl. H/W/K/ArbR-Kommentar/*Henssler*, § 4 TVG Rn. 59; *Jacobs*, Tarifeinheit, S. 111 u. S. 247.

470 Zur Frage der Verfassungsmäßigkeit dieser Kompetenz Däubler/TVG/*Lorenz*, § 3 Rn. 62 ff., der auf die Verletzung der negativen Koalitionsfreiheit abstellt und auf Sachzwänge verweist.

471 Däubler/TVG/*Reim/Nebe*, § 1 Rn. 352; Mü-HdB-ArbR/*Rieble/Klumpp*, § 177 Rn. 38, für das Verhältnis zu nichtorganisierten Arbeitnehmer; *Däubler*, Gutachten BDA/DGB, S. 37, (abrufbar unter: siehe Fn. 26); a.A. *Cornils*, Ausgestaltung, S. 439, der eine Rechtfertigung aus Art. 9 Abs. 3 GG ausschließt.

Davon zu unterscheiden ist die Rechtsprechung des BAG zu tariflichen Entgeltsystemen, die mit den Mitteln des BetrVG auf den gesamten Betrieb angewendet werden, obwohl es sich dabei um Inhaltsnormen der jeweiligen Tarifverträge handelt[472]. Aus der Sicht des Gerichts sei dies notwendig, um den Schutz der unorganisierten Arbeitnehmer zu gewährleisten, die aufgrund der Regelungssperre des § 87 Abs. 1 BetrVG kein eigenes betriebliches Entgeltsystem i.S.v. § 87 Abs. 1 Nr. 10 BetrVG errichten können und um so eine Beeinträchtigung der negative Koalitionsfreiheit zu verhindern[473]. Diese Rspr. ist aber abzulehnen[474], da sie sowohl den Wortlaut des § 3 Abs. 1 TVG als auch den überbetrieblichen Sinn des Tarifvertrags[475] missachtet. Die Auflösung einer daraus folgenden Konkurrenz von Tarifnormen kann sich daher nicht auf die Funktionsfähigkeit der Tarifautonomie berufen. Ebenso können Hinweise auf etwaige praktische Schwierigkeiten im Betriebsverfassungsrecht, die bei einer Häufung von Tarifverträgen im Zusammenhang mit dieser Regelungssperre entstehen könnten[476], einen Eingriff in die Tarifautonomie nicht rechtfertigen[477], weil diese Regelungen im Verhältnis zur Tarifautonomie nachrangig sind[478]. Ferner steht die genaue Abgrenzung der Kompetenzen von Gewerkschaft und Betriebsrat hier als milderes Mittel zur Verfügung, das sowohl die Tarifautonomie als auch die Rechte der betrieblichen Gemeinschaft in Einklang bringen kann[479].

---

472 BAG v. 18.10.2011 – 1 ABR 25/10, BAGE 139, 332.

473 BAG v. 18.10.2011 – 1 ABR 25/10, BAGE 139, 332 Rn. 16.

474 Siehe nur *Reichold*, RdA 2011, 311, 312 ff.; *derselb.*, FS Konzen 2006, 763, 768 ff.

475 Vgl. Sodan/GG/*derselb.*, Art. 9 Rn. 24; *Jacobs*, Tarifeinheit, S. 381 ff.; *Wank*, NJW 1996, 2273, 2274 f.

476 Siehe nur *Meyer*, NZA 2006, 1387, 1391 f.; *Scholz/Lingemann/Ruttloff*, NZA-Beil. 2015, 3, 42.

477 BAG v. 07.07.2010 – 4 AZR 549/08, BAGE 135, 80 Rn. 75.

478 *Kempen*, FS Hromadka 2008, 177, 180; *Papier/Krönke*, ZfA 2011, 807, 860 f.; *Pieroth*, FS 50 Jahre BVerfG, 293, 301; *Rieble/v. d. Ehe*, Gutachten BDA/DGB, Rn. 268, (abrufbar unter: siehe Fn. 135); *Wank*, NJW 1996, 2273, 2275. Aus diesen Normen können daher keine Maßstäbe der Tarifautonomie abgleitet werden, so aber *Scholz/Lingemann/Ruttloff*, NZA-Beil. 2015, 3, 41. A.A. *Sodan*, JZ 1998, 421, 427 ff.

479 Bspw. indem man die Regelungssperre des § 87 Abs. 1 BetrVG auf den tariflichen Anwendungsbereich beschränkt, *Bister*, Tarifpluralität und die Folgen, S.

Zumindest in den Fällen, in denen aus der Bindung an Tarifnormen gem. § 3 TVG Tarifkonkurrenzen entstehen, werden die Gewerkschaften in ihrem Recht auf Gewährleistung einer Tarifautonomie aus Art. 9 Abs. 3 GG beeinträchtigt. Die Auswirkungen einer Regelung, die diese Tarifkonkurrenz auflöst, kann sich daher durch die Pflicht zur Gewährleistung einer funktionsfähigen Tarifautonomie legitimieren, sofern die Maßnahme dafür verhältnismäßig ist.

2 Schutz von Verfassungsgütern durch die Auflösung von Tarifpluralität

Die Auflösung der Tarifpluralität muss aber differenzierter betrachtet werden, da die oben stehenden Überlegungen zur Tarifkonkurrenz nicht übertragen werden können, denn die Tarifeinheit stellt in diesem Zusammenhang keine Kollisionsnorm dar[480].

Selbst wenn innerhalb eines Betriebs verschiedene Tarifverträge angewendet werden, kommt es durch diese Tarifpluralität nicht zu einer Normenkollision der Inhaltsnormen der verschiedenen Tarifverträge[481], denn aufgrund von § 3 Abs. 1 TVG findet auf das einzelne Arbeitsverhältnis nur der Tarifvertrag Anwendung, an den der einzelne Arbeitnehmer durch seine Mitgliedschaft gebunden ist. Eine Überschneidung der Anwendungsbereiche der Tarifverträge wird somit bereits verhindert[482] und da somit keine Normenhäufung entsteht, führt die Verdrängung eines Tarifvertrags gerade zu einem Mangel an Tarifnormen, dem wiederum mit dem Nachzeichnungs-

105; *Schmidt*, Anmerkung zu BAG v. 07.07.2010 – 4 AZR 549/08, AP Nr. 140 zu Art. 9 GG. Vgl. auch *Franzen*, RdA 2008, 193, 200; *Jacobs*, Tarifeinheit, S. 380 ff.; *Rieble/v. d. Ehe*, Gutachten BDA/DGB, Rn. 268, (abrufbar unter: siehe Fn. 135).

480 So aber *Scholz/Lingemann/Ruttloff*, NZA-Beil. 2015, 3, 11, 13, 24, 32, 38.

481 *Säcker/Oetker*, ZfA 1993, 1, 5; so aber anscheinend *Buchner*, BB 2003, 2121, 2125, der von einer Tarifkonkurrenz spricht, dann aber feststellt, dass die Arbeitsverhältnisse durch die Tarifeinheit inhaltsleer werden könnten.

482 *Richardi*, NZA 2014, 1233, 1234.

recht entgegengetreten werden muss. Abseits der Auflösung der Tarifkonkurrenz lässt sich § 4a Abs. 2 TVG daher nicht als Kollisionsnorm verstehen[483].

Damit ist aber nicht ausgeschlossen, dass die Tarifpluralität aus anderen Gründen Verfassungsgüter beeinträchtigt und dass sich deren Auflösung zu Lasten der Minderheitsgewerkschaft somit trotzdem durch die Gewährleistung oder den Schutz von Verfassungsgütern rechtfertigen kann. In Frage kommen dabei neben Rechten der Mehrheitsgewerkschaft, des einzelnen Arbeitnehmers und des Arbeitgebers auch Interessen der Allgemeinheit, soweit diesen jeweils Verfassungsrang zukommt.

a) Schutz der Tarifautonomie der Mehrheitsgewerkschaft

Durch die Tarifpluralität muss die Mehrheitsgewerkschaft sich in den Wettbewerb mit anderen Koalitionen begeben und dabei ggf. auch ihre eigene Tarifpolitik an den Wettbewerber anpassen[484]. Dies könnte die Funktionsfähigkeit der Tarifautonomie für diese Gewerkschaften beeinträchtigen, sofern dadurch ihre Möglichkeiten zur Vereinbarung von Arbeitsbedingungen für ihre Mitglieder eingeschränkt werden.

Die Tarifautonomie der Mehrheitsgewerkschaften wird durch die Tarifverträge der Minderheitsgewerkschaften nicht unmittelbar beeinträchtigt, da sie bei der Vereinbarung von Arbeitsbedingungen für ihre Mitglieder durch diese nicht behindert werden[485]. Die Mittel der Tarifautonomie stehen den Mehrheitsgewerkschaften in tarifpluralen Betrieben unverändert zur Verfügung[486]. Das TEG verändert die Wirksamkeit dieser Mittel auch nicht, denn selbst wenn der Minderheitstarifvertrag verdrängt wird, beschränkt sich die

---

483 Daher kann dies am Charakter des Eingriffs nichts ändern, so aber *Scholz/Lingemann/Ruttloff*, NZA-Beil. 2015, 3, 24.

484 Siehe B) III) Ziele einer gesetzlichen Regelung der Tarifeinheit.

485 BAG v. 07.07.2010 – 4 AZR 549/08, BAGE 135, 80 Rn. 73; vgl. *Jacobs*, Tarifeinheit, S. 445; im Grundsatz auch *Kempen*, FS Hromadka 2008, 177, 183; a.A. *Giesen*, ZfA 2011, 1, 27, der in der Störung der befriedenden Wirkung des Tarifvertrags eine Beeinträchtigung der Mehrheitsgewerkschaft sieht.

486 Zu den mittelbaren Folgen im Arbeitskampf, *Rieble/v. d. Ehe*, Gutachten BDA/DGB, Rn. 324, (abrufbar unter: siehe Fn. 135).

Kompetenz der Mehrheitsgewerkschaft zur Regelung von Arbeitsbedingungen weiterhin auf ihre Mitglieder[487]. Aufgrund dieser Kompetenz ist es auch unverständlich, warum die Forderung einer Gewerkschaft, Arbeitsbedingungen für ihre Mitglieder zu vereinbaren, als Angriff auf andere Gewerkschaften oder als Machtkampf zwischen den Gewerkschaften verstanden wird[488].

Die Praxis der Tarifvertragsparteien, Betriebsnormen mit Inhaltsnormen in einem Verhandlungspaket zu verbinden, führt hier auch nicht zu einer anderen Bewertung[489]. Diese Praxis kann die in § 3 TVG angelegte Trennung[490] und unterschiedliche Wirkung dieser Normen nicht überwinden oder dazu führen, dass den Tarifvertragsparteien abseits der Ausnahme des § 3 Abs. 2 TVG eine Regelungskompetenz für den gesamten Betrieb zukommt[491]. Die Rechte der Außenseiter stehen einer solchen Kompetenz auch entgegen[492] und aufgrund der Auswirkungen auf die nicht und anders organisierten Arbeitnehmer ist vielmehr ein enges Verständnis der Betriebsnormen selbst notwendig[493]. Ferner ist die Abgrenzung dieser Normen auch

---

487 Vgl. *Jacobs*, Tarifeinheit, S. 345 f. zum Umgang mit den Arbeitnehmern denen durch die Verdrängung eines Tarifvertrags dieser Schutz entzogen wurde. Zum sog. Gewerkschafts-Hopping, siehe *Rieble/v. d. Ehe, Gutachten* BDA/DGB, Rn. 206 f., (abrufbar unter: siehe Fn. 135). Dieses ist durch die Nachbindung gem. § 3 Abs. 3 TVG bereits gelöst und muss nicht berücksichtigt werden, vgl. *Bister*, Tarifpluralität und die Folgen, S. 120.

488 So aber *Giesen/Kersten*, ZfA 2015, 201, 211, speziell zur Tarifauseinandersetzung der GDL mit der DB AG in den Jahren 2014/2015.

489 Siehe nur *Jacobs*, NZA 2008, 325, 328; wohl auch *Konzen/Schliemann*, RdA 2015, 1, 7 f.

490 Zum besonderen Problem der Normen mit Doppelcharakter, *Bister*, Tarifpluralität und die Folgen, S. 126 ff.

491 *Bister*, Tarifpluralität und die Folgen, S. 130 ff.; *Jacobs*, Tarifeinheit, S. 251 u. S. 380; *Säcker/Oetker*, ZfA 1993, 1, 6.

492 H/W/K/ArbR-Kommentar/*Henssler*, § 3 TVG Rn. 35; a.A. wohl Däubler/TVG/*Lorenz*, § 3 Rn. 62 ff., der die Erstreckung auf Außenseiter als unproblematisch bezeichnet, dabei aber auch auf die sachliche Notwendigkeit der einheitlichen Regelung verweist und den Ausnahmecharakter des § 3 Abs. 2 TVG betont.

493 *Franzen*, RdA 2008, 193, 198 f.; *Jacobs*, Tarifeinheit, S. 111 u. S. 113; *derselb.*, Tarifeinheit, S. 169; *Rieble/v. d. Ehe*, Gutachten BDA/DGB, Rn. 263 (abrufbar unter: siehe Fn. 135); *Schmidt*, Anmerkung zu BAG v. 07.07.2010 – 4 AZR

in der Tarifeinheit erforderlich und obwohl dafür bisher anerkannte Auslegungskriterien fehlen[494], genügt der Verweis auf die Auslegungsschwierigkeiten nicht, um die Auflösung der Tarifpluralität zu legitimieren[495].

Der Wettbewerb zwischen den Gewerkschaften sowie seine mittelbaren Auswirkungen können ebenso nicht als Störung der Tarifautonomie angesehen werden[496], denn die Existenz anderer Gewerkschaften und deren Tätigkeit ist durch Art. 9 Abs. 3 GG geschützt[497]. Auch der Wettbewerb selbst ist daher geschützt[498], so dass dementsprechend kein Schutz vor den Folgen des zulässigen Wettbewerbs beansprucht werden kann[499]. Ferner ist es dem Konzept der Grundrechte entgegengesetzt, dass durch die Verfälschung des Wettbewerbs die Mehrheit vor der Minderheit geschützt wird und dass die Mehrheitsgewerkschaft somit über die Verwirklichung der Grundrechte der Minderheit verfügen kann[500].

549/08, AP Nr. 140 zu Art. 9 GG. a.A. *Hanau*, RdA 2008, 98, 102, der eine weite Auslegung anstrebt, um die Ordnungsfunktion zu berücksichtigen.

494 Vgl. das Beispiel der Gleichstellungsregelung in Däubler/TVG/*Reim/Nebe,* § 1 Rn. 354; *Jacobs*, Tarifeinheit, S. 112 ff.

495 *Bister,* Tarifpluralität und die Folgen, S. 125; *Jacobs*, Tarifeinheit, S. 402 f.; *Papier/Krönke*, ZfA 2011, 807, 842; *Rieble/v. d. Ehe*, Gutachten BDA/DGB, Rn. 264, (abrufbar unter: siehe Fn. 135); a.A. wohl *Scholz/Lingemann/Ruttloff*, NZA-Beil. 2015, 3, 26.

496 *Henssler*, ZfWP 2015, 55, 64; *derselb*., RdA 2011, 65, 66 f.; *Jacobs*, Tarifeinheit, S. 454; *Konzen*, JZ 2010, 1036, 1043; *Rieble/v. d. Ehe*, Gutachten BDA/DGB, Rn. 217, (abrufbar unter: siehe Fn. 135); a.A. *Giesen*, NZA 2009, 11, 17, der darin ein Versagen der Koalitionen sieht; *Giesen/Kersten*, ZfA 2015, 201, 209 f.; *Meyer,* FS Buchner 2009, 628, 629, der eine Kooperationspflicht aus Art. 9 Abs. 3 GG ableitet.

497 Sachs/GG/*Höfling*, Art. 9 Rn. 125, der darauf hinweist, dass die Folgen des Koalitionspluralismus im Licht des Art. 9 Abs. 3 GG zu bewältigen sind; *Greiner*, NZA 2012, 529, 531 f.; a.A. *Säcker/Oetker,* ZfA 1993, 1, 11, die keinen Schutz der Tarifpluralität und auch kein Gebot der Koalitionspluralität sehen.

498 *Rieble/v. d. Ehe*, Gutachten BDA/DGB, Rn. 99, (abrufbar unter: siehe Fn. 135).

499 *Di Fabio,* Gutachten Tarifeinheit, S. 63, (abrufbar unter: siehe Fn. 144); *Dieterich*, GS Zachert 2010, 532, 540 f.; *Rieble/v. d. Ehe*, Gutachten BDA/DGB, Rn. 227, (abrufbar unter: siehe Fn. 135); a.A. *Kempen*, FS Hromadka 2008, 177, 185 ff., der aus der Kartellfunktion einen besonderen Schutz für die Mehrheitsgewerkschaft ableitet.

500 So auch wohl auch BVerfG v. 01.03.1979 – 1 BvR 532/77 (u.a.), BVerfGE 50,

Dabei sind die Mehrheitskoalitionen dem Wettbewerb durch die Minderheitsgewerkschaften auch nicht hilflos ausgeliefert, denn mit den Mitteln der Tarifautonomie können sie sich als Korrektiv zur Konkurrenz positionieren und sind keinesfalls gezwungen, deren Tarifpolitik zu übernehmen[501]. Erachten sie eine Anpassung ihrer eigenen Tarifpolitik als notwendig, da sie sonst bspw. zu viele Mitglieder an die Konkurrenz verlieren, so basiert diese Tarifpolitik auf der autonomen Entscheidung der Gewerkschaft und die veränderten Tarifforderungen sind weiter durch die Mitglieder legitimiert[502]. Gerade die Möglichkeit des Wechsels der Gewerkschaft stellt dabei sicher, dass innerhalb der Gewerkschaft die Interessen aller Mitglieder angemessen berücksichtigt werden[503], da die Inhaber dieser Interessen diese sonst eigenständig oder in anderen Organisationen verfolgen können[504]. Bedenkt man die mitgliedschaftliche Legitimation der Kompetenzen der Koalitionen, kann dies sogar als Stärkung der Tarifautonomie verstanden werden[505] und selbst wenn man den Wettbewerb als *„dysfunktional"* ansieht[506], wären gesetzliche Wettbewerbsregeln der gänzlichen Ausschaltung des Wettbewerbs vorzuziehen[507].

Zudem beschränkt sich die wettbewerbsbeschränkende Kartellwirkung des Tarifvertrags von vornherein auf die Gewerkschaftsmitglieder, so dass durch einen einheitlichen Tarifvertrag der Wettbewerb um die Arbeitsbedingungen nicht ausgeschaltet würde, da die Gewerkschaften und ihre Mitglieder weiter den Wettbewerbsdruck der nicht organisierten Arbeitnehmer

---

290, 353; vgl. auch *Di Fabio*, Gutachten Tarifeinheit, S. 35, (abrufbar unter: siehe Fn. 144).

501 *Rieble/v. d. Ehe*, Gutachten BDA/DGB, Rn. 212, (abrufbar unter: siehe Fn. 135).

502 Vgl. *Kamanabrou*, ZfA 2008, 241, 251, zur Tariffähigkeit; vgl. auch *Rieble/v. d. Ehe*, Gutachten BDA/DGB, Rn. 211 f., (abrufbar unter: siehe Fn. 135).

503 *Greiner*, NZA 2015, 769, 771; *Rieble/v. d. Ehe*, Gutachten BDA/DGB, Rn. 221, (abrufbar unter: siehe Fn. 135); *Waas*, Gutachten BDA/DGB, S. 44 Fn. 120, (abrufbar unter: siehe Fn. 71).

504 *Jacobs*, Tarifeinheit, S. 454, sieht daher eher eine Pflicht zur Förderung des Wettbewerbs.

505 *Jacobs*, NZA 2008, 325, 329 f.

506 So *Giesen/Kersten*, ZfA 2015, 201, 211.

507 *Löwisch*, RdA 2010, 263, 265.

hinnehmen müssen[508]. Angesichts der geringen Tarifbindung ist nicht ersichtlich, wie die Kartellfunktion wesentlich gestärkt wird, wenn nur die tariflichen Arbeitsbedingungen im Betrieb vereinheitlicht werden, aber nicht die individuell vereinbarten Arbeitsverträge[509].

Da die Funktionsfähigkeit der Tarifautonomie für die Mehrheitsgewerkschaft nicht gefährdet ist, lässt sich daraus auch keine Rechtfertigung für die Tarifeinheit aus Art. 9 Abs. 3 GG ableiten.

b) Schutz verfassungsmäßiger Rechte der Arbeitnehmer

Verfassungsmäßige Rechte der Arbeitnehmer könnten durch die mögliche Verschlechterung der Arbeitsbedingungen in der Folge des Wettbewerbs der Gewerkschaften sowie durch die Notwendigkeit zur Offenbarung der Gewerkschaftsmitgliedschaft in einem tarifpluralen Betrieb beeinträchtigt werden.

(1) Schutz der Arbeitnehmer vor unangemessenen Arbeitsbedingungen als sozialstaatliche Verantwortung gem. Art. 20 Abs. 1 GG

Das TEG wird auch durch den Erhalt der Schutzfunktion des Tarifvertrags begründet und bezieht sich damit auf den Schutz der Arbeitnehmer, den der Tarifvertrag durch die Möglichkeit zur kollektiven Vereinbarung von zwingend wirkenden Arbeitsbedingungen gewährt[510]. Die Tarifpluralität hat auf diese Funktion des Tarifvertrags allerdings keinen Einfluss, da die Koalitionen weiter Arbeitsbedingungen für ihre Mitglieder aushandeln können, die dann auch Wirkung erlangen[511].

Der Schutz der Arbeitnehmer ist aber nicht nur Aufgabe der Koalitionen, sondern aus dem Sozialstaatsprinzip des Art. 20 Abs. 1 GG ergibt sich auch für den Staat die Pflicht, den Schutz der Arbeitnehmer durch angemessene Arbeitsbedingungen sicherzustellen[512]. Die Gewährleistung angemessener

---

508 *Däubler*, Gutachten TEG, S. 23, (abrufbar unter: siehe Fn. 83); *Rieble/v. d. Ehe*, Gutachten BDA/DGB, Rn. 217, (abrufbar unter: siehe Fn. 135).

509 So aber wohl *Kempen*, FS Hromadka 2008, 177, 186 f.

510 H/W/K/ArbR-Kommentar/*Hergenröder*, Art. 9 GG Rn. 107; *Kempen*, FS Hromadka 2008, 177, 184 f.

511 A.A. wohl *Scholz/Lingemann/Ruttloff*, NZA-Beil. 2015, 3, 25 f.

512 *Löwisch/Rieble*/TVG, Grundl. Rn. 31.

Arbeitsbedingungen zum Schutz der Arbeitnehmer könnte als Verfassungsgut daher die Auflösung der Tarifpluralität und den damit verbundenen Eingriff in die Rechte der Minderheitsgewerkschaft ebenfalls legitimieren[513].

Ob der Schutz der Arbeitnehmer durch die Tarifpluralität beeinträchtigt wird, kann zwar bezweifelt werden[514], jedoch steht dem Gesetzgeber im Bereich der Wirtschafts- und Sozialpolitik ein erheblicher Einschätzungs- und Prognosespielraum zu[515]. Auch wenn die Gesetzesbegründung nicht sehr ausführlich ist, lässt sich daraus entnehmen, dass der Gesetzgeber die Arbeitnehmer vor den negativen Folgen des gewerkschaftlichen Wettbewerbs schützen möchte und es erscheint zumindest möglich, dass dieser Wettbewerb zu einer Verschlechterung der Arbeitsbedingungen – ggf. einzelner Berufsgruppen – führen könnte[516].

Sofern das TEG für den Schutz der Arbeitnehmer geeignet, erforderlich und angemessen ist, könnte das Sozialstaatsprinzip aus Art. 20 Abs. 1 GG einen Eingriff in die Koalitionsfreiheit rechtfertigen.

(2) Schutz des Rechts auf informationelle Selbstbestimmung, Art. 2 Abs. 1 GG

Soweit man davon ausgeht, dass die Tarifpluralität dazu führt, dass die Arbeitnehmer ihre Gewerkschaftszugehörigkeit offenbaren müssen, könnte das eine Beeinträchtigung des Rechts des Arbeitnehmers auf informationelle Selbstbestimmung[517] aus Art. 2 Abs. 1 GG darstellen[518]. Der Schutz

---

513 Vgl. BVerfG v. 08.06.2004 – 1 BvL 5/00, BVerfGE 110, 412, 445; BVerfG v. 27.04.1999 – BVerfGE 100, 271, 284; BVerfG v. 12.03.1996 – 1 BvR 609 (u.a.), BVerfGE 94, 241, 263.

514 Siehe dazu *Kamanabrou*, ZfA 2008, 241, 250; *Rieble/v. d. Ehe*, Gutachten BDA/DGB, Rn. 214 f., (abrufbar unter: siehe Fn. 135).

515 BVerfG v. 17.11.1992 – 1 BvR 168/89 (u.a.), BVerfGE 87, 363, 383; siehe dazu ausführlich *Scholz/Lingemann/Ruttloff*, NZA-Beil. 2015, 3, 26 f.

516 Siehe dazu *Kempen*, FS Hromadka 2008, 177, 184 ff.

517 Zu diesem Recht siehe BVerfG v. 13.06.2007 – 1 BvR 1550/03 (u.a.), BVerfGE 118, 168, 184; Jarass/Pieroth/GG/*Jarass*, Art. 2 Rn. 42 ff.

518 Teilweise wird der Schutz dieses Rechts auch aus Art. 9 Abs. 3 GG abgeleitet, siehe nur BAG v. 18.11.2014 – 1 AZR 257/13, NZA 2015, 306; sowie ErfK/*Schmidt*, Art. 2 GG Rn. 96.

dieses Rechts könnte grds. einen Eingriff in die Koalitionsfreiheit rechtfertigen, jedoch kommt es für den vorliegenden Eingriff nicht als rechtfertigendes Verfassungsgut in Frage, da die Tarifpluralität keine negativen Auswirkungen auf dieses Recht hat[519].

Es wird zwar darauf verwiesen, dass die Gewerkschaftsmitglieder ihre Gewerkschaftszugehörigkeit nicht offenbaren müssten, wenn nur ein Tarifvertrag im Betrieb anwendbar ist, da dieser dann entweder über die Einbeziehung in den Arbeitsvertrag oder über die Tarifbindung Anwendung finden würde[520]. Auf die Kenntnis der Gewerkschaftszugehörigkeit käme es dann nicht mehr an[521].

Diese Betrachtungsweise des rein Faktischen kann nicht überzeugen. Rechtlich ist der Arbeitgeber nicht zur Einbeziehung eines Tarifvertrags in die Arbeitsverträge verpflichtet und daher muss es auch bei einer Tarifeinheit im Betrieb nicht zu einheitlichen Arbeitsbedingungen kommen[522]. Soweit Arbeits- und Tarifvertrag voneinander abweichen, steht es dem Arbeitgeber grds. zu, sich bei der Gestaltung der Arbeitsbedingungen nach dem Arbeitsvertrag zu richten, solange er von der Anwendung des Tarifvertrags keine Kenntnis hat[523]. Will der Arbeitgeber seinen sozialversicherungsrechtlichen und seiner tarifvertraglichen Durchführungspflicht nachkommen[524], muss aber auch in diesen Fällen die Gewerkschaftszugehörigkeit geklärt werden. Das Problem der Offenbarung der Gewerkschaftszugehörigkeit ist daher keine spezielle Auswirkung der Tarifpluralität, sondern ein generelles Problem des Tarifvertragssystems, dass aus der Verbindung von Gewerkschaftsmitgliedschaft und Anwendung des Tarifvertrags entsteht[525]. Die Auswirkungen auf die informationelle Selbstbestimmung kommen dabei in der Tarifpluralität zwar besonders zum Vorschein, werden durch diese aber nicht

519 Ausführlich *Jacobs*, Tarifeinheit, S. 403 ff.

520 *Bister*, Tarifpluralität und die Folgen, S. 66 f.; vgl. auch *Forst*, ZTR 2011, 587 f.

521 Vgl. *Giesen*, NZA 2009, 11, 13.

522 *Rieble/v. d. Ehe*, Gutachten BDA/DGB, Rn. 244, (abrufbar unter: siehe Fn. 135).

523 *Jacobs*, NZA 2008, 325, 328; vgl. auch *Henssler*, RdA 2011, 65, 67.

524 Siehe dazu *Forst*, ZTR 2011, 587, 588 f.

525 *Hanau*, NZA 2012, 825, der diese Verbindung aber als unpraktisch empfindet; *Henssler*, RdA 2011, 65, 67; *Jacobs*, Tarifeinheit, S. 405; a.A. wohl *Bister*, Tarifpluralität und die Folgen, S. 68, der das Problem nur in der Tarifpluralität sieht.

ausgelöst[526]. Es hängt daher auch nicht von der Tarifeinheit, sondern vom Verhalten des Arbeitgebers und der Einbeziehung der tariflichen Arbeitsbedingungen in die Arbeitsverträge ab, ob die Gewerkschaftsmitgliedschaft eines Arbeitnehmers für die Gestaltung der Arbeitsbedingungen relevant ist[527].

Ohne die Frage abschließend klären zu wollen, ist an dieser Stelle zu berücksichtigen, dass die Funktionsfähigkeit der Tarifautonomie auch ein Verfassungsgut darstellt, das einen Eingriff in die informationelle Selbstbestimmung rechtfertigen kann und dass die Arbeitnehmer durch ihre Mitgliedschaft freiwillig an der Tarifautonomie partizipieren. Eine Beschränkung der informationellen Selbstbestimmung zu Gunsten der Tarifautonomie erscheint daher möglich[528], soweit sie für das Arbeitsleben erforderlich ist[529], so dass zumindest auf den ersten Blick die Offenbarung der Gewerkschaftszugehörigkeit im laufenden Arbeitsverhältnis[530] nicht zwingend einen unzulässigen Eingriff in das Recht auf informationelle Selbstbestimmung darstellen würde[531]. Dabei müsste allerdings zumindest sichergestellt werden, dass dem Arbeitnehmer[532] und seiner Gewerkschaft[533] daraus keine Nachteile entstehen.

---

526 *Rieble/v. d. Ehe*, Gutachten BDA/DGB, Rn. 257 f., (abrufbar unter: siehe Fn. 135).

527 *Hanau,* NZA 2012, 825, 827, geht auch davon aus, dass der Arbeitgeber bei Tarifpluralität die Regeln einheitlich auf die Berufsgruppen anwenden wird; *Jacobs*, Tarifeinheit, S. 405; *Rieble/v. d. Ehe*, Gutachten BDA/DGB, Rn. 262, (abrufbar unter: siehe Fn. 135).

528 Diese steht unter einem einfachen Gesetzesvorbehalt, Jarass/Pieroth/GG/*Jarass*, Art. 2 Rn. 13.

529 Siehe nur LAG Hessen vom 07.11.2012 – 12 Sa 654/11, BeckRS 67404.

530 Vor der Einstellung besteht an der Kenntnis hingegen kein schützenswertes Interesse des Arbeitgebers, *Bister*, Tarifpluralität und die Folgen, S. 70; *Reichold*, RdA 2007, 321, 327.

531 Zu den Einzelheiten eines solchen Fragerechts und zum Stand der Diskussion in der Literatur, *Bister*, Tarifpluralität und die Folgen, S. 71 ff.; *Forst*, ZTR 2011, 587, 589 ff.

532 *Brocker*, NZA-Beil. 2010, 121, 125; *Schmidt*, Anmerkung zu BAG v. 07.07.2010 – 4 AZR 549/08, AP Nr. 140 zu Art. 9 GG.

533 BAG v. 18.11.2014 – 1 AZR 257/13, NZA 2015, 306.

Unabhängig davon kann das Recht der Arbeitnehmer auf informationelle Selbstbestimmung die Auflösung der Tarifpluralität und den damit verbundenen Grundrechtseingriff jedenfalls nicht rechtfertigen.

c) Schutz verfassungsmäßiger Rechte der Arbeitgeber

Die Auswirkungen der Tarifpluralität auf die Arbeitgeber führen dazu, dass diese im Betrieb keine einheitlichen Arbeitsbedingungen mehr etablieren können. Ferner könnte die erhöhte Anzahl an Gegenspielern die befriedende Wirkung des Tarifvertrags und damit die Planungssicherheit der Arbeitgeber gefährden. Außerdem seien Störungen des Betriebsablaufs sowie eine Schwächung der Verhandlungsmacht der Arbeitgeber zu erwarten.

(1) Einheitliche Arbeitsbedingungen im Betrieb als Verfassungsgut?

Durch die Tarifpluralität kann der Arbeitgeber in seinem Betrieb keine einheitlichen Arbeitsbedingungen mehr etablieren. Dies wird teilweise als Beeinträchtigung der Ordnungsfunktion des Tarifvertrags verstanden und zur Rechtfertigung für eine Tarifeinheit herangezogen[534]. Dadurch werden jedoch weder die Tarifautonomie noch andere Rechte des Arbeitgebers mit Verfassungsrang beeinträchtigt[535].

Die Tarifautonomie der Arbeitgeber ist nicht beeinträchtigt, da auch für die Arbeitgeber die Tarifautonomie keine Gewährleistungen beinhaltet, die über die Mitglieder der Parteien des jeweiligen Tarifvertrags hinausgeht, denn die ordnende Wirkung des Tarifvertrags beschränkt sich lediglich auf die Vertragsparteien[536]. Soweit die Kollisions- und Anwendungsfragen geklärt sind, stellt die Geltung unterschiedlicher Inhaltsnormen aufgrund unterschiedlicher Tarifbindung rechtlich keine Problematik für die Arbeitgeber dar und führt nicht zu einer Verletzung des Gleichbehandlungsgrundsatzes[537]. Inhaltliche Anforderungen der Praktikabilität sind nicht Teil von

---

534 *Hromadka,* NZA 2014, 1105, 1106 f.; *Waas*, Gutachten BDA/DGB, S. 37 f., (abrufbar unter: siehe Fn. 71).

535 *Rieble/v. d. Ehe*, Gutachten BDA/DGB, Rn. 244, (abrufbar unter: siehe Fn. 135).

536 *Rieble/v. d. Ehe*, Gutachten BDA/DGB, Rn. 241 f., (abrufbar unter: siehe Fn. 135).

537 *Jacobs*, Tarifeinheit, S. 394; *Reichold,* öAT 2010, 29, 30; *Schliemann,* FS Hromadka 2008, 359, 368; offen bei *Richardi*, NZA 2014, 1233, 1235 f.; a.A. noch

Art. 9 Abs. 3 GG[538] und die staatliche Gewährleistungspflicht erfasst daher auch ggü. den Arbeitgebern nicht den Schutz eines bestimmten Inhalts der Tarifverträge. Das Kriterium der sinnvollen Ordnung bezieht sich nur auf den Prozess der Ordnung des Arbeitslebens und die Gewährleistung der Tarifautonomie bezieht sich auch für den Arbeitgeber nur auf die Mittel, die notwendig sind, um den Arbeitgeber die Einbringung ihrer Ordnungsinteressen in die Kollektivvereinbarung zu ermöglichen[539]. Durch die Tarifpluralität werden diese Mittel rechtlich nicht beeinflusst und es ist daher unerheblich, ob die unterschiedlichen Arbeitsbedingungen in der Praxis tatsächlich problematisch sind[540].

Andere Rechte des Arbeitgebers, die so beeinträchtigt werden könnten, sind nicht ersichtlich. Die unternehmerische Entscheidungsfreiheit des Arbeitgebers aus Art. 12 GG i.V.m. Art. 2 Abs. 1 GG[541] wird durch die unterschiedlichen Arbeitsbedingungen jedenfalls dann nicht berührt, wenn er sie tarifautonom vereinbart[542].

Die Arbeitsvertragsfreiheit des Arbeitgebers wird ebenfalls nicht beeinträchtigt, denn in einem tarifpluralen Betrieb kann der Arbeitgeber über die individuell vereinbarten Arbeitsverhältnisse seine Ordnungsinteressen ebenfalls zur Geltung bringen[543]. Die Möglichkeit der Parteien des indivi-

---

BAG v. 29.11.1967 – GS 1/67, BAGE 20, 175, 222; *Hufen*, NZA 2014, 1237, 1239.

538 BAG v. 07.07.2010 – 4 AZR 549/08, BAGE 135, 80 Rn. 72; *Jacobs*, Tarifeinheit, S. 396 ff.

539 *Richardi*, NZA 2014, 1233, 1235.

540 Es wird aber darauf hingewiesen, dass der Umgang mit unterschiedlichen Arbeitsbedingungen wohl möglich sei, *Bister*, Tarifpluralität und die Folgen, S. 91 f.; ebenso *Jacobs*, Tarifeinheit, S. 401 f.

541 Siehe dazu BVerfG v. 19.10.1983 – 2 BvR 298/81, BVerfGE 65, 196, 210 (m.w.N.); sowie Jarass/Pieroth/GG/*Jarass*, Art. 2 Rn. 25.

542 Vgl. *Bayreuther*, NZA 2007, 187, 188 f.; *Henssler*, RdA 2011, 65, 68; *derselb.*, ZfWP 2015, 55, 64; *Konzen*, JZ 2010, 1036, 1038; *Wiedemann*, Tarifnormen und Grundrechte, S. 200 f.; a.A. *Franzen*, RdA 2008, 193, 203.

543 *Buchner*, FS 50 Jahre BAG, 631, 636, will daher auch die Ausnutzung dieser Möglichkeiten zur Voraussetzung einer Tarifeinheit machen.

duellen Arbeitsvertrags, Tarifverträge in das Arbeitsverhältnis einzubeziehen, ist zwar ebenfalls geschützt[544], wird durch die Tarifpluralität aber auch nicht beeinträchtigt[545]. Die erhöhte Anzahl der Tarifverträge vergrößert vielmehr deren Auswahl an Tarifverträgen, die sie in ihr Arbeitsverhältnis einbeziehen können[546]. Die bestehenden Bezugnahmeklauseln können die Verdrängung des Minderheitstarifvertrags ebenso wenig legitimieren, auch wenn deren Auslegung teilweise als problematisch empfunden wird[547]. Einerseits ist dies ein vorübergehendes Problem, denn es betrifft nur bestehende Klauseln, die an eine Tarifpluralität nicht angepasst sind, während für neue Arbeitsverhältnisse Gestaltungsmöglichkeiten für den Fall der Tarifpluralität bestehen[548]. Andererseits erscheint eine Auslegung anhand der bestehenden Kriterien für Formulararbeitsverträge durchaus möglich[549]. Nicht zuletzt können aus der Nutzung der Ergebnisse der Tarifautonomie durch die privatautonomen[550] Entscheidungen von Dritten keine Schlussfolgerungen für die Gestaltung der Tarifautonomie selbst gezogen werden, weil so das eigentliche Verhältnis auf den Kopf gestellt würde.

Die unterschiedlichen Arbeitsbedingungen, die aus der Tarifpluralität resultieren, können die Verdrängung des Tarifvertrags daher nicht rechtfertigen.

---

544 *Löwisch/Rieble*/TVG, § 1 Rn. 610.

545 Anders als der frühere Grundsatz der Tarifeinheit, vgl. BAG v. 20.03.1991 – 4 AZR 455/90, AP Nr. 20 zu § 4 TVG Tarifkonkurrenz; zur Kritik daran siehe *Jacobs*, Tarifeinheit, 462 ff. Das BAG hat diese Rspr. vor der Aufgabe der Tarifeinheit geändert, vgl. BAG v. 29.08.2007 – 4 AZR 767/05, AP Nr. 62 zu § 1 TVG Bezugnahme auf Tarifvertrag, Rn. 35 f.

546 *Rieble/v. d. Ehe*, Gutachten BDA/DGB, Rn. 274, (abrufbar unter: siehe Fn. 135) zur Tarifbindung; ferner wäre auch hier die Einheitlichkeit stark vom Verhalten des Arbeitgebers abhängig, *dieselb.*, Gutachten BDA/DGB, Rn. 244.

547 *Reichold*, öAT 2010, 29, 30.

548 Vgl. die ausführliche Untersuchung bei *Bister*, Tarifpluralität und die Folgen, S. 85 ff.; sowie *Jacobs*, NZA 2008, 325, 333; *Schmidt*, Anmerkung zu BAG v. 07.07.2010 – 4 AZR 549/08, AP Nr. 140 zu Art. 9 GG; *Seel*, öAT 2010, 82, 83.

549 *Bister*, Tarifpluralität und die Folgen, S. 79 ff.; *Greiner*, NZA 2015, 769, 775 f.; *Seel*, öAT 2010, 82, 83. Zur Anwendung der AGB-Kontrolle auf die Bezugnahmeklausel siehe *Giesen*, ZfA 2010, 657, 663 ff.

550 Zum privatautonomen Charakter dieser Möglichkeit, *Jacobs*, Tarifeinheit, S. 178 f.

(2) Schutz der Arbeitgeber durch den Erhalt der befriedenden Wirkung des Tarifvertrags, Art. 9 Abs. 3 GG

Ferner wird zur Begründung des TEG auf die Störung der befriedenden Wirkung des Tarifvertrags verwiesen, da durch die negativen Auswirkungen auf die Planungssicherheit der Arbeitgeber eine sinnvolle Vereinbarung von kollektiven Arbeitsbedingungen nicht mehr möglich sei[551]. Diese befriedende Wirkung des Tarifvertrags kann als Bestandteil der Funktionsfähigkeit der Tarifautonomie angesehen werden, denn jede Vereinbarung muss den Beteiligten Rechtssicherheit bieten, so dass auch die Vereinbarungen der Sozialpartner rechtsverbindlich sein müssen[552]. Die Koalitionen müssen sich auch auf den Inhalt der getroffenen Vereinbarung verlassen können und die Vereinbarung muss ihnen wirtschaftliche Stabilität vermitteln[553]. Der Staat ist daher verpflichtet, die befriedende Wirkung des Tarifvertrags zu gewährleisten und diese Gewährleistungspflicht aus Art. 9 Abs. 3 GG könnte den Eingriff in die Koalitionsfreiheit der Minderheitsgewerkschaft rechtfertigen, sofern sie durch die Tarifpluralität beeinträchtigt wird.

Dass der einzelne Tarifvertrag das Arbeitsleben bei einem Arbeitgeber nicht umfassend befrieden kann, ist dabei zwar zutreffend, jedoch wird die rechtliche Verbindlichkeit der einzelnen Vereinbarung sowie die damit verbundenen Friedenspflicht durch die Tarifpluralität nicht beeinträchtigt. Ferner verkleinern die unterschiedlichen Tarifforderungen, die von verschiedenen Teilen der Belegschaft zu unterschiedlichen Zeitpunkten gestellt werden, zwar die wirtschaftlichen Planungsmöglichkeiten der Arbeitgeber[554], aber trotzdem können diese ihre Interessen weiter in den Verhandlungsprozess einbringen[555], auch wenn bei der Ermittlung des bestehenden Verhandlungsspielraums bereits die zukünftigen Tarifverhandlungen mit zu bedenken

---

551 *Henssler,* ZfA 2010, 397, 413 der daraus aber die Notwendigkeit zur Regelung des Arbeitskampfrechts ableitet; *Scholz/Lingemann/Ruttloff,* NZA-Beil. 2015, 3, 9; *Seeling/Probst*, BB 2014, 2421, 2422 f.

552 *Giesen*, ZfA 2011, 1, 27.

553 Siehe nur *Löwisch/Rieble*/TVG, Grundl. Rn. 21; *Franzen*, RdA 2008, 193, 203; *derselb*., ZfA 2011, 647, 661 f., der darauf hinweist, dass dies auch ein wichtiger Anreiz für Arbeitgeber ist, Tarifverträge abzuschließen.

554 *Bister,* Tarifpluralität und die Folgen, S. 141 f.; *Franzen*, RdA 2008, 193, 203.

555 Vgl. *Richardi*, NZA 2014, 1233, 1235.

sind[556]. Die bloße Erhöhung der Anzahl der Tarifkonflikte und die damit verbundene Erhöhung des Planungsaufwands kann daher nicht als Beeinträchtigung der Tarifautonomie der Arbeitgeber verstanden werden, solange die Parität der Vertragsparteien und damit der Einfluss der Arbeitgeber auf die Tarifverhandlungen gesichert ist.

Die Befriedung des Arbeitslebens ist somit zwar Bestandteil einer funktionsfähigen Tarifautonomie, jedoch kann die Verdrängung des Minderheitsvertrags mit diesem Aspekt nicht gerechtfertigt werden, da die Planungsmöglichkeiten der Arbeitgeber durch die Tarifpluralität selbst nicht beeinträchtigt werden.

Ergänzend ist darauf hinzuweisen, dass die Tarifeinheit des § 4a TVG auch keinen Beitrag zur Befriedung des Arbeitslebens bei einem Arbeitgeber leistet, denn innerhalb des Unternehmens und selbst innerhalb des Betriebs kann es weiter zu Tarifpluralität kommen, so dass die resultierende Verbesserung der Planungsmöglichkeit sehr begrenzt ist und aufgrund der Möglichkeit der gewillkürten Tarifpluralität hängt diese Verbesserung stark vom Verhalten der beteiligten Mehrheitsgewerkschaften ab.

(3) Schutz der Betriebsabläufe im Betrieb des Arbeitgebers, Art. 14 GG

Um die Tarifeinheit zu rechtfertigen, wird ferner auf die Störungen des Betriebsablaufs hingewiesen, die aus den Konflikten der Gewerkschaften im Betrieb entstehen können. Soweit diese Konflikte das Eigentumsrecht des Arbeitgebers aus Art. 14 GG beeinträchtigen, bestehen ebenfalls staatliche Schutzpflichten im Verfassungsrang, so dass der Schutz des Eigentums des Arbeitgebers einen Eingriff in die Koalitionsfreiheit rechtfertigen könnte[557].

Die bloße Verschlechterung der Stimmung wegen der Konkurrenz um bessere Arbeitsbedingungen ist dabei zwar unerheblich, aber sofern die Auseinandersetzungen zwischen Gewerkschaften und ihren Mitgliedern in einem tarifpluralen Betrieb zu einer extremen Störung des Betriebsablaufs führen[558], kann es so zu einer Beeinträchtigung des grundrechtlich geschützten

---

[556] *Deinert*, RdA 2011, 12, 16.

[557] Vgl. BVerfG v. 17.02.1981 – 2 BvR 384/78, BVerfGE 57, 220, 246, zum Betriebsfrieden in kirchlichen Einrichtungen.

[558] Wohl *Franzen*, RdA 2008, 193, 203, aber über Art. 12 GG.

Eigentums des Arbeitgebers kommen, da der Schutzbereich des Art. 14 GG die Substanz des wirtschaftlich genutzten Eigentums des Arbeitgebers erfasst[559].

Ob die Geltung unterschiedlicher Tarifverträge in einem Betrieb dabei tatsächlich ein solches Konfliktpotenzial beinhaltet, ist im Grundsatz dem Prognosevorrang des Gesetzgebers überlassen und soweit diese Beeinträchtigungen des Eigentums befürchtet werden, kann die staatliche Pflicht zum Schutz des Eigentums der Arbeitgeber somit auch den Schutz vor diesen Folgen der Auseinandersetzungen der Gewerkschaftsmitglieder legitimieren, sofern dieses Ziel durch die Tarifeinheit in verhältnismäßiger Weise erreicht wird.

(4) Schutz der Verhandlungsparität des Arbeitgebers, Art. 9 Abs. 3 GG

Ferner wird darauf verwiesen, dass die erhöhte Anzahl an Gegenspielern sich auf die Parität zwischen den beteiligten Koalitionen auswirken und die Verhandlungsstärke der Arbeitgeberseite schwächen könne[560]. Da diese Parität der Tarifvertragsparteien ein Bestandteil der Funktionsfähigkeit der Tarifautonomie ist[561], kann der Staat strukturelle Störungen der Parität beseitigen[562], wobei er jedoch nicht verpflichtet ist, den jeweiligen Akteuren zur Durchsetzungskraft zu verhelfen[563]. Der Eingriff in die Rechte der Minder-

---

559 Jarass/Pieroth/GG/*Jarass*, Art. 14 Rn. 9 u. Rn. 21; *Löwisch/Rieble*/TVG, § 1 Rn. 715.

560 Vgl. *Feudner*, RdA 2008, 104, 105 zum Tarifkonflikt bei der DB AG; *Meyer*, DB 2006, 1271, 1272.

561 BVerfG v. 04.07.1995 – 1 BvF 2/86 (u.a.), BVerfGE 92, 365, 394 f.; BVerfG v. 26.06.1991 – 1 BvR 779/85, BVerfGE 84, 212, 229; sowie ErfK/Linsenmaier, Art. 9 GG Rn. 112; *Franzen*, RdA 2008, 193, 203; *Kempen*, FS Hromadka 2008, 177, 181; *Papier/Krönke*, ZfA 2011, 807, 840; *Pieroth,* FS 50 Jahre BVerfG, 293, 310; *Rieble/v. d. Ehe,* Gutachten BDA/DGB, Rn. 321, (abrufbar unter: siehe Fn. 135).

562 BVerfG v. 04.07.1995 – 1 BvF 2/86 (u.a.), BVerfGE 92, 365 1. Ls.; BVerfG v. 26.06.1991 – 1 BvR 779/85, BVerfGE 84, 212, 228 ff.

563 Vgl. BVerfG v. 04.07.1995 – 1 BvF 2/86 (u.a.), BVerfGE 92, 365, 394.

heitsgewerkschaft könnte daher gerechtfertigt sein, soweit dadurch der Erhalt der Verhandlungsstärke der Arbeitgeber im Verhältnis zu der gestiegenen Anzahl an Gewerkschaften gewährleistet wird[564].

Ob die strukturellen Veränderungen des Tarifsystems nach der Aufgabe der Tarifeinheit durch das BAG tatsächlich zu vermehrter Koalitionspluralität und damit auch zu vermehrter Tarifpluralität führen könnten, kann dabei hier offen bleiben, denn dem Gesetzgeber steht in Bezug auf tatsächliche Entwicklungen ein weiter Prognosespielraum zu[565] und daher ist eine eigene Prognose entbehrlich. Gleichzeitig ist die Prognose des Gesetzgebers auch nachvollziehbar, denn es ist plausibel, dass die Aufgabe der Tarifeinheit zu vermehrter Koalitions- und Tarifpluralität führen könnte und dass durch die erhöhte Anzahl der tarifpolitisch aktiven Gewerkschaften das Gleichgewicht der Parteien zulasten der Arbeitgeber gestört werden könnte[566]. In extremen Fällen würden die Arbeitgeber ihre Einflussmöglichkeiten auf die Gestaltung der Arbeitsbedingungen dadurch gänzlich verlieren und eine funktionsfähige Tarifautonomie wäre für die Arbeitgeber dann nicht mehr gewährleistet[567].

Die staatliche Pflicht zur Gewährleistung einer funktionsfähigen Tarifautonomie kann daher die Verdrängung des Minderheitsvertrags und den damit verbundenen Eingriff in die Tarifautonomie der Minderheitsgewerkschaft im Grundsatz rechtfertigen[568], soweit diese Maßnahme für den Erhalt der Parität der Arbeitgeber auch ein verhältnismäßiges Mittel darstellt.

---

564 Siehe nur *Scholz/Lingemann/Ruttloff*, NZA-Beil. 2015, 3, 22.

565 BVerfG 04.04.2001 – 1 BvL 32/97, BVerfGE 103, 293, 307; BVerfG v. 04.07.1995 – 1 BvF 2/86 (u.a.), BVerfGE 92, 365 2. Ls.

566 Dies stellt wohl das maßgebliche Problem der Tarifpluralität dar, siehe nur *Bayreuther*, NZA 2007, 187, 189; *Bister*, Tarifpluralität und die Folgen, S. 143; *Franzen*, RdA 2008, 193, 203; *Greiner*, NZA 2007, 1023, 1026 ff.; *Meyer*, DB 2006, 1271, 1272; *Schmidt*, Anmerkung zu BAG v. 07.07.2010 – 4 AZR 549/08, AP Nr. 140 zu Art. 9 GG.. Störungen der Parität bezweifelt *Deinert*, NZA 2009, 1176, 1183; *derselb.*, RdA 2011, 12, 15 ff.

567 Vgl. BVerfG v. 26.06.1991 – 1 BvR 779/85, BVerfGE 84, 212, 229.

568 A.A. *Deinert*, RdA 2011, 12, 17 der stattdessen die Tarifeinheit als eine rechtfertigungsbedürftige Paritätsverschiebung ansieht.

d) Schutz verfassungsmäßiger Rechte der Allgemeinheit

Ferner bestehen auch ggü. der Allgemeinheit staatliche Schutz- und Gewährleistungspflichten mit Verfassungsrang, die ebenfalls einen Eingriff in die Tarifautonomie der Minderheitsgewerkschaften rechtfertigen könnten[569], sofern diese Verfassungsgüter durch die Tarifpluralität beeinträchtigt werden. Neben der Verteilungsgerechtigkeit der Tarifnormen und der wirtschaftlichen Stabilität in Krisenzeiten sind in diesem Zusammenhang auch die von der Literatur angesprochenen Auswirkungen von Arbeitskämpfen auf die Allgemeinheit beachtlich.

(1) Gewährleistung von Verteilungsgerechtigkeit, Art. 20 Abs. 1 GG

Die vom Gesetzgeber befürchtete Störung der Verteilungs- und Leistungsgerechtigkeit des Lohngefüges könnte sich als Störung der staatlichen Pflicht zur Etablierung des Sozialstaates aus Art. 20 GG darstellen[570]. Die inhaltliche Gerechtigkeit der gefundenen Regeln ist aber jedenfalls kein unmittelbarer Aspekt der Funktionsfähigkeit der Tarifautonomie, sondern es ist der Prozess des gleichberechtigten Aushandelns der Arbeitsbedingungen, der die Gerechtigkeit sicherstellen soll[571], so dass dieser Verweis hier nicht zielführend ist[572].

Ferner ist zu beachten, dass der Gesetzgeber und auch die Literatur nicht das Lohngefüge einzelner Tarifverträge als ungerecht erachten, sondern die Beziehung der Lohngefüge der unterschiedlichen Tarifverträge zueinander[573]. Ob die Verteilungsgerechtigkeit zwischen den unterschiedlich organisierten Arbeitnehmern eines Betriebes überhaupt Verfassungsrang hat, kann dabei

---

[569] BVerfG v. 04.04.2001 – 1 BvL 32/97, BVerfGE 103, 293, 305 f.; BVerfG v. 27.04.1999 – 1 BvR 2203/93 (u.a.), BVerfGE 100, 271, 283.

[570] Allgemein dazu Jarass/Pieroth/GG/*Jarass*, Art. 20 Rn. 119; *Papier/Krönke*, ZfA 2011, 807, 863.

[571] Vgl. BVerfG v. 02.03.1993 – 1 BvR 1213/85, BVerfGE 88, 103, 114 f.

[572] So aber H/W/K/ArbR-Kommentar/*Henssler*, Einl. TVG Rn. 12 f., mit dem Hinweis, dass die Folgen dieser Verantwortung unbestimmt sind; *derselb.*, RdA 2011, 65, 74; *Meyer*, FS Buchner 2009, 628, 631; *Waas*, Gutachten BDA/DGB, S. 49, (abrufbar unter: siehe Fn. 71).

[573] *Hufen*, NZA 2014, 1237, 1239 f.; vgl. *Papier/Krönke*, ZfA 2011, 807, 841, 855; *Scholz/Lingemann/Ruttloff*, NZA-Beil. 2015, 3, 10 f.

offen bleiben, denn jedenfalls kann die Verdrängung des Tarifvertrags der Minderheitsgewerkschaft so nicht gerechtfertigt werden[574].

Dafür spricht, dass der einzelne Tarifvertrag jeweils durch den Vertragsabschluss seine Legitimation erhält, wobei das Verhältnis zu anderen Verträgen unerheblich ist[575]. Die Richtigkeitsgewähr von Tarifverträgen besteht dementsprechend auch nur zwischen den Parteien, denn nur diese haben den Inhalt des Vertrags mit dem Vertragsabschluss legitimiert[576] und ob die Unterschiede im Verhältnis zu anderen Vertragswerken gerechtfertigt sind, ist der Einschätzung der vertragsschließenden Parteien überlassen. Ferner wäre bei einem Vergleich der Vertragswerke unklar, welcher Vertrag für die Bewertung maßgeblich sein sollte[577], da sämtliche Tarifverträge durch ihren autonomen Abschluss und durch die Parität der Vertragsparteien die Richtigkeitsgewähr immanent ist[578].

Zudem läuft die staatliche Bewertung des Inhalts von Tarifverträgen dem Gedanken der Tarifautonomie im Grundsatz entgegen[579], denn die Regelung der Arbeitsbedingungen wird den Koalitionen gewährt, weil diese besser als der Staat einschätzen können, welche inhaltliche Vereinbarungen in ihrem

---

574 *Rieble/v. d. Ehe*, Gutachten BDA/DGB, Rn. 204 f., (abrufbar unter: siehe Fn. 135); wohl auch *Greiner*, NZA 2015, 769, 771 f.; a.A. *Henssler*, RdA 2011, 65, 74, der darin aber nur eine Rechtfertigung für einen Eingriff in das Streikrecht sieht; *Scholz/Lingemann/Ruttloff*, NZA-Beil. 2015, 3, 25; *Waas*, Gutachten BDA/DGB, S. 43 ff., (abrufbar unter: siehe Fn. 71).

575 *Löwisch/Rieble*/TVG, § 1 Rn. 754, zum Schutz vor Diskriminierung.

576 *Thüsing*, FS 50 Jahre BAG, 889, 905 f.

577 Vgl. BAG v. 11.02.2004 – 4 AZR 94/03, NJOZ 2005, 2310, 2314; *Kamanabrou*, ZfA 2008, 241, 251; a.A. *Waas*, Gutachten BDA/DGB, S. 43 ff., (abrufbar unter: siehe Fn. 71), der den Branchengewerkschaften mehr Richtigkeitsgewähr zuspricht.

578 BAG v. 23.03.2011 – 4 AZR 366/09, BAGE 137, 231 Rn. 40; *Kamanabrou*, ZfA 2008, 241, 251; a.A. wohl *Henssler*, RdA 2011, 65, 74, der die Richtigkeitsgewähr durch weitere Tarifverträge beeinträchtigt sieht.

579 BVerfG v. 26.06.1991 – BvR 779/855, BVerfGE 84, 212, 231; BAG v. 24.04.2007 – 1 AZR 252/06, BAGE 122, 134 Rn. 100 (m.w.N.); *Löwisch/Rieble*/TVG, Grundl. Rn. 198 ff.; *Bister*, Tarifpluralität und die Folgen, S. 161; *Greiner*, NZA 2015, 769, 771; *Rieble/v. d. Ehe*, Gutachten BDA/DGB, Rn. 71, (abrufbar unter: siehe Fn. 135).

Bereich notwendig und gerechtfertigt sind[580]. Es ist auch unklar, anhand welcher Kriterien negative Entwicklungen im Einzelfall festgestellt werden sollten, denn bereits der Verweis auf die Veränderungen des Lohngefüges durch die gestiegene Bedeutung der Kampfkraft einzelner Berufsgruppen macht deutlich, wie schwer eine Bewertung der Leistungsgerechtigkeit ist[581]. Es ist nicht ersichtlich, warum die Kampfkraft einer Gruppe und damit ihre Bedeutung im Betriebsablauf sowie die Ausbildung der jeweiligen Arbeitnehmer keinen Einfluss auf das Lohngefüge haben sollten[582]. Gerade in Zeiten, in denen die Bedeutung der Fachkräfte für die Wirtschaft zunimmt, muss es nicht zwingend dem Allgemeinwohl entgegenlaufen, wenn die Spezialisierung der Arbeitnehmer im Lohngefüge berücksichtigt wird[583]. Ferner ist nicht klar, warum gerade der Betrieb der Maßstab für die Verteilungsgerechtigkeit der tariflichen Normen sein soll[584].

Daneben ist festzustellen, dass weder die Tarifpluralität noch die Tarifeinheit unmittelbaren Einfluss auf die Verteilungsgerechtigkeit haben[585]. Ob das Tarifsystem als gerecht empfunden wird, hängt vor allem vom Verhalten

---

[580] BVerfG v. 03.04.2001 – 1 BvL 32/97, BVerfGE 103, 293, 304; BVerfG v. 24.04.1996 – 1 BvR 712/86, BVerfGE 94, 268, 283 ff.; BVerfG v. 04.07.1995 – 1 BvF 2/86 (u.a.), BVerfGE 92, 365, 393; BVerfG v. 14.06.1983 – 2 BvR 488/80, BVerfGE 64, 208, 215; BVerfG v. 27.02.1973 – 2 BvL 27/69, BVerfGE 34, 307, 316 f.; ErfK/*Linsenmaier*, Art. 9 GG Rn. 91 f. zur gerichtlichen Kontrolle von Tarifnormen; Jarass/Pieroth/GG/*Jarass*, Art. 9 Rn. 30; *Löwisch/Rieble*/TVG, Grundl. Rn. 30; *Picker*, FS 50 Jahre BAG, 795, 822 f.; a.A. *Papier/Krönke*, ZfA 2011, 807, 824.

[581] Vgl. *Konzen/Schliemann*, RdA 2015, 1, 6 f.; Bereits die Bewertung der günstigeren Arbeitsbedingungen i.S.v. § 4 Abs. 3 TVG ist in der Literatur umstritten, siehe dazu Däubler/TVG/*Deinert*, § 4 Rn. 633 ff. u. insb. Rn. 637 ff. zur Frage des Arbeitsplatzschutzes.

[582] So aber *Papier/Krönke*, ZfA 2011, 807, 841; sowie *Scholz/Lingemann/Ruttloff*, NZA-Beil. 2015, 3, 25.

[583] Vgl. *Henssler*, RdA 2011, 65, 70, der im Ausgleich eines Rückstaus den Auslöser für die selbstständige Tarifpolitik einiger Berufsgruppen sieht.

[584] *BRAK*, Stellungnahme Nr. 46 zur Tarifeinheit, S. 6, (abrufbar unter: siehe Fn. 138); *Di Fabio*, Gutachten Tarifeinheit, S. 35, (abrufbar unter: siehe Fn. 144); *Rieble/v. d. Ehe*, Gutachten BDA/DGB, Rn. 234, (abrufbar unter: siehe Fn. 135); a.A. *Meyer*, FS Buchner 2009, 628, 632 ff. der aus dem BetrVG eine *„ordnungspolitische Vorstellung einer einheitlichen Betriebspraxis"* ableitet.

[585] Vgl. *Greiner*, RdA 2015, 36, 39.

der Akteure ab[586] und davon, welche Stellung die organisierten Berufsgruppen im Betriebsablauf haben[587], aber weniger von deren Anzahl. Dafür spricht sowohl die Kritik am Vorgehen der Christlichen Gewerkschaften[588] als auch die Befürchtungen der Überforderung der Arbeitgeber aus der Zeit der Tarifeinheit durch das Spezialitätsprinzip[589].

Selbst wenn die Unterschiede zwischen den Tarifverträgen nicht als leistungsgerecht anzusehen wären, ist zu beachten, dass eine rechtliche Pflicht der Allgemeinheit zur Orientierung an den Arbeitsbedingungen der Tarifvertragsparteien nicht besteht. Soweit deren Vereinbarung durch Einbeziehung oder Allgemeinverbindlichkeitserklärungen trotzdem Wirkung ggü. der Allgemeinheit erlangen[590], können die Auswirkungen auf die Verteilungsgerechtigkeit einen Eingriff in die Tarifautonomie bereits deshalb nicht rechtfertigen, weil diese sich nicht als Auswirkungen der Tarifautonomie, sondern als Auswirkung der speziellen privatautonomen[591] oder besonderer staatlicher Mittel[592] darstellen. Diese Mittel basieren zwar auf der Erwartung, dass die Tarifvertragsparteien ein angemessenes Ergebnis finden[593], aber soweit der Gesetzgeber sein Vertrauen in die Ergebnisse der Koalitionstätigkeit verliert und die Anwendung der Tarifnormen für die einzelnen Arbeitsverhältnisse als ungerecht ansieht, muss er die Ursache für den Einfluss der Tarifvertragsparteien auf die Allgemeinheit beseitigen. Es wäre daher notwendig, den Einfluss der Koalitionen auf den Bereich ihrer

---

586 *Dieterich*, GS Zachert 2010, 532, 533 ff.

587 *Bachmann/Schmidt*, ZfWP 2015, 44, 50 f.

588 *Kempen*, FS Hromadka 2008, 177, 186; siehe auch *Schüren*, FS 50 Jahre BAG, 877 ff.; *Otto*, FS Konzen 2006, 663, 670 f.

589 *Otto*, FS Konzen 2006, 663, 664 f.

590 Zur Bedeutung beider Instrumente für die Anwendung des Tarifs in der Breite siehe *Jacobs*, Tarifeinheit, S. 170 ff.

591 Vgl. *Giesen*, ZfA 2010, 657, 660 f.; *Jacobs*, Tarifeinheit, S. 178.

592 Das BVerfG sieht in der AVE eine Normensetzung eigener Art, BVerfG v. 24.05.1977 – 2 BvL 11/74, BVerfGE 44, 322, 340.

593 Vgl. BAG v. 10.06.1980 – 1 AZR 822/79, BAGE 33, 140, 149 f., zum tarifdispositiven Recht; *Giesen*, ZfA 2010, 657, 661 u. 663; *Schüren*, FS 50 Jahre BAG, 877, 879.

Mitglieder zu beschränken und die Möglichkeiten zur Einbeziehung von Tarifnormen in individuelle Arbeitsverträge zu reduzieren[594]. Der Minderheitstarifvertrag bleibt aber auch in der Tarifeinheit bestehen und eine Einbeziehung seiner Regelungen ist weiter möglich[595], so dass das TEG ungeeignet ist, um die Anwendung ungerechter Tarifverträge zu verhindern[596].

Die Berücksichtigung der Verteilungsgerechtigkeit kann die Verdrängung des Minderheitstarifvertrags nicht rechtfertigen, denn selbst wenn staatliche Stellen die gefundenen Ergebnisse als ungerecht ansehen, muss auf die mitgliedschaftliche Legitimation der Koalitionsergebnisse grds. Rücksicht genommen werden und daher müssten vor allem die Auswirkungen der Tarifnormen auf die Allgemeinheit reduziert werden[597]. Staatlichen Regelungen zum Schutz der Arbeitnehmer steht dies keinesfalls entgegen[598], aber das Verhältnis der Tarifnormen des Minderheitstarifvertrags zu den Normen anderer Tarifverträge kann die Verdrängung dieser Normen aus den Arbeitsverhältnissen der Mitglieder der Minderheitsgewerkschaft nicht rechtfertigen.

(2) Schutz der Stabilität der Wirtschaft in Krisenzeiten, Art. 20 Abs. 1 GG

Die Gesetzesbegründung verweist ferner auf die Notwendigkeit zur Erzielung eines Gesamtkompromisses, die insb. in wirtschaftlichen Krisenzeiten bestehe. Dabei kann davon ausgegangen werden, dass die Stabilität der Wirtschaft und der damit verbundene Schutz vor Arbeitslosigkeit sowie vor gesamtwirtschaftlichen Verwerfungen im Rahmen des Sozialstaatsprinzips ein Rechtsgut im Verfassungsrang darstellt[599].

---

594 Vgl. *Richardi*, NZA 2013, 408, 410.

595 Zur alten Rspr. des BAG *Bepler*, NZA-Beil. 2010, 99, 102; *Jacobs*, Tarifeinheit, S. 393, zur Frage der betrieblichen Ordnung.

596 Siehe auch C) IV) 2) a) zur Bewertung der Geeignetheit der Maßnahme für den Schutz der Arbeitnehmer.

597 In diesem Sinn auch *Ladeur*, AöR 2006, 643, 648; *Löwisch/Rieble*/TVG, Grundl. Rn. 30 f. u. Rn. 198 ff.;vgl. auch Sodan/GG/*derselb.*, Art. 9 Rn. 28.

598 Vgl. BeckOK-GG/*Cornils*, Art. 9 Rn. 90.2, zur weiterhin bestehenden Regelungskompetenz des Staates.

599 BVerfG v. 03.04.2001 – 1 BvL 32/97, BVerfGE 103, 293, 307, unter Verweis auf Art. 12 GG; Jarass/Pieroth/GG/*Jarass*, Art. 9 Rn. 50; *Scholz/Lingemann/Ruttloff*, NZA-Beil. 2015, 3, 22; a.A. H/W/K/ArbR-Kommentar/*Hergenröder*, Art. 9 GG Rn. 276, zumindest für den Arbeitskampf; zweifelnd für die

Die Gesetzesbegründung ist in diesem Punkt aber sehr zurückhaltend und es ist daraus kaum abzuleiten, wie es durch die Tarifpluralität zu einer solchen Verwerfung kommen könnte[600]. Trotz des weiten Spielraums bei der Prognose zukünftiger Entwicklungen ist dabei zu beachten, dass auch der Gesetzgeber seine Prognosen hinreichend begründen muss und es lässt sich bezweifeln, dass der Gesetzgeber an diesem Punkt seinen verfassungsrechtlichen Anforderungen an die Darlegung dieser Prognose überhaupt nachkommt[601].

Ferner ist zu bedenken, dass die Tarifpartnerschaft ein offenes System ist, in dem den etablierten Tarifpartnern kein Schutz vor Konkurrenz gewährt werden kann[602]. Auch wenn die Zusammenarbeit von etablierten Gewerkschaften und Arbeitgebern anerkennenswert sein mag[603], kann die bloße Stabilität daher nur begrenzt als Rechtfertigung für Beeinträchtigungen des Pluralismus der Gesellschaftsordnung herangezogen werden und gerade in solchen Fällen ist eine hinreichende Darlegung der Bedrohungslage umso notwendiger[604].

Die bloße Stabilität der Sozialpartnerschaft kann als Rechtfertigung daher nicht herangezogen werden und eine darüber hinaus gehende Störung des gesamtwirtschaftlichen Gleichgewichts wird durch den Gesetzgeber nicht hinreichend substanziiert dargelegt. Ergänzend tritt hinzu, dass durch die

---

bloße Prosperität, *Greiner,* NZA 2007, 1023, 1028; differenzierend *Pecher*, Verfassungsimmanente Schranken, S. 256 ff. grds. bejahend für das Sozialstaatsprinzip unter Hinweis auf die notwendige konkrete Bestimmung des jeweiligen Ziels, aber in S. 263 ff. ablehnend für das gesamtwirtschaftliche Gleichgewicht.

600 *BRAK,* Stellungnahme Nr. 46 zur Tarifeinheit, S. 5 f., (abrufbar unter: siehe Fn. 138); *Konzen/Schliemann,* RdA 2015, 1, 7 u. 13, für die Begründung des gesamten Gesetzes.

601 *Bayreuther*, DB 2010, 2223, 2226; *Di Fabio*, Gutachten Tarifeinheit, S. 53, (abrufbar unter: siehe Fn. 144); im Grundsatz auch *Papier/Krönke*, ZfA 2011, 807, 846; *Scholz/Lingemann/Ruttloff*, NZA-Beil. 2015, 3, 27.

602 *Däubler*, Gutachten BDA/DGB, S. 30, (abrufbar unter: siehe Fn. 26); *Rieble/v. d. Ehe,* Gutachten BDA/DGB, Rn. 72, (abrufbar unter: siehe Fn. 135).

603 *Brocker*, NZA-Beil. 2010, 121, 122.

604 Vgl. BVerfG v. 09.11.2011 – 2 BvC 4/10 (u.a.), BVerfGE 129, 300, 327 ff. zur Sperrklausel bei Wahlen für das Europaparlament.

weiterhin mögliche Tarifpluralität und durch die Möglichkeit unterschiedlicher betrieblicher Mehrheiten diese Form der Tarifeinheit auch nicht geeignet wäre, einen Gesamtkompromiss herzustellen[605]. Insgesamt kann der Erhalt der wirtschaftlichen Stabilität in Krisenzeiten daher nicht zur Rechtfertigung des Tarifeinheitsgesetzes herangezogen werden.

(3) Reduzierung der Auswirkungen des Arbeitskampfes

Der Arbeitskampf der Koalitionen wirkt sich auf eine Reihe von Verfassungsgütern aus, die sich im Einzelfall zwar unterscheiden, aber einen Eingriff in die Tarifautonomie insgesamt legitimieren können[606]. Neben dem Sozialstaatsprinzip, das gravierenden Auswirkungen von Streiks auf die Allgemeinheit entgegensteht[607], kommen dabei für spezielle Streiks auch der Schutz des Lebens- und der körperlichen Unversehrtheit[608], die Pressefreiheit[609] sowie die staatliche Gewährleistungspflicht für bestimmte Einrichtungen der Infrastruktur[610] als konkrete Rechtfertigung in Betracht. Ferner sind aus der Sicht der unmittelbar und mittelbar betroffenen Arbeitgeber und Arbeitnehmer auch die Grundrechte des Eigentums aus Art. 14 GG und der Berufsfreiheit aus Art. 12 GG angesprochen[611].

Zwar muss die Allgemeinheit die Folgen des Arbeitskampfes bis zu einem gewissen Grad hinnehmen[612], aber sofern Verfassungsrechte der Allgemeinheit übermäßig beeinträchtigt werden, ist es die Aufgabe des Staates, einen Ausgleich zwischen den betroffenen Rechtsgütern zu finden[613]. Aufgrund

---

605 *Däubler,* Gutachten TEG, S. 13, (abrufbar unter: siehe Fn. 83); vgl. auch *derselb.*, Gutachten BDA/DGB, S. 9 (abrufbar unter: siehe Fn. 26); sowie *Fischer,* NZA 2015, 662, 664.

606 *Bayreuther*, NZA 2013, 704, 705.

607 *Meyer,* FS Buchner 2009, 628, 629; wohl auch *Rüthers*, ZRP 2015, 2 f.; *Scholz,* FS Buchner 2009, 827, 834.

608 Sodan/GG/*derselb.,* Art. 9 Rn. 30; *Henssler*, RdA 2011, 65, 70.

609 Jarass/Pieroth/GG/*Jarass*, Art. 9 Rn. 55; Sachs/GG/*Höfling*, Art. 9 Rn. 144.

610 *Scholz*, FS Buchner 2009, 827, 834 f.

611 Sachs/GG/*Höfling*, Art. 9 Rn. 144; siehe auch die Aufzählung bei *Giesen/Kersten,* ZfA 2015, 201, 213 ff.; *Greiner*, NZA 2007, 1023, 1024; *Scholz*, FS Buchner 2009, 827, 832.

612 *Bayreuther,* NZA 2008, 12, 13; *Greiner*, NZA 2007, 1023, 1028.

613 H/W/K/ArbR-Kommentar/*Hergenröder*, Art. 9 GG Rn. 275; *Giesen/Kersten*, ZfA 2015, 201, 215. Daher sind die Interessen des Gemeinwohls hier beachtlich

der unterschiedlichen Rechtsgüter, die durch unterschiedliche Streiks berührt werden können, ist dabei allerdings grds. eine Abwägung im Einzelfall notwendig, da bspw. Gefährdungen der körperlichen Unversehrtheit in einem anderen Verhältnis zur Tarifautonomie stehen als die Gewährleistungsverantwortung für den Eisenbahnverkehr[614].

Es kann aber grds. davon ausgegangen werden, dass es im Zusammenhang mit der Tarifpluralität vermehrt zu Arbeitskämpfen kommen kann und auch wenn der Gesetzgeber diese Überlegungen nicht übernommen hat, sollen die Argumente der Literatur hier vom Prognosespielraum des Gesetzgebers profitieren. Dass die Möglichkeit der Tarifpluralität den Koalitionspluralismus stärkt und daher tendenziell zu mehr Gewerkschaften und somit auch zu mehr Tarifauseinandersetzungen sowie zu vermehrten Arbeitskämpfen führen könnte, erscheint dabei plausibel[615]. Auf eine eigene Einschätzung wird daher verzichtet, denn angesichts der Komplexität dieses gesellschaftlichen Bereiches, der nicht nur von wirtschaftlichen Faktoren[616], sondern auch von sozialen Entwicklungen geprägt ist[617], wäre eine fundierte Prognose der zukünftigen Entwicklung hier nicht möglich.

---

und nicht weil der Arbeitskampf selbst das Gemeinwohl berücksichtigen müsste, so aber *Henssler*, ZfA 2010, 397, 418.

614 H/W/K/ArbR-Kommentar/*Hergenröder*, Art. 9 GG Rn. 275; vgl. *Bayreuther*, NZA 2013, 704, 708; *derselb.*, NZA 2008, 12, 14; *Henssler*, ZfA 2010, 397, 418 f.

615 Siehe nur *Papier/Krönke*, ZfA 2011, 807, 851 f.

616 Vgl. *Bayreuther,* NZA 2013, 704, 705; *Glanz,* NJW-Spezial 2007, 578, 579; *Konzen/Schliemann*, RdA 2015, 1, 14 weisen auf die Bedeutung des Wettbewerbs für die Auswirkungen der Streiks auf die Allgemeinheit hin; *ebenso Schliemann*, FS Bauer 2010, 923, 926 f. der auf die Bedeutung der monopolartigen Strukturen in der Daseinsvorsorge hinweist; sowie *Schnabel*, ZfWP 2015, 33, 40 f. der auch die Verbindung zwischen der Wettbewerbsstruktur und der zur Bildung von Spartengewerkschaften aufzeigt.

617 *Ladeur*, AöR 2006, 643, 657 ff. spricht von einen *„gesellschaftlichen Regelungssystem, das vom staatlichen Recht abgestützt wird.“*; ferner ist auch die Veränderung der Struktur der gesamten Wirtschaft und der Wertschöpfungskette beachtlich, *Rüthers*, ZRP 2015, 2.

Eine Regelung, die die Auswirkungen von Arbeitskämpfen auf die Allgemeinheit reduziert, könnte daher auch die Verdrängung des Minderheitstarifvertrags grds. rechtfertigen, sofern diese Maßnahme für die Verfolgung dieses Ziels verhältnismäßig ist.

3 Zusammenfassung

Der mit dem TEG verbundene Grundrechtseingriff in die Tarifautonomie der Minderheitsgewerkschaften dient im Bereich der Auflösung von Tarifkonkurrenz dem Erhalt der Funktionsfähigkeit der Tarifautonomie und kann sich daher grds. durch die notwendige Abgrenzung grundrechtlicher Freiheiten legitimieren.

Im Bereich der Auflösung von Tarifpluralität im Betrieb kann sich der damit verbundene Grundrechtseingriff grds. ebenso auf den Schutz oder die Gewährleistung von Verfassungsgütern berufen. Neben der Gewährleistung angemessener Arbeitsbedingungen i.S.d. Sozialstaatsprinzips des Art. 20 Abs. 1 GG kommt dabei auch der Schutz des Eigentums der Arbeitgeber sowie die Gewährleistung einer funktionsfähigen Tarifautonomie durch den Erhalt der Parität der Vertragspartner in Betracht. Ergänzend könnte sich die Verdrängung des Tarifvertrags auch durch den Schutz der Allgemeinheit vor den Auswirkungen von Arbeitskämpfen legitimieren.

IV Verhältnismäßigkeit der verwendeten Mittel

Damit der mit der Tarifeinheit verbundene Eingriff in die Tarifautonomie insgesamt zulässig ist, müssten die vom Gesetzgeber verwendeten Mittel zur Verfolgung der legitimen Ziele des TEG verhältnismäßig sein[618]. Daher müsste die Tarifeinheit geeignet sein, den Schutz oder die Gewährleistung des entsprechenden Verfassungsgutes zu ermöglichen und die Maßnahme müsste dafür ein erforderliches Mittel darstellen. Dies ist der Fall, wenn kein milderes Mittel vorhanden ist, um das Ziel der Maßnahme zu erreichen. Ferner müssen sich die Auswirkungen als angemessen im Verhältnis zum angestrebten Ziel erweisen.

---

618 Allgemein dazu Jarass/Pieroth/GG/*Jarass*, Art. 20 Rn. 80 ff.; Sodan/GG/*derselb.*, Vorb. Art. 1 Rn. 60 ff.

1 Tarifkonkurrenzen

Die Folgen der Auflösung der Tarifkonkurrenzen durch § 4a TVG sind durch den Schutz der Funktionsfähigkeit der Tarifautonomie grundsätzlich gerechtfertigt, soweit sichergestellt wird, dass auf das einzelne Arbeitsverhältnis jeweils nur ein Tarifvertragswerk angewendet wird. Fraglich ist aber, ob die damit verbundene Verdrängung der Minderheitsverträge auch ein verhältnismäßiges Mittel zum Schutz der Tarifautonomie der Mehrheitsgewerkschaften darstellt.

a) Konkurrenz der Inhaltsnormen verschiedener Tarifverträge

Die Auflösung der Konkurrenzen von Inhaltsnormen verschiedener Tarifverträge durch die Verdrängung des Minderheitsvertrags wäre verhältnismäßig, wenn diese Maßnahme geeignet ist, den Schutz der Tarifautonomie der beteiligten Gewerkschaften zu gewährleisten und wenn diese Maßnahme dafür erforderlich sowie angemessen ist.

Es kommen aber nur wenige Fälle in Betracht, in denen § 4a Abs. 2 TVG zur Auflösung von Tarifkonkurrenzen heranzuziehen ist, denn der Anwendungsbereich der Norm beschränkt sich auf die Tarifverträge verschiedener Gewerkschaften. Die Konkurrenz von Firmen- und Verbandstarifverträgen ist damit nicht erfasst und auch die Konkurrenz von Tarifverträgen nach einem Wechsel der Verbandsmitgliedschaft des Arbeitgebers wird durch das TEG nicht aufgelöst[619]. Damit verbleibt im Anwendungsbereich des TEG nur die Tarifkonkurrenz, die durch die doppelte Gewerkschaftsmitgliedschaft des Arbeitnehmers entsteht[620].

Für diesen Fall ist § 4a Abs. 2 TVG geeignet, die Tarifautonomie zu gewährleisten. Durch die Tarifeinheit im Arbeitsverhältnis wird zumindest einer Gewerkschaft die widerspruchsfreie Ordnung der Arbeitsbedingungen ihrer Mitglieder ermöglicht und das Kartell der beteiligten Arbeitnehmer geschützt[621]. Dieses würde unterlaufen, wenn sich einzelne Arbeitnehmer

---

619 Hier bleibt es daher bei den Grundsätzen des Rechtsprechung.

620 Die als Fallgruppe bisher aber ohne Relevanz ist, *Bister*, Tarifpluralität und die Folgen, S. 111.

621 Zur Tarifeinheit allgemein, *Jacobs*, Tarifeinheit, S. 247.

durch die doppelte Gewerkschaftsmitgliedschaft der Wirkung der Normen des Kollektivs entziehen könnten oder wenn man die Tarifverträge nur teilweise anwenden würde[622].

Die betriebsweite Verdrängung des Minderheitstarifvertrags ist dafür aber nicht erforderlich, denn es stehen mildere Mittel zur Verfügung. Die Auflösung dieser Konkurrenz könnte ebenso nur für das einzelne Arbeitsverhältnis erfolgen und es ist nicht ersichtlich, warum davon auch andere Arbeitnehmer, die lediglich in einer Gewerkschaft sind, betroffen sein sollten. Das Mehrheitsprinzip ist dabei auch keine angemessene Lösung[623], da diese Auflösung der Konkurrenz im einzelnen Arbeitsverhältnis vielmehr die Aspekte der Nachbindung nach dem Wechsel der Mitgliedschaft[624], die Länge der Kündigungsfrist der Gewerkschaftsmitgliedschaft, die Satzung der beteiligten Gewerkschaften[625], den Willen des Arbeitnehmers[626] und den Grund der Konkurrenz berücksichtigen müsste[627], um eine angemessene Lösung zu bieten[628].

Das TEG ist daher weder erforderlich noch angemessen, um durch die Auflösung der Tarifkonkurrenz, die aus einer doppelten Gewerkschaftsmitgliedschaft entsteht, sicherzustellen, dass den Gewerkschaften eine funktionierende Tarifautonomie gewährleistet wird. Soweit die Verdrängung des

---

622 *Bister*, Tarifpluralität und die Folgen, S. 45; vgl. auch *Müller*, NZA 1989, 449, 451.

623 Zu Recht will die h.L. im Schrifttum anders gelagerter Konkurrenz zu Gunsten des mitgliedschaftlich legitimierten Vertrags auflösen, siehe nur *Franzen*, RdA 2008, 193, 197 f. (m.w.N.); *Müller*, NZA 1989, 449, 452 speziell zur Konkurrenz mit einem allgemeinverbindlichen Tarifvertrag; kritisch im Zusammenhang mit der AVE *Hanau*, NZA 2012, 825, 827.

624 *Rieble/v. d. Ehe*, Gutachten BDA/DGB, Rn. 301 f., (abrufbar unter: siehe Fn. 135); ausführlich dazu *Fritz/Meyer*, NZA-Beil. 2010, 111, 113 f.

625 *Franzen*, RdA 2008, 193, 198; *Henssler*, RdA 2011, 65, 66.

626 *Bister*, Tarifpluralität und die Folgen, S. 118, will auf das Spezialitätsprinzip zurückgreifen; *Jacobs*, Tarifeinheit, S. 275 f., sieht ein Wahlrecht des Arbeitnehmers.

627 Ausführlich bei *Müller*, NZA 1989, 449, 452.

628 Die Günstigkeit der Regelungen kann hingegen keine Bedeutung erlangen, *Bister*, Tarifpluralität und die Folgen, S. 114 f.; *Jacobs*, Tarifeinheit, S. 242 f.; *Scholz*, ZfA 2010, 681, 691 f.; a.A. *Müller*, NZA 1989, 449, 452.

Minderheitsvertrags der Auflösung von Kollisionen der Inhaltsnormen verschiedener Tarifverträge im einzelnen Arbeitsverhältnis dient, erweist sich der damit verbundene Grundrechtseingriff somit als unverhältnismäßig.

b) Konkurrenz der Betriebsnormen verschiedener Tarifverträge

Neben den Inhaltsnormen des Tarifvertrags verdrängt § 4a TVG auch die Betriebsnormen des Minderheitstarifvertrags unter bestimmten Voraussetzungen aus dem Arbeitsverhältnis. Die damit verbundenen Beeinträchtigungen der Minderheitsgewerkschaft könnten sich ebenso durch den Schutz der Tarifautonomie der Mehrheitsgewerkschaft rechtfertigen, sofern die Verdrängung des Minderheitstarifvertrags dafür ein verhältnismäßiges Mittel darstellt. Die Wirkung des § 4a Abs. 3 TVG müsste daher für den Schutz der Tarifautonomie der Mehrheitsgewerkschaften ein geeignetes, erforderliches und angemessenes Mittel darstellen.

Zum Schutz der Tarifautonomie der Mehrheitsgewerkschaft ist das TEG geeignet, denn durch die Auflösung der Konkurrenz der Betriebsnormen wird zumindest für die Mehrheitsgewerkschaft die Möglichkeit zur Etablierung einer widerspruchsfreien betrieblichen Ordnung gewährleistet[629].

Die betriebsweite Verdrängung eines Tarifvertrags ist dafür auch erforderlich, denn ein milderes Mittel zum Schutz der Tarifautonomie ist in diesem Bereich nicht vorhanden[630]. Anders als bei den Inhaltsnormen muss in diesem Fall der Tarifvertrag aus dem gesamten Betrieb verdrängt werden, denn nur so kann eine einheitliche betriebliche Ordnung etabliert werden[631]. Mildere Mittel stehen auch nicht zur Verfügung, denn gesetzliche Regelungen der betrieblichen Ordnung würden nur bei zwingender Wirkung eine einheitliche Ordnung etablieren, könnten dann aber auch keine Tarifautonomie zulassen. Ebenso kommt ein einseitiges Bestimmungsrecht des Arbeitgebers nicht als milderes Mittel in Betracht[632].

---

629 Statt aller *Jacobs*, Tarifeinheit, S. 247.

630 *Jacobs*, Tarifeinheit, S. 306 ff.

631 *Bister*, Tarifpluralität und die Folgen, S. 46; *Jacobs*, Tarifeinheit, S. 347; *Reichold*, RdA 2007, 321, 326.

632 Vgl. BVerfG v. 03.04.2001 – 1 BvL 32/97, BVerfGE 103, 293, 305.

Die Verdrängung des Minderheitstarifvertrags ist – sofern man nur den Bereich der Betriebsnormen betrachtet – auch angemessen, denn diese Normen werden nur bei tatsächlichen Normenkollisionen verdrängt. Die Tarifautonomie der Minderheitsgewerkschaft bleibt damit im Bereich der Betriebsnormen erhalten, soweit keine überschneidenden Regelungen bestehen. Ferner machen die Betriebsnormen für die Gewerkschaften nur einen kleinen Teil der Tarifautonomie aus, während gerade die Vereinbarung von Inhaltsnormen deren Kernbestandteil ist. Dem steht § 4a Abs. 3 TVG aber nicht entgegen und damit wird auch den Minderheitsgewerkschaften dieser zentrale Bestandteil der Tarifautonomie weiter gewährleistet. Da somit auch die Verwirklichung der Grundrechte der Minderheitsgewerkschaft innerhalb des tarifpluralen Betriebs weiterhin ermöglicht wird, ist die Auflösung der Konkurrenz der Betriebsnormen durch das betriebliche Mehrheitsprinzip als angemessen anzusehen[633].

Die Auflösung von Konkurrenzen betrieblicher Normen durch § 4a Abs. 3 TVG stellt in geeigneter, erforderlicher und angemessener Weise sicher, dass den Mehrheitsgewerkschaften die Etablierung einer betrieblichen Ordnung zum Schutz ihrer Mitglieder ermöglicht wird. Für den Schutz der Funktionsfähigkeit der Tarifautonomie ist der damit verbundene Eingriff in die Grundrechte der Minderheitsgewerkschaft somit verhältnismäßig.

2 Tarifpluralität

Im Rahmen der Auflösung der Tarifpluralität sind die Gewährleistung der angemessenen Arbeitsbedingungen für die Arbeitnehmer sowie der Schutz der Eigentumsfreiheit und der Verhandlungsstärke der Arbeitgeber legitime Ziele des Gesetzgebers. Ergänzend tritt die Reduzierung der Auswirkungen des Arbeitskampfes auf die Allgemeinheit als legitimes Ziel einer Tarifeinheit hinzu, das allerdings nur in der Literatur und nicht durch den Gesetzgeber mit der vorliegenden Regelung verbunden wird. Fraglich ist, ob sich das verwendete Mittel als verhältnismäßig erweist, um diese Ziele zu erreichen.

---

633 *Bayreuther,* NZA 2007, 187, 188 f.; *Bister*, Tarifpluralität und die Folgen, S. 100; *Däubler,* Gutachten BDA/DGB, S. 37 f., (abrufbar unter: siehe Fn. 26).

a) Schutz der Arbeitnehmer vor unangemessenen Arbeitsbedingungen

Der mit der Verdrängung des Minderheitsvertrags verbundene Eingriff in die Tarifautonomie der Minderheitsgewerkschaft könnte sich als verhältnismäßig erweisen, wenn dieser zum Schutz der Arbeitnehmer vor unangemessenen Arbeitsbedingungen und damit zur Erfüllung der staatlichen Pflichten, die sich aus dem Sozialstaatsprinzip ergeben, geeignet, angemessen und erforderlich ist.

Die Verdrängung des Tarifvertrags der Minderheitsgewerkschaft ist für dieses Ziel jedoch bereits nicht geeignet, denn auch wenn dieses Kriterium nur geringe Anforderungen an die staatliche Maßnahme stellt, wobei die Möglichkeit der Zielerreichung genügt[634] und ein Einschätzungsspielraum des Gesetzgebers besteht[635], ist nicht ersichtlich, wie diese Verdrängung einen Beitrag zur inhaltlichen Gestaltung der Arbeitsbedingungen leisten kann[636]. Das Tarifeinheitsgesetz stellt weder sicher, dass die nicht organisierten Arbeitnehmer angemessene Arbeitsbedingungen erhalten[637], noch wird gewährleistet, dass die Arbeitsbedingungen der organisierten Arbeitnehmer – und insb. der Minderheitsgewerkschafter – tatsächlich inhaltlich angemessen sind[638]. Ferner können die Minderheitsgewerkschaften weiter eigene Lohnregelungen in Tarifverträgen erstreiken, die durch die Möglichkeit zur

634 BVerfG v. 12.12.2006 – 1 BvR 2576/04, BVerfGE 117, 163, 188 (m.w.N.); BVerfG v. 03.04.2001 – 1 BvL 32/97, BVerfGE 103, 293, 307; sowie HdB-StaatsR/*Hillgruber*, § 200 Rn. 62.

635 BVerfG v. 03.04.2001 – 1 BvL 32/97, BVerfGE 103, 293, 307; siehe auch BeckOK-GG/*Cornils*, Art. 9 Rn. 91.

636 *Rieble/v. d. Ehe*, Gutachten BDA/DGB, Rn. 312, (abrufbar unter: siehe Fn. 135), um BDA/DGB-Entwurf.

637 Vgl. *Konzen*, JZ 2010, 1036, 1043; sowie *Konzen/Schliemann*, RdA 2015, 1, 6.

638 *Greiner*, NZA 2015, 769, 777, befürchtet daher mehr Tarifkontrolle; siehe auch *Henssler*, RdA 2011, 65, 75, der auf die Pflicht zur Gleichbehandlung verweist und bei einer betrieblichen Tarifeinheit eine inhaltliche Überprüfung des Tarifvertrags erwägt; *Rieble/v. d. Ehe*, Gutachten BDA/DGB, Rn. 216 u. Rn. 235, (abrufbar unter: siehe Fn. 135), zum BDA/DGB-Entwurf.

Einbeziehung der Minderheitstarifverträge in das individuelle Arbeitsverhältnis auch weiter Wirkung erlangen können[639], so dass auch nicht verhindert wird, dass einzelne Teile der Belegschaft sich – ggf. zulasten anderer Berufsgruppen – Sondervorteile verschaffen können.

Ergänzend tritt hinzu, dass die Maßnahme jedenfalls nicht erforderlich ist, denn da den Koalitionen kein Normsetzungsmonopol zukommt, kann auch der Staat im Bereich des Arbeitsrechts weiter eigene Regelungen treffen[640]. Mit den Mitteln des individuellen Arbeitsrechts hat der Staat die Möglichkeit, seiner Gewährleistungspflicht ggü. allen Arbeitnehmern nachzukommen[641] und gleichzeitig die Kompetenz der Koalitionen in Bezug auf ihre eigenen Mitglieder zu berücksichtigen[642]. Die Koalitionen können dabei im Grundsatz an das Schutzniveau des individuellen Arbeitsrechts als Mindeststandard gebunden werden, was einerseits den Schutz der Arbeitnehmer sicherstellt, andererseits aber auch den darüber liegenden Gestaltungsspielraum der Koalitionen und damit ihre Tarifautonomie erhalten könnte[643].

---

[639] *Bister*, Tarifpluralität und die Folgen, S. 62, zur früheren Rspr. des BAG; *Greiner,* NZA 2015, 769, 771; *Mückl/Koddenbrock*, GWR 2015, 6, 9, aber eher zur Verteilungsgerechtigkeit. Vgl. auch *Deinert*, NZA 2009, 1176, 1177, im Zusammenhang mit der Zeitarbeit.

[640] BVerfG v. 03.04.2001 – 1 BvL 32/97, BVerfGE 103, 293, 306 f.; BVerfG v. 24.04.1996 – 1 BvR 712/86, BVerfGE 94, 268, 284; BAG v. 31.07.2002 – 7 AZR 140/01, BAGE 102, 65, 68 f.

[641] BVerfG v. 24.04.1996 – 1 BvR 712/86, BVerfGE 94, 268, 284; *Löwisch/Rieble*/TVG, Grundl. Rn. 163 ff.

[642] BVerfG v. 24.05.1977 – 2 BvL 11/74, BVerfGE 44, 322, 343, sieht eine subsidiäre Aufgabe des Staates; ebenso Mü-HdB-ArbR/*Richardi*, § 152 Rn. 35 f.; *Sodan*, JZ 1998, 421, 426 f.

[643] *Greiner*, RdA 2015, 36, sieht im Mindestlohn einen geringeren Eingriff; *Rieble/v. d. Ehe*, Gutachten BDA/DGB, Rn. 238, (abrufbar unter: siehe Fn. 135) der auf die Möglichkeit des Mindestlohns verweist; ebenso *Schmidt*, Anmerkung zu BAG v. 07.07.2010 – 4 AZR 549/08, AP Nr. 140 zu Art. 9 GG.

b) Schutz der Eigentumsrechte des Arbeitgebers

Zum Schutz der Eigentumsrechte des Arbeitgebers wäre die Wirkung des § 4a TVG verhältnismäßig, wenn die Verdrängung des Minderheitstarifvertrags geeignet ist, den Betriebsfrieden und damit auch den betrieblichen Ablauf zu erhalten.

Die Eignung der Maßnahme ist aber auch hier zweifelhaft, denn es ist nicht ersichtlich, wie die Tarifeinheit im Betrieb einen Beitrag zum Schutz des Betriebsfriedens leisten sollte[644]. Die möglichen Beeinträchtigungen ergeben sich jedenfalls nicht nur aus den unterschiedlichen Arbeitsbedingungen selbst[645], sondern maßgeblich auch aus dem Konflikt zwischen den Interessen der unterschiedlichen Gewerkschaftsmitglieder und aus deren Austragung im Betrieb[646]. Vor allem die Konkurrenz um Mitglieder und der daraus entstehende Wettbewerb kann zu Störungen des Betriebsablaufs führen[647], aber gerade diese Konkurrenz wird durch die Verdrängung des Tarifvertrags nicht ausgeschaltet[648]. Die damit verbundenen Nachteile der Mitglieder der Minderheitsgewerkschaft sind vielmehr ein Auslöser für Unzufriedenheit in Teilen der Belegschaft und können zu neuen Konflikten führen, die umso bedeutender werden, je eher daran Arbeitnehmer in Schlüsselpositionen beteiligt sind[649]. Zudem wird die Mitgliedschaft des einzelnen Arbeitnehmers für die Gewerkschaften noch bedeutender, da dessen Mitgliedschaft bei der Anwendung des Mehrheitsprinzips für die Anwendung des Tarifvertrags im Betrieb entscheidend sein kann[650]. Die Konkurrenz um Mitglieder wird so

---

644 *Fischer*, NZA 2015, 662, 663; a.A., *Scholz/Lingemann/Ruttloff*, NZA-Beil. 2015, 3, 25.

645 A.A. *Bister*, Tarifpluralität und die Folgen, S. 92 f., der aber zutreffend darauf hinweist, dass auch der Arbeitgeber durch die Gestaltung der Arbeitsbedingungen hier erheblichen Einfluss hat.

646 *Jacobs*, Tarifeinheit, S. 408, geht davon aus, dass diese Auswirkungen hinzunehmen sind.

647 Die Austragung von Meinungsverschiedenheiten im Betrieb wird ausführlich betrachtet von, *Rieble/Wiebauer*, ZfA 2010, 63 ff., speziell zur Tätigkeit der Koalitionen im Betrieb *dieselb.*, ZfA 2010, 63, 136 ff.

648 *Franzen*, ZfA 2011, 647, 666; a.A. wohl *Giesen/Kersten*, ZfA 2015, 201, 220.

649 *Greiner*, NZA 2012, 529, 532; *Konzen/Schliemann*, RdA 2015, 1, 7.

650 *Bauer*, DB 2014, 2715, 2716; *BRAK*, Stellungnahme Nr. 46 zur Tarifeinheit, S. 6, (abrufbar unter: siehe Fn. 138); *Greiner*, NZA 2015, 769, 770; *derselb.*, RdA

zum zentralen Bestandteil der Gewerkschaftstätigkeit[651] und insgesamt ist zu erwarten, dass sich die Auseinandersetzungen zwischen den Arbeitnehmern daher eher verstärken[652].

Das TEG erweist sich daher nicht als geeignet, um den Betriebsfrieden sicherzustellen und kann damit nicht als verhältnismäßig angesehen werden.

c) Schutz der Verhandlungsparität der Arbeitgeber

Um die Verhandlungsstärke der Arbeitgeber und damit die Funktionsfähigkeit der Tarifautonomie zu gewährleisten, wäre die Wirkung des § 4a TVG verhältnismäßig, wenn die Verdrängung des Minderheitstarifvertrags dafür geeignet, erforderlich und angemessen ist.

Die Regelung ist für dieses Ziel aber ebenfalls nicht geeignet, denn das TEG reduziert weder die Tarifkonflikte selbst noch die Möglichkeiten der Minderheitsgewerkschaften, in diesen Konflikten die Mittel des Arbeitskampfes zu verwenden[653]. Daher ist nicht ersichtlich, wie die Parität der Arbeitgeber in geeigneter Weise durch die bloße Verdrängung des Tarifvertrags der Minderheitsgewerkschaft geschützt werden könnte. Soweit die Befürworter der Tarifeinheit die gesetzliche Regelung als geeignet ansehen, beruht dies hingegen auf der Annahme, dass die Regelung sich auch auf das Streikrecht auswirken würde[654], was sich jedoch bereits an anderer Stelle als unzutreffend erwiesen hat[655].

Um den geringen Anforderungen des Kriteriums der Geeignetheit Rechnung zu tragen, sei darauf hingewiesen, dass zum Schutz der Parität auch

---

2015, 36, 39; *Mückl/Koddenbrock*, GWR 2015, 6, 8; *Schliemann*, NZA 2014, 1250, 1252.

651 *Bauer*, DB 2014, 2715, 2716; *Franzen*, ZfA 2011, 647, 666.

652 *Greiner*, RdA 2015, 36, 43.

653 Zumindest zweifelnd zur alten Tarifeinheit BAG v. 07.07.2010 – 4 AZR 549/08, BAGE 135, 80 Rn. 50; *Däubler*, Gutachten TEG, S. 27, (abrufbar unter: siehe Fn. 83); *Franzen*, ZfA 2009, 297, 311 f.

654 Siehe nur *Giesen*, ZfA 2011, 1, 29 u. 43 der auch darauf hinweist, dass die Wirkung der Tarifeinheit ohne die Verkürzung des Streikrechts der Minderheit unterlaufen würde; *Giesen/Kersten*, ZfA 2015, 201, 222; *Papier/Krönke*, ZfA 2011, 807, 849.

655 C) I) 2) b) iii) bb) Eröffnung des Schutzbereichs (des Arbeitskampfrechts).

ein milderes Mittel für den Gesetzgeber zur Verfügung steht. Durch eine entsprechende Gestaltung der Arbeitskampfmittel könnte einerseits die Verhandlungsstärke der Arbeitgeber ggü. besonderen Organisationsformen der Gewerkschaften erhalten und gleichzeitig die Tarifautonomie aller beteiligten Gewerkschaften sichergestellt werden[656].

d) Schutz der Allgemeinheit vor den Auswirkungen des Arbeitskampfes

Um für den Schutz der Allgemeinheit vor den Auswirkungen des Arbeitskampfes ein verhältnismäßiges Mittel darzustellen, müsste die Verdrängung des Tarifvertrags zumindest dazu geeignet sein, die Auswirkungen des Arbeitskampfes zu reduzieren.

Da aber bereits festgestellt wurde, dass die Möglichkeiten zur Verwendung der Mittel des Arbeitskampfes in Tarifauseinandersetzungen auch für die Minderheitsgewerkschaften nicht reduziert werden, kann sich die spätere Verdrängung des Tarifvertrags auch nicht als geeignet erweisen, um die Allgemeinheit vor den Auswirkungen des Arbeitskampfes zu schützen[657]. Die Gegenmeinungen beruhen auch hier auf der Annahme, dass es zu Auswirkungen auf das Streikrecht käme[658] und sind daher abzulehnen.

Ferner stellt die staatliche Gesetzgebung im Bereich des Arbeitskampfrechts auch hier ein milderes Mittel dar, das die Auswirkungen von Tarifkonflikten auf die Allgemeinheit reduzieren und trotzdem die Tarifautonomie erhalten könnte[659].

---

[656] Siehe dazu D) III) Regelungen zur Reduzierung der Folgen der Tarifpluralität.

[657] *Greiner,* NZA 2015, 769, 778; auch Streiks im Bereichen der Daseinsvorsorge sind weiter möglich, *Konzen/Schliemann,* RdA 2015, 1, 5, 14; ebenso *Mückl/Koddenbrock*, GWR 2015, 6, 7 f. für alle Ziele des Gesetzgebers. Allg. zur Tarifeinheit *Bayreuther*, NZA 2013, 1395, 1400.

[658] Siehe nur *Giesen/Kersten*, ZfA 2015, 201, 224 f.

[659] *Greiner,* RdA 2015, 36, 42; *Mückl/Koddenbrock*, GWR 2015, 6, 7; *Konzen*, JZ 2010, 1036, 1043; a.A. *Giesen/Kersten*, ZfA 2015, 201, 227 f., die die Regelungsansätze nicht als vergleichbar ansehen.

3 Zusammenfassung

Das TEG erweist sich damit in den meisten Bereichen seiner Wirkung nicht als verhältnismäßig, um die Verfolgung der staatlichen Schutz- und Gewährleistungspflichten zu ermöglichen.

Soweit die Auswirkungen der Auflösung der Tarifpluralität überhaupt durch die Verfolgung solcher Ziele legitimiert sind, können sie den Schutz oder die Gewährleistung dieser Verfassungsgüter nicht in geeigneter Weise sicherstellen. Die Auflösung der Tarifpluralität und der damit verbundene Eingriff in die Tarifautonomie der Minderheitsgewerkschaft ist daher nicht verhältnismäßig.

Gleiches gilt für die Auflösung der Konkurrenz der Inhaltsnormen unterschiedlicher Tarifverträge, denn die Verdrängung des Minderheitstarifvertrags ist zwar zumindest geeignet zur Auflösung einer bestimmten Form der Konkurrenz, dafür aber nicht erforderlich.

Lediglich die spezielle Regelung des § 4a Abs. 3 TVG zur Auflösung der Konkurrenzen der Betriebsnormen verschiedener Tarifverträge erweist sich sowohl als geeignet als auch als erforderlich und angemessen, so dass dieser Teil der Regelung ein verhältnismäßiges Mittel zur Gewährleistung der Tarifautonomie der Mehrheitsgewerkschaft ist.

Der mit dem TEG verbundene Eingriff in die Tarifautonomie der Minderheitsgewerkschaft erweist sich daher in diesem speziellen Bereich als zulässig, während das TEG abseits von § 4a Abs. 3 TVG zu einem unzulässigen Eingriff in die Tarifautonomie der Minderheitsgewerkschaft führt.

V Die Rechtfertigung der Ungleichbehandlung der Berufsgewerkschaften

Ergänzend ist darauf hinzuweisen, dass auch die Ungleichbehandlung der Berufsgewerkschaften einer Rechtfertigung bedarf und auch wenn bereits festgestellt wurde, dass das TEG zu einem unzulässigen Eingriff in die Grundrechte der Minderheitsgewerkschaften führt, wird ergänzend untersucht, ob für eine solche Ungleichbehandlung eine Rechtfertigung bestünde. Damit diese Ungleichbehandlung gerechtfertigt wäre, müsste es vor allem ein geeignetes Unterscheidungsmerkmal geben, das die Berufsgewerkschaften von anderen Gewerkschaften abgrenzt[660]. Angesichts der Organisationsfreiheit der Koalitionen kommen dabei aber Unterschiede, die unmittelbar auf der Organisationsform dieser Gewerkschaften beruhen, grds. nicht als Rechtfertigung einer unterschiedlichen Behandlung in Betracht[661].

Die Organisationsstruktur dieser Gewerkschaften kann im Zusammenhang mit den Betriebsnormen aber nicht gänzlich unbeachtet bleiben. Soweit Berufsgewerkschaften mit anderen Gewerkschaften im Betrieb zusammentreffen, kann aufgrund der betriebsweiten Wirkung dieser Normen die Regelungskompetenz der Gewerkschaft überlassen bleiben, die sich mit ihrer Organisation an alle Berufe im Betrieb richtet und die Mehrheit der Belegschaft stellt[662]. Dass den Berufsgewerkschaften diese Regelungsmöglichkeit im Verhältnis zu den Branchengewerkschaften versagt wird, kann dabei als gerechtfertigt angesehen werden, da der eigene Anspruch der Berufsgewerkschaften die Regelung des Arbeitslebens der gesamten betrieblichen Gemeinschaft nicht umfasst[663]. Für die daraus resultierende Ungleichbehandlung bietet dieser Umstand zumindest auf den ersten Blick[664] eine Rechtfertigung. Bedenkt man, dass der Berufsgewerkschaft weiterhin die Vereinbarung von Inhaltsnormen für ihre Mitglieder möglich ist und die Auflösung durch das Mehrheitsprinzip sicherstellt, dass die Einschränkung

---

660 Zur Rechtfertigung einer Ungleichbehandlung siehe BVerfG v. 17.01.2012 – 2 BvL 4/09, BVerfGE 130, 52 Rn. 57 f.; sowie Jarass/Pieroth/GG/*Jarass*, Vorb. Art. 1 Rn. 31; speziell für die Tarifeinheit *Konzen*, JZ 2010, 1036, 1041.

661 Mü-HdB-ArbR/*Löwisch/Rieble*, § 157 Rn. 99 f.; *Di Fabio*, Gutachten Tarifeinheit, S. 34, (abrufbar unter: siehe Fn. 144); *Konzen*, JZ 2010, 1036, 1041; *Rieble/v. d. Ehe*, Gutachten BDA/DGB, Rn. 101, (abrufbar unter: siehe Fn. 135); a.A. *Giesen*, ZfA 2011, 1, 20, der die innerbetriebliche Repräsentation als generellen Anknüpfungspunkt wählt.

662 Wohl auch *Bister*, Tarifpluralität und die Folgen, S. 100; *Jacobs*, Tarifeinheit, S. 314.

663 Wohl *Rieble/v. d. Ehe*, Gutachten BDA/DGB, Rn. 388, (abrufbar unter: siehe Fn. 135).

664 Dabei erscheint aber auch eine Betrachtung des jeweiligen Einzelfalls notwendig, da bspw. bei gewillkürter Tarifpluralität i.S.d. TEG eine andere Bewertung notwendig sein könnte, ferner könnten auch nur für einzelne Berufsgruppen betriebliche Regelungen erlassen werden, *Jacobs*, NZA 2008, 325, 327.

der Tarifautonomie auf ein Mindestmaß beschränkt wird, stellt sich die Maßnahme auch als angemessen dar[665]. Insgesamt kann diese unterschiedliche Behandlung der Berufsgewerkschaften daher bei diesen speziellen Normen als gerechtfertigt angesehen werden.

Diese Rechtfertigung kann auf die Verdrängung der Inhaltsnormen des Minderheitstarifvertrags aber nicht übertragen werden, so dass zu untersuchen ist, ob andere Unterscheidungsmerkmale bestehen, die in diesem Zusammenhang herangezogen werden könnten. Die Vertreter der Literatur, die auch im Zusammenhang mit den Inhaltsnormen eine unterschiedliche Behandlung der Berufsgewerkschaften als gerechtfertigt ansehen, verweisen neben den besonderen Auswirkungen dieser Gewerkschaften auf den gewerkschaftlichen Wettbewerb[666] auch auf die besonderen Auswirkungen, die sich aus den Streiks dieser Gewerkschaften sowohl auf die Parität der Arbeitgeber als auch auf die Allgemeinheit ergeben würden. Ferner sei deren Tarifpolitik, die nur auf eine Berufsgruppe im Betrieb ausgerichtet ist, ein geeigneter Anknüpfungspunkt für eine Ungleichbehandlung[667].

1 Besondere Auswirkungen auf den gewerkschaftlichen Wettbewerb

Die Auswirkungen der Berufsgewerkschaften auf den gewerkschaftlichen Wettbewerb eignen sich nicht als Rechtfertigung für eine Ungleichbehandlung.

Eine solche Legitimierung der Ungleichbehandlung widerspricht dem Koalitionspluralismus, denn es ist nicht nur der bloße Bestand der unterschiedlich organisierten Koalitionen geschützt, sondern diesen müssen vergleichbare Betätigungsmittel zur Vereinbarung von Arbeitsbedingungen zur Verfügung stehen. Das entspricht dem Grundgedanken der pluralistischen Ge-

---

665 Zur Auflösung dieser Normenkollisionen wird in der Literatur auch häufig auf das Mehrheitsprinzip verwiesen, siehe nur *Bister*, Tarifpluralität und die Folgen, S. 100; *Jacobs*, Tarifeinheit, S. 314; *Reichold*, RdA 2007, 321, 326 f.

666 Siehe nur *Scholz*, ZfA 2010, 681, 703 ff.

667 Wohl *Hromadka*, NZA 2008, 384, 385; *Waas*, Gutachten BDA/DGB, S. 40 ff., (abrufbar unter: siehe Fn. 71).

sellschaftsordnung, denn es ist der gleichberechtigte Wettbewerb der unterschiedlichen Partikularinteressen, der die angemessene Berücksichtigung aller relevanten Interessen ermöglichen soll[668].

Eine Rechtfertigung für eine Ungleichbehandlung der Wettbewerber kann sich aus den Folgen des Wettbewerbs daher nicht ergeben.

2 Besondere Auswirkungen des Arbeitskampfes

Da die Berufsgewerkschaften meist kleine und spezialisierte Berufsgruppen organisieren, die für den Betriebsablauf besonders wichtig sind, wird davon ausgegangen, dass diesen Gewerkschaften eine besondere Kampfkraft zukommt, die zugunsten der Parität der Vertragspartner eine Ungleichbehandlung der Berufsgewerkschaften rechtfertigen könne. Gleiches wird auch im Zusammenhang mit den besonderen Auswirkungen des Arbeitskampfes dieser Gewerkschaften auf die Allgemeinheit vertreten[669].

Soweit darauf verwiesen wird, dass die Arbeitskampfmittel des Arbeitgebers bei dem Streik einer einzelnen Berufsgruppe nicht wirksam sind[670], kann dies eine unterschiedliche Behandlung nicht legitimieren, denn es ist eine direkte Folge des Organisationsprinzips der Berufsgewerkschaften. Die Organisationsfreiheit der Gewerkschaften steht daher einer solchen Ungleichbehandlung unmittelbar entgegen und es kann daher offen bleiben, ob die Arbeitskampfmittel des Arbeitgebers zur Abwehr solcher Streiks tatsächlich wirkungslos sind[671].

Auch sonst kann die besondere Kampfkraft dieser Gewerkschaften eine Ungleichbehandlung nicht rechtfertigen. Einerseits würde der Staat seine

---

668 *Greiner*, NZA 2012, 529, 531.

669 *Scholz*, ZfA 2010, 681, 701 ff.

670 Siehe die Nachweise in Fn. 62.

671 Siehe *Henssler*, RdA 2011, 65, 68 f.; *Scholz*, ZfA 2010, 681, 701; siehe aber *Franzen*, RdA 2008, 193, 202, der keine Paritätsverschiebung sieht; ebenso *Pflüger*, RdA 2008, 185 ff., der ausführlich auf mögliche Kampfmittel der Arbeitgeber eingeht.

Pflicht zur Neutralität[672] verletzen, wenn er gerade die Gewerkschaften ausschließt, die besonderen Druck auf den Arbeitgeber ausüben können[673] und andererseits ist die Kampfkraft nicht mit den Gewerkschaften selbst, sondern mit den organisierten Berufsgruppen verbunden[674]. Auch wenn diese in einer Branchengewerkschaft organisiert wären, hätten deren Arbeitskämpfe die selben Auswirkungen wie der Arbeitskampf der Berufsgewerkschaften[675] und ferner ist zu bedenken, dass auch nicht alle Berufsgewerkschaften Berufe mit einer solchen Kampfkraft organisieren[676], so dass hier zumindest eine genauere Differenzierung notwendig wäre[677].

Der Hinweis auf die stärkeren Auswirkungen des Arbeitskampfes von Berufsgewerkschaften auf die Allgemeinheit kann auch nicht überzeugen. Soweit hier auf die beteiligten Berufe und die bestreikten Wirtschaftsbereiche abgestellt wird, kann dies eine Ungleichbehandlung der Berufsgewerkschaften nicht rechtfertigen, weil auch die Branchengewerkschaften – gerade dann, wenn diese Berufsgruppen in der Folge der Tarifeinheit zu ihnen Wechseln würden – mit den selben Berufen in den selben sensiblen Wirtschaftsbereichen ihren Arbeitskampf durchführen würden[678].

---

672 Siehe dazu H/W/K/ArbR-Kommentar/*Hergenröder*, Art. 9 GG Rn. 171 ff.; vgl. Jarass/Pieroth/GG/*Jarass*, Art. 9 Rn. 45; Mü-HdB-ArbR/*Löwisch/Rieble*, § 157 Rn. 51.

673 *Greiner*, NZA 2012, 529, 532, weist darauf hin, dass die Tarifeinheit gerade die besonders durchsetzungsstarken Gewerkschaften beschneide.

674 *Hanau*, RdA 2008, 98, 101; *Jacobs*, FS Buchner 2009, 342, 354.

675 *Däubler*, Gutachten BDA/DGB, S. 30 f., (abrufbar unter: siehe Fn. 26); *Glanz*, NJW-Spezial 2007, 578, 579; *Jacobs*, FS Buchner 2009, 342, 354; *Kamanabrou*, ZfA 2008, 241, 260.

676 Siehe das Beispiel bei *Greiner*, NZA 2012, 529 f., zum Streik der Vorfeldlotsen am Flughafen Frankfurt am Main im Jahr 2012.

677 *Bayreuther*, NZA 2013, 1395, 1399.

678 Vgl. *Bachmann/Schmidt*, ZfWP 2015, 44, 49; wohl auch *Bayreuther*, NZA 2008, 12, 15.

Die höhere Intensität der Streiks von Berufsgewerkschaften[679] kann eine Ungleichbehandlung ferner auch nicht rechtfertigen, denn unabhängig davon, ob diese Betrachtung zutrifft[680], wurde bereits festgestellt, dass die Tarifeinheit in der vorliegenden Form ungeeignet ist, um die Auswirkungen von Arbeitskämpfen im Allgemeinen zu reduzieren. Selbst wenn man die benannten Faktoren daher als geeignete Unterscheidungsmerkmale betrachtet, wäre die Benachteiligung der Berufsgewerkschaften im Rahmen der Tarifautonomie nicht in der Lage, den Arbeitgeber oder die Allgemeinheit vor den Arbeitskämpfen der Berufsgewerkschaften zu schützen.

3 Ungenügende Berücksichtigung des Allgemeinwohls

Ferner wird darauf hingewiesen, dass die Berufsgewerkschaften lediglich die Interessen ihrer eigenen Berufsgruppe vertreten und dabei Aspekte des Gemeinwohls nur unzureichend beachten würden, was eine Ungleichbehandlung im Verhältnis zu den Branchengewerkschaften rechtfertigen könne[681]. Es wird dabei davon ausgegangen, dass die Funktionsfähigkeit der Tarifautonomie nicht nur einen Maßstab für die staatliche Gewährleistungspflicht ggü. den Koalitionen darstellt, sondern auch Aspekte des Gemeinwohls beinhaltet, deren Berücksichtigung als Aufgabe der Koalitionen angesehen wird[682].

In der Literatur finden sich sowohl Befürworter als auch Gegner einer solchen verstärkten Berücksichtigung des Gemeinwohls im Rahmen der Tarifautonomie.

Von einer Meinung wird es abgelehnt, der Koalitionsfreiheit eine Bindung an das Gemeinwohl zu entnehmen, die über die staatlichen Schutzpflichten und die Auswirkungen der mittelbaren Drittwirkung der Grundrechte hinausgehen[683]. Andere Stimmen in der Literatur sehen die Berücksichtigung

---

679 *Lesch*, ZfWP 2015, 111, 121 ff.

680 Zurecht zweifelnd *Bachmann/Schmidt*, ZfWP 2015, 44, 48, da vor allem einzelne Konflikte das Bild prägen.

681 Wohl *Hromadka*, NZA 2008, 384, 387; *Waas*, Gutachten BDA/DGB, S. 40 ff., (abrufbar unter: siehe Fn. 71).

682 BT-Ds. 18/4062, 1 spricht von Aufgaben der Koalitionen; siehe auch *Henssler*, RdA 2011, 65, 76.

683 Sachs/GG/*Höfling*, Art. 9 Rn. 136 u. Rn. 150, *Di Fabio*, Gutachten Tarifeinheit,

des Gemeinwohls hingegen als wichtigen Teil der Funktionsfähigkeit der Tarifautonomie an und erachten die Beschränkungen der Tarifautonomie zugunsten der Interessen der Allgemeinheit daher für zulässig, wenn dies im Einzelfall notwendig ist, um die Berücksichtigung dieser Interessen sicherzustellen[684]. Da die Berufsgewerkschaften die Interessen der Allgemeinheit aber weniger in ihre Tarifpolitik einbeziehen würden als andere Gewerkschaftsformen[685] sei es möglich, die Berufsgewerkschaften im Verhältnis zu den Branchengewerkschaften schlechter zu stellen. Dabei wird auch ein Vergleich zum Kriterium der Tariffähigkeit vorgenommen, denn auch dieses zeige, dass die Berücksichtigung des Interesses der Allgemeinheit an einer funktionsfähigen Tarifautonomie sich auch auf die Koalitionen auswirken können[686] und spreche dafür, dass die fehlende Beachtung der Interessen der Allgemeinheit dementsprechend auch die Versagung von effektiven Mitteln der Tarifautonomie zur Folge haben könne[687] und die Ungleichbehandlung der Berufsgewerkschaften rechtfertige[688].

Problematisch ist aber bereits die Definition des Gemeinwohls, denn der Begriff besitzt kaum Konturen[689], die es ermöglichen würden, inhaltliche Anforderungen an das Handeln der Koalitionen abzuleiten[690]. Zudem stehen solche von außen an die Koalitionen herangetragenen Anforderungen des

---

S. 32 ff., (abrufbar unter: siehe Fn. 144); *Dieterich*, RdA 2002, 1, 10 f.; *Richardi*, NZA 2013, 408, 410; *Wiedemann*, Tarifnormen und Grundrechte, S. 156 ff.

684 H/W/K/ArbR-Kommentar/*Henssler*, Einl. TVG Rn. 13; Sodan/GG/*derselb.*, Art. 9 Rn. 30; *Hromadka*, NZA 2014, 1105, 1107; *Papier/Krönke*, ZfA 2011, 807, 824; wohl auch *Scholz*, ZfA 2010, 681, 697; *Thüsing*, FS 50 Jahre BAG, 889, 900 ff.

685 Siehe nur *Lesch*, ZfWP 2015, 111, 116, der dies ökonomisch mit der verstärkten Internalisierung externer Effekte begründet.

686 *Buchner*, BB 2003, 2121, 2127 f.

687 Weitgehend *Sodan*, JZ 1998, 421, 426, sieht eine Nichtigkeit von Verträgen die im Gegensatz im Gemeinwohl stehen; *Thüsing*, FS 50 Jahre BAG, 889, 911, geht von einer Kündigungsmöglichkeit aus, wenn Tarifverträge gegen das Gemeinwohl verstoßen; *Waas*, Gutachten BDA/DGB, S. 50, (abrufbar unter: siehe Fn. 71).

688 *Waas*, Gutachten BDA/DGB, S. 48 ff.

689 Zu einem möglichen Verständnis siehe *Thüsing*, FS 50 Jahre BAG, 889, 906 f.

690 H/W/K/ArbR-Kommentar/*Hergenröder*, Art. 9 GG Rn. 142; *Löwisch/Rieble*/TVG, Grundl. Rn. 197; Sachs/GG/*Höfling*, Art. 9 Rn. 150.

Gemeinwohls auch im Gegensatz zur Tarifautonomie[691], denn weil den Akteuren die Einschätzung der angemessenen Arbeitsbedingungen in ihrem Bereich besser möglich ist, soll die Tarifautonomie gerade die autonome und staatsferne Vereinbarung der Arbeitsbedingungen in einem Kernbereich gewährleisten[692].

Trotzdem hat auch die Allgemeinheit ein Interesse an einer funktionsfähigen Tarifautonomie[693], da deren Arbeit eine große Bedeutung für das gesamte Arbeitsleben hat[694]. Damit dient die Koalitionsfreiheit jedoch nicht den Interessen des Gemeinwohls, sondern die Tarifautonomie ist selbst ein Teil des Gemeinwohls[695] und dementsprechend besteht auch ggü. der Allgemeinheit die staatliche Pflicht, eine funktionsfähige Tarifautonomie zu gewährleisten. Auch ggü. der Allgemeinheit bezieht sich dies aber wiederum nur auf den geeigneten Prozess, während ein Anspruch auf die Gewährleistung bestimmter Inhalte für die Allgemeinheit ebenso wenig besteht, wie für die Mitglieder der Koalitionen selbst[696].

Das Interesse der Allgemeinheit an einer funktionsfähigen Tarifautonomie führt daher nicht dazu, dass die Koalitionen rechtlich verpflichtet sind, in

---

691 ErfK/*Linsenmaier*, Art. 9 GG Rn. 81; *Ladeur*, AöR 2006, 643, 648, der durch öffentliche Zielsetzungen die grundrechtliche Freiheit behindert sieht.

692 BVerfG v. 03.04.2001 – 1 BvL 32/97, BVerfGE 103, 293, 304; BVerfG v. 24.04.1996 – 1 BvR 712/86, BVerfGE 94, 268, 283; BVerfG v. 04.07.1995 – 1 BvF 2/86 (u.a.), BVerfGE 92, 365, 393; BVerfG v. 02.03.1993 – 1 BvR 1213/85, BVerfGE 88, 103, 114 f.; BVerfG v. 14.06.1983 – 2 BvR 488/80, BVerfGE 64, 208, 215; BVerfG v. 27.02.1973 – 2 BvL 27/69, BVerfGE 34, 307, 316 f.; Jarass/Pieroth/GG/*Jarass*, Art. 9 Rn. 30; *Löwisch/Rieble*/TVG, Grundl. Rn. 30; *Picker*, FS 50 Jahre BAG, 795, 816; nur eingeschränkt *Papier/Krönke*, ZfA 2011, 807, 824.

693 *Hufen*, NZA 2014, 1237, 1239.

694 Insoweit zutreffend H/W/K/ArbR-Kommentar/*Henssler*, Einl. TVG Rn. 13.

695 ErfK/*Linsenmaier*, Art. 9 GG Rn. 80; Mü-HdB-ArbR/*Richardi*, § 152 Rn. 22; *Di Fabio*, Gutachten Tarifeinheit, S. 14 f., (abrufbar unter: siehe Fn. 144), bezeichnet die Koalitionsfreiheit als konstitutives Element der Demokratie; *Picker*, FS 50 Jahre BAG, 795, 820.

696 H/W/K/ArbR-Kommentar/*Hergenröder*, Art. 9 GG Rn. 142; Löwisch/Rieble/TVG, Grundl. Rn. 194; *Di Fabio*, Gutachten Tarifeinheit, S. 33, (abrufbar unter: siehe Fn. 144); a.A. *Henssler*, RdA 2011, 65, 74, sieht die Lohngerechtigkeit als Aspekt der Funktionsfähigkeit.

ihrer Arbeit bestimmte Vorstellung des Gemeinwohls zu beachten[697]. Die mitgliedschaftliche Legitimation der Kompetenz der Koalitionen steht dieser Verantwortung für die Interessen der Allgemeinheit auch entgegen, denn daraus kann nur eine Verantwortung ggü. den eigenen Mitgliedern abgeleitet werden[698]. Die Koalitionen kommen somit ihren Aufgaben und Kompetenzen nach, wenn sie die Interessen ihrer Mitglieder vertreten[699], während das Gemeinwohl durch die Möglichkeit zur gleichberechtigten Einbringung dieser Interessen in einem funktionsfähigen Prozess der Tarifautonomie erzielt werden soll[700].

Der Vergleich mit der Tariffähigkeit macht dies deutlich und kann in diesem Zusammenhang daher nicht zu einer anderen Einschätzung führen[701]. Zutreffend ist jedoch, dass Koalitionen i.S.v. Art. 9 Abs. 3 GG, die die damit verbundenen Voraussetzungen nicht erfüllen, auch im Interesse der Allgemeinheit die Teilnahme an der Tarifautonomie verwehrt wird[702], da eine Koalition nur dann etwas zur sinnvollen Ordnung der Arbeitsbedingungen beitragen kann, wenn der Gegner nicht in der Lage ist, die Bedingungen des Tarifvertrags zu diktieren[703]. Die Tariffähigkeit bestimmt sich dabei anhand objektiver Kriterien und dem Kräfteverhältnis zum sozialen Gegenspieler[704], wobei sich diese Faktoren auf die Koalition selbst und nicht auf deren

---

697 Sachs/GG/*Höfling*, Art. 9 Rn. 136; *Dieterich*, RdA 2002, 1, 11; *derselb.*, NZA-Beil. 2011, 84, 87.

698 *Picker*, FS 50 Jahre BAG, 795, 819 f.; *Wiedemann*, Tarifnormen und Grundrechte, S. 156.

699 BVerfG v. 24.05.1977 – 2 BvL 11/74, BVerfGE 44, 322, 344; BVerfG v. 19.10.1966 – 1 BvL 24/65, BVerfGE 30, 312, 319 f.

700 Mü-HdB-ArbR/*Richardi*, § 152 Rn. 22; *Picker*, FS 50 Jahre BAG, 795, 820.

701 *Bayreuther*, DB 2010, 2223, 2225; *Greiner*, NZA 2012, 529, 532; *Jacobs*, Tarifeinheit, S. 440; *Löwisch*, RdA 2010, 263 f.

702 BVerfG v. 06.05.1964 – 1 BvR 79/62, BVerfGE 18, 18, 28 f.; *Jacobs*, Tarifeinheit, S. 440.

703 Mü-HdB-ArbR/*Rieble/Klumpp*, § 164 Rn. 10; *Franzen*, ZfA 2009, 297, 309; Vgl. auch *Löwisch*, RdA 2010, 263, 264.

704 Mü-HdB-ArbR/*Rieble/Klumpp*, § 164 Rn. 14.

Vereinbarungen beziehen, so dass damit gerade keine inhaltlichen Vorstellungen eines Gemeinwohls umgesetzt werden[705]. Stattdessen werden die Interessen der Allgemeinheit geschützt, indem diese Kriterien einen Beitrag zu einen funktionierenden Prozess der Tarifautonomie leisten[706].

Ferner ist beim Vergleich von Tarifeinheit und Tariffähigkeit zu bedenken, dass sich beide Kriterien grundlegend unterscheiden, denn anders als die Tarifeinheit bestimmt sich die Tariffähigkeit nicht anhand der Relation zu anderen Koalitionen. Da die unterschiedlichen Koalitionsformen somit nicht in ein Verhältnis zueinander gesetzt werden, kann jede Koalition die damit verbundenen Anforderungen aus sich selbst heraus erfüllen. Dies ist auch verfassungsrechtlich geboten, denn aufgrund des Schutzes der Organisationsfreiheit der Koalitionen dürfen solche einfach-gesetzlichen Kriterien keine Rückwirkungen auf den verfassungsrechtlich definierten Koalitionsbegriff haben[707]. Das BAG stellt dies u.a. sicher, indem es die Anzahl der Mitglieder einer Gewerkschaft nur als Indiz der Sozialmächtigkeit ansieht und somit die Tariffähigkeit organisationsneutral bestimmt[708]. Da die Tarifeinheit jedoch an die Mitgliederzahlen anknüpft, ist bei diesem Kriterium ein organisationsneutrales Verständnis hingegen nicht möglich und da sich die Geltung des Tarifvertrags erst in der Relation der einen Koalition zu einer anderen bestimmt, wird die Tarifeinheit tw. sogar als Bewertung der Arbeit der unterschiedlichen Koalitionen verstanden[709]. Dabei können vor

---

705 Vgl. Mü-HdB-ArbR/*Rieble/Klumpp*, § 164 Rn. 11 zur Verbindung von Tariffähigkeit und Angemessenheitskontrolle.

706 Vgl. BVerfG v. 01.03.1979 – 1 BvR 532/77, BVerfGE 50, 290, 369; BAG v. 14.12.2004 – 1 ABR 51/03, BAGE 113, 82, 93; *Di Fabio*, Gutachten Tarifeinheit, S. 39 f., (abrufbar unter: siehe Fn. 688); *Jacobs*, Tarifeinheit, S. 440; *Rieble/v. d. Ehe*, Gutachten BDA/DGB, Rn. 195 u. Rn. 294 f., weist darauf hin, dass dieses Kriterium bereits die Zersplitterung der Koalitionslandschaft unterbindet, (abrufbar unter: siehe Fn. 135); ebenso *Schmidt*, Anmerkung zu BAG v. 07.07.2010 – 4 AZR 549/08, AP Nr. 140 zu Art. 9 GG.

707 BVerfG v. 20.10.1981 – 1 BvR 404/78, BVerfGE 58, 233, 249; Sachs/GG/*Höfling*, Art. 9 Rn. 64 f.

708 BAG v. 14.12.2004 – 1 ABR 51/03, BAGE 113, 82, 1. Ls.; Däubler/TVG/*Peter*, § 2 Rn. 19 f.; *Bister*, Tarifpluralität und die Folgen, S. 34; *Hanau*, NZA 2012, 825, 826; *Richardi*, NZA 2014, 1233, 1234 f.

709 Die Tarifeinheit bewertet die Ergebnisse der Koalitionsarbeit, *Greiner*, NZA

allem Berufsgewerkschaften das Kriterium nicht aus sich selbst heraus erfüllen, sofern sie mit Branchengewerkschaften in einem Betrieb zusammentreffen[710]. Diese Organisationsformen könnten somit sogar dauerhaft aus dem Tarifvertragssystem ausgeschlossen werden – obwohl es sich um Koalitionen i.S.v. Art. 9 Abs. 3 GG handelt – und angesichts der Bedeutung des Tarifvertragssystems für die Koalitionsarbeit sind damit auch Rückwirkungen auf den eigentlichen Koalitionsbegriff möglich. Darüber hinaus führt die parallele Anwendung von Tarifeinheit und Tariffähigkeit zu Widersprüchen, da so einerseits Zugangsbeschränkungen für das Tarifvertragssystem aufgestellt werden, die im Interesse der Allgemeinheit eine funktionierende Tarifautonomie ermöglichen sollen, während andererseits die Wirksamkeit der Tarifverträge mit der gleichen Begründung beschränkt wird[711].

Insgesamt zeigt sich somit, dass die Berücksichtigung des Gemeinwohls innerhalb der Koalitionsarbeit keine Funktionsbedingung der Tarifautonomie ist[712] und dass eine pauschale Ungleichbehandlung der Berufsgewerkschaften, die sich auf die unterschiedliche Berücksichtigung der Interessen des Allgemeinwohls stützt, dementsprechend nicht in Betracht kommt.

Trotzdem hat der Staat weiter seine Verantwortung für das Gemeinwohl und die Verpflichtung, dieses zu schützen, sofern es durch die Arbeit der Koalitionen zu negativen Auswirkungen auf das Gemeinwohl kommt[713]. Damit dies aber die pauschale Ungleichbehandlung der Berufsgewerkschaften

---

2015, 769, 771 Fn. 16; ähnlich *Rieble/v. d. Ehe*, Gutachten BDA/DGB, Rn. 247 f., (abrufbar unter: siehe Fn. 135), die in der Tarifeinheit Höchstarbeitsbedingungen sehen.

710 Sie sind auf die Kooperation der Branchengewerkschaften angewiesen oder müssen ihre Organisationsform ändern, siehe C) I) 2) a) ii) bb) Eröffnung des Schutzbereichs (der Organisationsfreiheit).

711 *Däubler*, Gutachten BDA/DGB, S. 34, (abrufbar unter: siehe Fn. 16). Vgl. *Schmidt*, Anmerkung zu BAG v. 07.07.2010 – 4 AZR 549/08, AP Nr. 140 zu Art. 9 GG, weist darauf hin, dass die Tarifeinheit die Tarifautonomie an den Stellen beschränkt, an denen sie funktioniert; *Bayreuther*, NZA 2007, 187, 188, weist darauf hin, dass die Tariffähigkeit der Spartengewerkschaften dann eine *„Trockenübung"* bliebe.

712 *Di Fabio*, Gutachten Tarifeinheit, S. 32 f., (abrufbar unter: siehe Fn. 144); *Picker*, FS 50 Jahre BAG, 795, 817 ff.

713 Siehe nur Däubler/TVG/*derselb.*, Einl. Rn. 84.

rechtfertigt[714], müsste die Tarifeinheit einerseits geeignet sein, das Gemeinwohl zu schützen und andererseits müssten diese Gewerkschaften für die negativen Folgen der Tarifpluralität verantwortlich sein. Da jedoch bereits festgestellt wurde, dass das TEG zur Verfolgung der benannten Ziele ungeeignet ist, kann hier offen bleiben, ob diese Gewerkschaften das Allgemeinwohl tatsächlich weniger berücksichtigen als andere Gewerkschaftsformen[715] und ob sie deshalb für die Folgen der Tarifpluralität verantwortlich sind.

4 Zusammenfassung

Für die Ungleichbehandlung der Berufsgewerkschaften, die im Verhältnis zu den Branchengewerkschaften aus dem Mehrheitsprinzip resultiert, besteht kein geeignetes Unterscheidungsmerkmal, das die Verdrängung der Inhaltsnormen des Tarifvertrags der Berufsgewerkschaften rechtfertigen könnte. Die Verdrängung dieser Normen stellt somit eine ungerechtfertigte Ungleichbehandlung dieser Organisationsform dar.

Lediglich im Zusammenhang mit den Betriebsnormen ist die unterschiedliche Behandlung gerechtfertigt, so dass insgesamt die Auswirkungen des § 4a Abs. 3 TVG verfassungsrechtlich legitimiert sind.

VI Zwischenfazit

Es wurde festgestellt, dass § 4a TVG in weiten Bereichen nicht verfassungskonform ist.

Die Verdrängung des Tarifvertrags führt zu einer Beeinträchtigung der Tarifautonomie der Minderheitsgewerkschaft, da erst die zwingende Wirkung der Kollektivvereinbarung auf die Mitglieder die Verwirklichung des

---

714 Zur Berücksichtigung verfassungsimmanenter Schranken im Rahmen von Ungleichbehandlungen, siehe Jarass/Pieroth/GG/*Jarass*, Vorb. Art. 1 Rn. 53.

715 Offen bei *Bepler*, NZA-Beil. 2010, 99, 103, der aber zutreffend darauf hinweist, dass auch die Branchengewerkschaften ihre Verantwortung auf ihre Mitglieder begrenzen; siehe auch *Di Fabio*, Gutachten Tarifeinheit, S. 62, der darauf hinweist, dass die Interessen der Berufsgewerkschaften sich auch auf andere Berufsgruppen und den Betriebsfrieden beziehen können.

Zwecks der Koalitionsfreiheit ermöglicht. Die zwingende Wirkung des Tarifvertrags steht der Minderheitsgewerkschaft aber nicht zur Verfügung und andere Mittel der Tarifautonomie sind nicht vorhanden.

Diese Beeinträchtigung erfüllt die Eingriffskriterien und die Auswirkungen des TEG auf die Minderheitsgewerkschaft müssen sich daher anhand von verfassungsimmanenten Schranken dieses Grundrechts legitimieren. Soweit die Regelung für andere Grundrechtsträger die Freiheitsausübung ermöglicht, ändert dies nichts an der Bewertung der Maßnahme als Eingriff in die Grundrechte der Minderheitsgewerkschaft, jedoch können etwaige staatliche Gewährleistungspflichten mit Verfassungsrang den Eingriff in die Koalitionsfreiheit legitimieren.

Auf solche Rechtsgüter kann sich die Auflösung der Tarifkonkurrenz berufen, soweit dadurch der Schutz der Arbeitnehmer durch die Kollektivvereinbarung sichergestellt wird. Als verhältnismäßig erscheint diese Auflösung aber nur in Bezug auf die Betriebsnormen i.S.v. § 3 Abs. 2 TVG während die gänzliche Verdrängung des Tarifvertrags aus dem Betrieb ansonsten kein erforderliches Mittel ist.

Die Auflösung der Tarifpluralität verfolgt ebenfalls Ziele im Verfassungsrang, wobei die Gewährleistung angemessener Arbeitsbedingungen ebenso als Rechtfertigung dienen könnte wie der Schutz vor Störungen des Betriebsablaufs durch gewerkschaftliche Auseinandersetzungen und die Gewährleistung einer funktionsfähigen Tarifautonomie durch den Erhalt der Parität der Vertragsparteien. Gleiches gilt für den Schutz der Allgemeinheit vor den Folgen des Arbeitskampfes. Die Verdrängung des Tarifvertrags kann diese Ziele aber nicht in verhältnismäßiger Weise erreichen, da die Wirkung des § 4a Abs. 2 TVG dafür nicht geeignet ist.

Ferner führt das TEG zu einer ungerechtfertigten Ungleichbehandlung der Berufsgewerkschaften, soweit ihnen durch das Mehrheitsprinzip die Regelung von Inhaltsnormen für ihre Mitglieder im Verhältnis zu den Branchengewerkschaften verwehrt wird. Die Verdrängung der Betriebsnormen führt ebenfalls zu einer unterschiedlichen Behandlung dieser Gewerkschaften, allerdings bietet die betriebliche Repräsentation in diesem Zusammenhang ein geeignetes Unterscheidungsmerkmal, so dass diese unterschiedliche Behandlung gerechtfertigt ist.

Insgesamt erweist sich daher nur § 4a Abs. 3 TVG i.V.m. § 4a Abs. 2 Satz 2 TVG als verfassungskonform, während die Verdrängung der Inhaltsnormen des Minderheitstarifvertrags durch § 4a Abs. 2 Satz 2 sowohl einen unzulässigen Eingriff in die Grundrechte der Minderheitsgewerkschaft als auch eine ungerechtfertigte Ungleichbehandlung der Berufsgewerkschaften darstellt.

D Alternativen zur vorliegenden gesetzlichen Regelung zum Umgang mit Tarifpluralität

Da im Zuge der Untersuchung des TEG festgestellt wurde, dass die Regelung der Tarifeinheit auch bei der Auflösung der Tarifpluralität[716] den Schutz von Verfassungsgütern gewährleisten soll, dafür in ihrer bisherigen Form aber nicht geeignet ist, gilt es zu untersuchen, ob andere Regelungen den Schutz dieser Verfassungsgüter gewährleisten können[717]. Eine vollständige Bewertung kann hier zwar nicht erfolgen, aber die bestehenden Regelungsalternativen werden im Folgenden skizziert und kursorisch bewertet. Fraglich ist in diesem Zusammenhang, ob die jeweilige Regelung zur Verfolgung der als legitim erachteten Ziele – der Sicherung des Betriebsfriedens und der Parität der Vertragspartner sowie dem Schutz der Allgemeinheit vor den Auswirkungen des Arbeitskampfes[718] – geeignet erscheint.

Neben alternativen Formen der Auflösung der Tarifpluralität kommen dabei auch Regelungen in Betracht, die bereits die Entstehung der Tarifpluralität verhindern sowie Gesetzesvorschläge, die die Auswirkungen der Tarifpluralität auf die genannten Verfassungsgüter reduzieren sollen[719].

I Alternative Formen der Auflösung der Tarifpluralität

In der Literatur finden sich eine Reihe von Vorschlägen zur alternativen Auflösung von Tarifpluralität, wobei neben der Tarifeinheit in der einzelnen

[716] Weitere Vorschläge zur Auflösung der Tarifkonkurrenz, siehe *Jacobs*, Tarifeinheit, S. 240 ff.

[717] Insofern kann dieser Abschnitt auch als Bewertung der Erforderlichkeit der vorliegenden Regelung verstanden werden.

[718] Da mit der staatlichen Gesetzgebung im Bereich des individuellen Arbeitsrechts ein Mittel zum Schutz der Arbeitnehmer zur Verfügung steht, braucht dieses Ziel hier keine Beachtung finden.

[719] Siehe aber auch die Vorschläge von *Bepler*, NZA 2014, 891 ff. zu Möglichkeiten zur Stärkung der Tarifautonomie abseits der Tarifeinheit.

Berufsgruppe[720] auch das gesamte Unternehmen[721] als geeigneter Bezugsrahmen angesehen wird. Teilweise sollen diese Konzepte auch nur in einzelnen Wirtschaftsbereichen und insb. in der Daseinsvorsorge zum Tragen kommen[722].

Zur Verfolgung der legitimen Ziele der Auflösung der Tarifpluralität ist eine Tarifeinheit mit einer anderen Kollisionsregel allerdings ebenso ungeeignet[723], wie der vorliegende § 4a TVG. Die nachträgliche Auflösung der Tarifpluralität und das damit verbundene Verständnis der Tarifeinheit als Kollisionsnorm steht auch in diesen Fällen weiteren Auswirkungen auf die Betätigungsmittel der Koalitionen entgegen. Zur Sicherung der Verhandlungsstärke der Arbeitgeber ggü. den unterschiedlichen Tarifpartnern können andere Formen der nachträglichen Auflösung genau so wenig beitragen wie zur Reduzierung der Auswirkungen des Arbeitskampfes[724]. Ebenso können andere Kriterien zur Auflösung von Tarifpluralität keinen Beitrag zum Erhalt des Betriebsfriedens leisten, da bereits die Verdrängung des Tarifvertrags selbst zu Auseinandersetzungen und Unzufriedenheit im Betrieb führen kann.

Alternative Kollisionsregeln sind daher nicht geeignet, die legitimen Ziele der Auflösung der Tarifpluralität zu erreichen.

II Alternative Regelungen zur Verhinderung der Tarifpluralität

Ferner kommen auch Formen der Tarifeinheit in Betracht, die trotz Koalitionspluralität bereits das Entstehen einer Tarifpluralität verhindern.

---

720 *Greiner*, NZA 2010, 743, 745.

721 *BRAK*, Stellungnahme Nr. 46 zur Tarifeinheit, S. 7 f. (m.w.N.), (abrufbar unter: siehe Fn. 138); kritisch zur Anknüpfung an das Unternehmen, *Rieble/v. d. Ehe*, Gutachten BDA/DGB, Rn. 286, (abrufbar unter: siehe Fn. 135).

722 Vgl. *Henssler*, ZfWP 2015, 55, 68 ff.

723 Auswirkungen könnten sich auf die Angemessenheit der Lösung ergeben, vgl. *Konzen*, JZ 2010, 1036, 1044.

724 *Greiner*, NZA 2012, 529, 533.

1 Kooperationspflichten

Die Gewerkschaften könnten bereits vor Abschluss des Tarifvertrags gesetzlich veranlasst werden, bei den eigentlichen Tarifvertragsverhandlungen mit dem Arbeitgeber miteinander zu kooperieren[725]. Dabei sind eine Reihe von unterschiedlichen Kooperationspflichten denkbar und in der Literatur wird neben einer reinen Verhandlungspflicht zwischen den Gewerkschaften[726] auch eine gesetzlich angeordnete Tarifgemeinschaft[727] und die Abstimmung der Anwendungsbereiche der Tarifverträge vorgeschlagen[728].

Die Abstimmung der Anwendungsbereiche ist dabei nicht geeignet, die Verhandlungsstärke der Arbeitgeber zu erhalten, da die Anzahl der Tarifparteien nicht reduziert wird. Eine vorherige Verhandlungspflicht mag ein Anreiz zur Bildung von Tarifgemeinschaften sein, kann jedoch die Kooperation auch nicht sicherstellen[729].

Eine gesetzlich angeordnete Tarifgemeinschaft könnte hingegen zumindest die Kampfparität der Arbeitgeber schützen und auch die Auswirkungen der Arbeitskämpfe auf die Allgemeinheit reduzieren, da sie innerhalb des Bezugsrahmens dazu führen würde, dass jeweils nur ein Tarifkonflikt stattfindet[730]. Bei einer funktionierenden Tarifgemeinschaft würde auch der Betriebsfrieden gewährleistet und selbst ein Gesamtkompromiss in wirtschaftlichen Krisenzeiten könnte so erzielt werden.

Die Organisationsfreiheit der Gewerkschaften steht nach der überwiegenden Ansicht der Literatur einer solchen gesetzlichen Tarifgemeinschaft je-

725 Siehe nur *Greiner,* NZA 2012, 529, 533; *Meyer,* FS Buchner 2009, 628, 640; *Richardi,* NZA 2013, 408, 412.

726 Wohl *Seeling/Probst,* BB 2014, 2421, 2424; *v. Steinau-Steinrück/Glanz*, NZA 2009, 113, 118.

727 *Hromadka*, NZA 2008, 384, 389 f.; siehe aber *derselb.*, NZA 2014, 1105, 1108, wo der eigene Vorschlag kritisch bewertet wird.

728 *Franzen*, ZfA 2009, 297, 316 f.

729 *Scholz*, ZfA 2010, 681, 690 weist darauf hin, dass der Arbeitgeber einen Anspruch auf die Verhandlung zwischen den Gewerkschaften haben müsste; *Scholz/Lingemann/Ruttloff*, NZA-Beil. 2015, 3, 36.

730 *Lesch*, ZfWP 2015, 111, 130.

doch entgegen, weil diese Regelung keine selbstständige Festlegung des Zuständigkeitsbereiches der Koalition ermögliche und weil die autonome Auswahl des Vertragspartners nicht mehr möglich wäre[731]. Im Vergleich zu § 4a TVG erscheint aber selbst diese Form der Tarifeinheit als das mildere Mittel[732].

Der Gesetzgeber würde durch die Bestimmung des Geltungsbereichs der Tarifverträge zwar dem Arbeitgeber die Auswahl des Tarifvertragspartners verwehren, jedoch gilt dies auch für § 4a TVG. Ferner könnten die Gewerkschaften durch die Bestimmung ihrer Zuständigkeit zumindest autonom festlegen, in welcher Tarifgemeinschaft sie die Interessen ihrer Mitglieder zur Geltung bringen. Die Vereinbarung von Arbeitsbedingungen im Interesse der Mitglieder wäre den Koalitionen weiterhin gewährleistet[733], auch wenn die Vereinbarung von Arbeitsbedingungen dann nicht mehr unmittelbar mit dem Arbeitgeber erfolgen könnte, sondern die Interessen erst in die Tarifgemeinschaft eingebracht werden müssten. Ob diese mittelbare Interessenvertretung den Zweck der Tarifautonomie funktionsgerecht gewährleistet, kann hier nicht bewertet werden[734], aber mit einer solchen Tarifgemeinschaft wären jedenfalls erhebliche Beeinträchtigungen der Koalitionsfreiheit verbunden, die nur angemessen erscheinen, wenn dem eine entsprechende Bedrohung von Verfassungsgütern gegenübersteht[735]. Im gegebenen Kontext würde sich eine Tarifgemeinschaft daher wohl nicht als angemessen erweisen, da eine gravierende Störung anderer Verfassungsgüter nicht nachgewiesen wird[736].

---

[731] BAG v. 09.12.2009 – 4 AZR 190/08, AP Nr. 48 zu § 3 TVG, Rn. 51; *Bister*, Tarifpluralität und die Folgen, S. 153 f.; *Deinert*, RdA 2011, 12, 17; *Henssler*, ZfA 2010, 397, 416 bezweifelt die Praktikabilität; *Scholz/Lingemann/Ruttloff*, NZA-Beil. 2015, 3, 37.

[732] A.A. *Papier/Krönke*, ZfA 2011, 807, 855, die auch die Praktikabilität bezweifeln.

[733] Vgl. *Lesch*, ZfWP 2015, 111, 130.

[734] So aber wohl *Hufen*, NZA 2014, 1237, 1240.

[735] *Seeling/Probst*, BB 2014, 2421, 2425 f.

[736] *Bayreuther*, DB 2010, 2223, 2226 weist im Zusammenhang mit der Zersplitterung der Tariflandschaft darauf hin, dass auch hier die Bedrohungslage genau darzustellen wäre; sowie *Di Fabio*, Gutachten Tarifeinheit, S. 57 ff., (abrufbar unter: siehe Fn. 144).

2 Bestimmung eines zuständigen Vertragspartners im Zuständigkeitsbereich

Als Alternative zur bisherigen Regelung der Tarifeinheit wären auch Modelle denkbar, mit denen lediglich einer Gewerkschaft die Führung von Tarifverhandlungen mit dem Arbeitgeber ermöglicht wird[737]. Beispielsweise könnte dies mit Hilfe einer Abstimmung der Arbeitnehmer im Zuständigkeitsbereich oder durch die Voraussetzung einer staatlichen Anerkennung der Tarifpartner auf Arbeitnehmerseite erfolgen, wobei auf bestehende Regelungen im britischen und amerikanischen Recht verwiesen wird[738].

Diese Form der Verhinderung von Tarifpluralität erscheint zumindest geeignet zur Verfolgung der gesetzlichen Ziele im Bereich des Arbeitskampfes und der Parität, denn auch hier wird die Zahl der Vertragspartner ggü. dem Arbeitgeber bereits vor Vertragsabschluss reduziert, so dass trotz Koalitionspluralität dem Arbeitgeber nur eine Koalition auf Arbeitnehmerseite gegenübersteht[739].

Im Vergleich zur gesetzlichen Tarifgemeinschaft stellt diese Abstimmungsvariante aber eine stärkere Beeinträchtigung der Gewerkschaften dar, denn während es die gesetzliche Tarifgemeinschaft allen Gewerkschaften ermöglicht, ihre Interessen weiterhin zumindest mittelbar zu vertreten, ist dies für die unterlegenen Gewerkschaften in diesem System nicht gewährleistet. Deshalb wäre es hier auch wichtiger, die Zuständigkeitsbereiche der Gewerkschaften und den Geltungsbereich der späteren Vereinbarung miteinander abzustimmen, aber selbst dann könnte ein solches Wahlverfahren kaum organisationsneutral gestaltet werden. In angelsächsischen Rechtssystemen erfolgt diese Festlegung über die sog. „bargaining unit", die den Geltungs-

---

737 Vgl. *Hromadka,* GS Heinze 2005, 383, 389 ff., der die Regelungen in anderen Rechtsordnungen untersucht; *Bister*, Tarifpluralität und die Folgen, S. 144.

738 Siehe dazu *Hromadka*, GS Heinze 2005, 383, 389 ff.; *derselb.*, NZA 2008, 384, 390 f. der aber die Praktikabilität bezweifelt; siehe auch *Junker*, ZfA 2011, 299, 302 ff.

739 *Hromadka*, NZA 2008, 384, 390; *Junker*, RdA-Beil. 2009, 4, 5; *derselb.*, ZfA 2011, 299, 309 f.; sofern Arbeitskämpfe über die Anerkennung geführt werden dürfen, relativiert sich aber dieses Ergebnis, *Kamanabrou*, ZfA 2008, 241, 265 ff.

bereich für den Tarifvertrag definiert und dabei an der Homogenität der Arbeitnehmer orientiert ist[740]. Diese Form der staatlichen Festlegung des Geltungsbereiches würde in Kombination mit einem Wahlverfahren aber regelmäßig das Ergebnis der Abstimmung der Arbeitnehmer im Verhältnis unterschiedlichen Organisationsformen stark beeinflussen und die vorherige Abstimmung der Arbeitnehmer über ihre Tarifpartei ist in ihrer Wirkung daher vergleichbar mit der nachträglichen Anwendung des Mehrheitsprinzips[741]. Im Verhältnis zu einer gesetzlichen Tarifgemeinschaft ist die vorherige Abstimmung somit kein milderes Mittel, denn beiden Lösungen reduzieren zwar die Anzahl der Tarifkonflikte, jedoch wird nach einer Abstimmung der unterlegenen Gewerkschaft die Regelung der Arbeitsbedingungen ihrer Mitglieder gänzlich versagt, während die Tarifgemeinschaft dies allen Gewerkschaften mittelbar erlaubt.

Die vorherige Festlegung der zuständigen Gewerkschaft auf Arbeitnehmerseite wäre als alternatives Mittel zur Tarifeinheit zwar geeignet, die Ziele des Gesetzgebers zu erreichen, würde sich aber im Verhältnis zur gesetzlichen Tarifgemeinschaft nicht als erforderlich darstellen.

III Regelungen zur Reduzierung der Folgen der Tarifpluralität

Ferner werden in der Literatur auch Vorschläge gemacht, die lediglich die Auswirkungen der Tarifpluralität reduzieren sollen, ohne dabei die Pluralität selbst aufzulösen. Neben Regelungen, die dazu dienen, Tarifkonflikte zeitlich zu konzentrieren, werden dabei auch gesetzliche Regelungen des Arbeitskampfrechts vorgeschlagen[742].

[740] *Bister,* Tarifpluralität und die Folgen, S. 144; *Hromadka,* GS Heinze 2005, 383, 390 f.; *Junker*, RdA-Beil. 2009, 4, 5.

[741] Vgl. *Henssler*, ZfA 2010, 397, 417.

[742] Siehe auch die Alternativen bei *Seeling/Probst,* BB 2014, 2421, 2423 ff.

Zu den Regelungen, die zu einer Konzentration der Tarifkonflikte führen würden[743], zählen neben der Drittwirkung der Friedenspflicht des Mehrheitstarifvertrags[744] auch verschiedene Varianten der Synchronisation der Laufzeiten der unterschiedlichen Tarifverträge[745]. Auch wenn die Auswirkungen auf die Praxis der Tarifvertragsparteien genau abgewogen werden müssen[746], erscheinen solche Regelungen zumindest grds. geeignet, um durch die Reduzierung der Tarifkonflikte die Auswirkungen des Arbeitskampfes auf die Allgemeinheit zu verringern und ferner könnte so auch ein Beitrag zur Gewährleistung der Parität der Tarifvertragsparteien geleistet werden[747].

Abschließend ist darauf hinzuweisen, dass die Reduzierung der Auswirkungen von Arbeitskämpfen auf die Allgemeinheit und der Erhalt der Parität der Tarifvertragsparteien von beinahe allen Stimmen in der Literatur im Zusammenhang mit der Tarifpluralität als notwendig erachtet wird und überwiegend wird daher auf Regelungen des Arbeitskampfrechts – insb. im Bereich der Daseinsvorsorge – verwiesen[748]. Dabei stehen eine Reihe von Vor-

---

743 Siehe dazu die Übersicht bei *Rieble/v. d. Ehe*, Gutachten BDA/DGB, Rn. 334 ff., (abrufbar unter: siehe Fn. 135).

744 *Meyer*, DB 2006, 1271, 1272; *Scholz*, ZfA 2010, 681, 708 f.; kritisch dazu: *Bister*, Tarifpluralität und die Folgen, S. 149; *Deinert*, RdA 2011, 12, 18 f.; *Franzen*, RdA 2008, 193, 204.

745 *Franzen*, RdA 2008, 193, 204; *Hirdina*, NZA 2009, 997, 999; *Kamanabrou*, ZfA 2008, 241, 271 ff.; *Löwisch*, RdA 2010, 263, 266; *Schliemann*, FS Bauer 2010, 923, 939 ff.; kritisch *Jacobs*, NZA 2008, 325, 330.

746 Vgl. dazu *Henssler*, ZfA 2010, 397, 416; kritisch zu diesen Vorschlägen H/W/K/ArbR-Kommentar/*Hergenröder*, Art. 9 GG Rn. 285.

747 *Schmidt*, Anmerkung zu BAG v. 07.07.2010 – 4 AZR 549/08, AP Nr. 140 zu Art. 9 GG sieht darin den überzeugendsten Ansatz. Zu den Anwendungsproblemen siehe *Lesch*, ZfWP 2015, 111, 130; sowie *Scholz/Lingemann/Ruttloff*, NZA-Beil. 2015, 3, 36 f; für eine umfassende Bewertung siehe *Konzen*, JZ 2010, 1036, 1043 ff.

748 *Bachmann/Schmidt*, ZfWP 2015, 44, 51; *Bayreuther*, NZA 2013, 1395, 1399; *Bister*, Tarifpluralität und die Folgen, S. 143; *Henssler*, ZfWP 2015, 55, 70 f.; *derselb.*, ZfA 2010, 397, 398; *Hölscher*, ArbRAktuell 2015, 7, 8 f.; *Hufen*, NZA 2014, 1237, 1238; *Konzen*, JZ 2010, 1036, 1046; *Konzen/Schliemann*, RdA 2015, 1, 14 ff.; *Löwisch*, DB 2015, 1102, 1103; wohl auch *Meyer*, DB 2006,

schlägen im Raum, die von der verstärkten Berücksichtigung der Auswirkungen von Arbeitskämpfen auf die Allgemeinheit im Rahmen der Prüfung der Verhältnismäßigkeit[749] bis zu vollständig ausgearbeiteten Arbeitskampfregelungen reichen[750]. Teilweise werden auch gänzlich neue Formen des Arbeitskampfes vorgeschlagen[751] oder es wird auf eine andere Regelung der gerichtlichen Zuständigkeit verwiesen[752].

Auf den ersten Blick erscheint die Regelung des Arbeitskampfrechts vorteilhaft, denn unabhängig von der Regelung im Einzelnen, würde den unterschiedlichen Gewerkschaften die unmittelbare Vereinbarung von Arbeitsbedingungen weiter ermöglicht und durch die Gestaltung der Arbeitskampfmittel der Arbeitgeber könnte auch die Parität der Vertragsparteien gewährleistet werden[753]. Die Auswirkungen der Tarifpluralität würden so mit den Mitteln des Arbeitskampfrechts gelöst, was einerseits dem dienenden Verhältnis des Arbeitskampfes für die Tarifautonomie entsprechen würde[754] und andererseits würde der Gesetzgeber so seiner Verantwortung nachkom-

---

1271, 1272; *Rudkowski*, ZfA 2012, 467, 481.

749 *Bister,* Tarifpluralität und die Folgen, S. 157; *Buchner,* BB 2003, 2121, 2130; *Fritz/Meyer,* NZA-Beil. 2010, 111, 114; *Lesch*, ZfWP 2015, 111, 117 f.; *Richardi*, NZA 2014, 1233, 1236; *Schliemann*, FS Bauer 2010, 923, 934; *Seeling/Probst,* BB 2014, 2421, 2425.

750 Siehe dazu *Rudkowski*, ZfA 2012, 467 ff., die einen Entwurf der Professorengruppe Franzen/Thüsing/Waldhoff darstellt und bewertet; grundsätzliche Zustimmung findet der Vorschlag von *Bayreuther*, NZA 2013, 704, 708. Siehe auch die „Eckdaten" bei *Henssler*, ZfA 2010, 397, 420 f.; sowie *derselb.*, ZfWP 2015, 55, 70 f. mit Vorschlägen für die Regelung eines Streikrechts für Berufsgewerkschaften; siehe auch die Vorschläge bei *Konzen/Schliemann,* RdA 2015, 1, 15 f.

751 Siehe *Ziebarth*, ArbRAktuell 2015, 122, 124 zum „monetären" Streik.

752 *BRAK,* Stellungnahme Nr. 46 zur Tarifeinheit, S. 9 f., (abrufbar unter: siehe Fn. 138).

753 *Rudkowski*, ZfA 2012, 467, 481; a.A. *Scholz/Lingemann/Ruttloff*, NZA-Beil. 2015, 3, 35 f.

754 So wohl auch BAG v. 07.072010 – 4 AZR 549/08, BAGE 135, 80 Rn. 48 f.; vgl. *Bayreuther*, NZA 2013, 1395, 1399; *Deinert*, RdA 2011, 12, 13; a.A. *Scholz*, ZfA 2010, 681, 709.

men, eigene Regelungen in grundrechtsrelevanten Rechtsbereichen aufzustellen[755]. Auch wenn das BVerfG die bisherige Regelung des Arbeitskampfes durch gesetzesvertretendes Richterrecht nur in wenigen Bereichen[756] als Verletzung des Rechtsstaatsprinzips i.S.d. Wesentlichkeitstheorie[757] ansieht[758], könnte eine gesetzliche Regelung des Arbeitskampfes sich nicht nur auf die oben benannten Ziele berufen[759], sondern würde den Beteiligten Parteien auch Rechtsklarheit und Rechtssicherheit bieten[760].

IV Zusammenfassung

Es zeigt sich somit, dass Regelungen, die eine Tarifeinheit herstellen indem sie die Tarifpluralität nach ihrem Entstehen auflösen, nicht geeignet sind, um den Betriebsfrieden oder die Tarifautonomie für die Arbeitgeber zu gewährleisten. Ebenso können diese Regelungen die Auswirkungen des Arbeitskampfes auf die Allgemeinheit nicht reduzieren, da sie die Anzahl der Tarifkonflikte nicht verringern.

Regelungen der Tarifeinheit, die die Anzahl der Tarifkonflikte unmittelbar reduzieren, könnten sich zur Verfolgung dieser Ziele zumindest als geeignet erweisen, wären angesichts der damit verbundenen Auswirkungen auf die Tarifautonomie aller Gewerkschaften aber wohl nur bei außergewöhnlichen Beeinträchtigungen anderer Verfassungsgüter zulässig. Dabei erscheint die

---

755 Sachs/GG/*Höfling*, Art. 9 Rn. 103; *Henssler*, ZfA 2010, 397, 399 f.; *Jacobs*, Tarifeinheit, S. 371.

756 Vgl. nur BVerfG v. 02.03.1993 – 1 BvR 1213/85, BVerfGE 88, 103, 116; Sachs/GG/*Höfling*, Art. 9 Rn. 104; kritisch dazu *Cornils*, Ausgestaltung, S. 422 f.; sowie *Gellermann*, Grundrechte und einfaches Recht, S. 390 ff.

757 Siehe dazu BVerfG v. 02.03.1993 – 1 BvR 1213/85, BVerfGE 88, 103, 116; BVerfG v. 26.06.1991 – 1 BvR 779/85, BVerfGE 84, 212, 226; BVerfG v. 08.08.1978 – 2 BvL 8/77, BVerfGE 49, 89, 126 f.

758 Grds. werden diese Arbeitskampfregeln nicht beanstandet, siehe nur BVerfG v. 02.03.1993 – 1 BvR 1213/85, BVerfGE 88, 103, 116 f.; BVerfG v. 26.06.1991 – 1 BvR 779/85, BVerfGE 84, 212, 5. Ls.

759 A.A. *Giesen*, ZfA 2011, 1, 35 ff., der die Wirksamkeit und die Umsetzbarkeit bezweifelt.

760 *Henssler*, ZfA 2010, 397, 400 f., unter Verweis auf die unterschiedliche Entscheidungspraxis der Instanzgerichte.

gesetzliche Tarifgemeinschaft im Verhältnis zur Begrenzung der Tarifpartner auf Arbeitnehmerseite durch eine vorherige Abstimmung der Arbeitnehmer oder durch eine staatliche Anerkennung als das mildere Mittel.

Im Vergleich dazu sind Regelungen, die unmittelbar die Auswirkungen der Tarifkonflikte reduzieren ohne die Tarifpluralität aufzulösen, wiederum die milderen Mittel. Diese würden es dem Gesetzgeber ermöglichen, sowohl seiner Gewährleistungsverantwortung ggü. den Koalitionen als auch ggü. der Allgemeinheit nachzukommen.

E Fazit

Um die Funktionsfähigkeit der Tarifautonomie zu erhalten, ist es aus der Sicht des Gesetzgebers notwendig, mit § 4a TVG eine Regelung zur Auflösung von Tarifkollisionen in das Tarifvertragssystem einzufügen. Diese Regelung stützt sich vorrangig auf die Gewährleistung der Tarifautonomie, allerdings finden sich in der Begründung vor allem sozialpolitische Erwägungen sowie Hinweise auf die negativen Folgen des Wettbewerbs der Gewerkschaften. Die Folgen dieses Wettbewerbs will der Gesetzgeber reduzieren, indem er eine Tarifeinheit im betrieblichen Überschneidungsbereich der Tarifverträge unterschiedlicher Gewerkschaften einführt, wobei sich der anwendbare Tarifvertrag nach dem betrieblichen Mehrheitsprinzip bestimmt. Damit werden aber nicht alle Formen der Tarifkollision aufgelöst, denn in bestimmten Fällen kann es weiter zu Tarifpluralität im Betrieb kommen, was angesichts der inhaltlichen Begründung des Gesetzes widersprüchlich erscheint.

Die verfassungsrechtliche Würdigung des TEG hat ergeben, dass dieses Gesetz den Schutzbereich der Koalitionsfreiheit des Art. 9 Abs. 3 GG berührt, denn durch § 4a TVG wird die Tarifautonomie der Minderheitsgewerkschaften beeinträchtigt. Diesen steht die zwingende Wirkung des Tarifvertrags zur Ordnung des Arbeitslebens ihrer Mitglieder nicht mehr zur Verfügung und andere Betätigungsmittel der Tarifautonomie sind nicht vorhanden. Diese Beeinträchtigung stellt einen Eingriff in die Rechte der Minderheitsgewerkschaften dar und ist daher als Grundrechtseingriff zu bewerten, auch wenn die Maßnahme gleichzeitig die Ausgestaltung von staatlichen Schutz- oder Gewährleistungspflichten darstellt.

Dieser Grundrechtseingriff ist nur im Bereich der Auflösung der Konkurrenz von Betriebsnormen i.S.v. § 3 Abs. 2 TVG gerechtfertigt, da er die verfolgten Ziele in geeigneter, erforderlicher und angemessener Weise erreicht. In diesen Fällen ist die Regelung in der Lage, den Koalitionen, deren Betriebsnormen zur Anwendung kommen, eine funktionsfähige Tarifautonomie zu gewährleisten.

Ansonsten liegt jedoch keine Rechtfertigung für den mit § 4a TVG verbundenen Grundrechtseingriff vor. Sowohl die Tarifautonomie der Arbeitgeber aus Art. 9 Abs. 3 GG als auch das Sozialstaatsprinzip des Art. 20 Abs. 1 GG und die diversen Grundrechte, die durch die Auswirkungen des Arbeitskampfes auf die Allgemeinheit beeinträchtigt werden, können als Verfassungsgüter zwar im Grundsatz den Eingriff in die Tarifautonomie legitimieren, jedoch ist das TEG für den Schutz dieser Verfassungsgüter kein geeignetes Mittel.

Ferner werden durch die Anwendung des Mehrheitsprinzips besonders die Berufsgewerkschaften in ihrer Tarifautonomie beeinträchtigt, wobei es im Verhältnis zu den Branchengewerkschaften zu einer Ungleichbehandlung kommt. Diese Ungleichbehandlung ist lediglich im Bereich der Betriebsnormen durch ein geeignetes Unterscheidungsmerkmal gerechtfertigt, während die Verdrängung der weiteren Normen des Tarifvertrags der Berufsgewerkschaften verfassungsrechtlich nicht zulässig ist.

Mit Ausnahme des § 4a Abs. 3 TVG ist die Regelung des TEG daher verfassungswidrig.

Als Alternative zum TEG stehen Regelungsmöglichkeiten zur Verfügung, die geeignet sind, die legitimen Ziele des Gesetzgebers zu erreichen. Dabei erscheinen Regelungen im Bereich des Arbeitskampfes vorzugswürdig, da diese die Auswirkungen des Arbeitskampfes auf die Allgemeinheit reduzieren, die Parität der Tarifvertragsparteien gewährleisten und die Funktionsfähigkeit der Tarifautonomie erhalten könnten.

Die Regelung des Gesetzgebers führt jedoch nicht zum Erhalt der Funktionsfähigkeit der Tarifautonomie, sondern die autonome Vereinbarung von kollektiven Arbeitsbedingungen wird vielmehr gerade durch die gesetzliche Tarifeinheit in ihrer Funktionsfähigkeit beeinträchtigt. Es ist daher davon auszugehen, dass die anstehende Entscheidung des BVerfG auf der Strecke der Tarifeinheit nicht nur einen Engpass darstellt, sondern dass sich das TEG bereits jetzt auf einem toten Gleis befindet.

Stichwortverzeichnis

Berliner wirtschaftsrechtliche Schriften

Patrick Müller: Mindestlohn. Berechnung und Auszahlung. BWS 1
Broschur, 128 Seiten, 24,95 €, ISBN 978-3-946392-00-2
Erschienen April 2016

Patrick Rieger: Tarifeinheitsgesetz. Eine verfassungsrechtliche Bewertung. BWS 2
Broschur, 178 Seiten, 24,95 €, ISBN 978-3-946392-01-9
Erschienen Juli 2016

Anke Götze: Haftung im eigenverwalteten Insolvernzverfahren. BWS 3
Broschur, ca. 96 Seiten, 24,95 €, ISBN 978-3-946392-02-6
Erscheinungstermin August 2016

Marcel Paltin: Insiderwissen und die Ad-hoc-Publizitätspflicht. BWS 4
Broschur, ca. 124 Seiten, 24,95 €, ISBN 978-3-946392-03-3
Erscheinungstermin August 2016

Thomas Cunow: Vertrauenskapital und Abmahnung. BWS 5
Broschur, ca. 120 Seiten, 24,95 € ISBN 978-3-946392-04-0
Erscheinungstermin August 2016

Weitere Titel sind in Vorbereitung.

Konzept

In den Berliner wirtschaftsrechtlichen Schriften werden wissenschaftliche Abhandlungen zu aktuellen Themen aus den wirtschaftsrechtlichen Kernbereichen veröffentlicht: Wirtschaftsprivatrecht, Arbeits- und Sozialrecht, Gesellschaftsrecht, Insolvenzrecht, Internationales Privatrecht, Wettbewerbs- und Kartellrecht.

Die Berliner Professoren der HTW Berlin, Michael Jaensch und Irmgard Küfner-Schmitt stehen als Herausgeber für eine wissenschaftlich fundierte Darstellung mit hoher praktischer Relevanz. Bei den Schriften handelt es sich im Regelfall um Abschlussarbeiten wirtschaftsrechtlicher Studiengänge. Die Schriftenreihe ist aber auch offen für Doktorarbeiten und sonstige Abhandlungen des aktuellen Wirtschaftsrechts, sofern diese einen entsprechenden Unternehmensbezug aufweisen. Jeder Band wird eingeleitet von einem Vorwort der Herausgeber, das den Kontext herstellt und in die Thematik einführt.

Per E-Mail nehmen die Herausgeber Anregungen und Kritik entgegen: michael.jaensch@htw-berlin.de und irmgard.kuefner-schmitt@htw-berlin.de.